KB152884

현대언어학의

분열문 연구

: 통사와 의미

현대언어학의 분열문 연구
: 통사와 의미

ⓒ 김선웅 외, 2020

1판 1쇄 인쇄_2020년 08월 05일
1판 1쇄 발행_2020년 08월 10일

엮은이_김선웅·박명관·문귀선
펴낸이_홍정표
펴낸곳_글로벌콘텐츠
　　　　등록_제25100-2008-000024호

공급처_(주)글로벌콘텐츠출판그룹
　　　　대표_홍정표　이사_김미미　편집_김수아 권군오 홍명지　기획·마케팅_노경민 이종훈
　　　　주소_서울특별시 강동구 풍성로 87-6, 201호
　　　　전화_02) 488-3280　팩스_02) 488-3281
　　　　홈페이지_http://www.gcbook.co.kr
　　　　이메일_edit@gcbook.co.kr

값 18,000원
ISBN 979-11-5852-291-9 93700

※ 이 성과는 정부(교육부)의 재원으로 한국연구재단의 지원을 받아 수행된 연구의 일부임
　　(NRF-2018S1A5A2A01031269, NRF-2019S1A5A2A01036282).

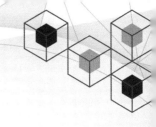

현대언어학의
분열문 연구
── 통사와 의미 ──

김선웅·박명관·문귀선 엮음

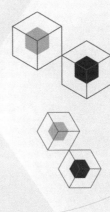

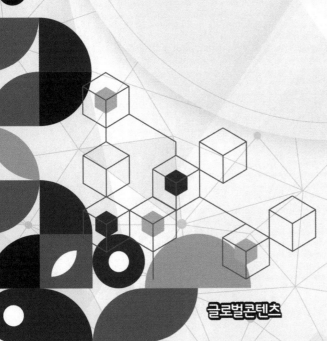

글로벌콘텐츠

머리말

김선웅 외

『현대언어학의 분열문 연구』는 정보포장의 중요한 도구인 분열문의 통사와 의미에 대해 현대언어학적 시각에서 연구된 다양한 연구 성과를 담고 있다. 일부 원고는 분열문의 학술적 의미를 선도적으로 규명하려는 시도를 담은 기 발표된 연구논문들이며, 일부 원고는 이후 진행된 추가적 선행연구에 대한 이해를 바탕으로 새롭게 작성된 연구 성과들이다. 전체의 구성은 분열문의 통사론과 분열문의 의미론으로 나뉘어져 있는데, 앞의 10개 챕터는 통사적 측면, 뒤의 2개 챕터는 의미적 측면을 담고 있다. 각 장은 연구자의 개별적 연구 관점에서 본 분열문의 통사와 의미를 논의하고 있는데, 간략히 소개하면 다음과 같다.

1장에서 박명관은 우리말 명세화 의사분열 구문(Specificational Pseudoclefts) 그리고 이와 관련한 소위 도치 의사분열 구문(Inverted Pseudoclefts)에 대하여 이 두 구문을 구성하는 주요 성분으로서 '것'-절의 통사적 성격을 밝히고 있다. 박명관은 먼저 비도치 일반 명세화 의사분열 구문에서 '것'-절은 영운용소(null operator)가 절 내부에서 절의 외곽(즉, [Spec,CP])으로 이동하고, 범주 명명화(Labeling) 과정에서 영운용소를 직접 관할하는 범주는 형식 자질(formal features)로 구성된다고 제안한다. 따라서 '것'-절은 (영어) 허사(expletive)와 같은 성격을 갖게 된다. 결과적으로, '것'-절은 의미역을 받은 위치에 나타날 수 없으며, 예를 들어 계사(copula) 혹은 다른 동사들의 보충어 위치에 나타날 수 없다. 한편, '것'-절은 우리말에서 분열절이 아니라 관계절(relative clause)로도 분석될 수 있으며, 이때 '것'은 불완전명사로서 관계구성의 머리어(head)가 된다. 따라서 '것'-절이 의미역을 받는 계사의 보충어 자리에 나타나는 도치 의사분열 구문에서 '것'-절은 일반 명세화 의사분열 구문의 주어 혹은 주제어로 나타난 '것'-분열절이 도치되어 계사의 보충어 자리에 나타난 것이 아니라 통사적으로 허용되는 대안적 구조의 관계구성이며, 이 관계구성의 '것'-절은 허사의 성격을 갖지 않고 실사의 성격을 갖게 되어 의미역을 할당을 받는데 아무 문제가 없다. 요약하면, 우리말 명세화 의사분열 구문의 '것'-절은 분열절로서 허사적 성격을 갖고 있으며, 도치 의사분열 구문의 '것'-절은 관계구성으로서 실사적 성격을 갖는다.

2장에서 이우승은 기존 연구에서 분열구문으로 분류했던 영어와 한국어의 해당 구문을 정보포장(Information packaging)의 관점에서 비교해 본 후, 영어에 상응하는 분열문이 한국어에도 동일하게 존재하는지 알아본다. 영어에서, (1)과 같은 구문이 분열문으로 알려져 있다.

(1)   a. It was John that Mary saw.
      b. It was Johni that Mary saw ∅i.

이러한 구문에서, 색인(Index)으로 표시된 것처럼, 초점 요소인 'John'은 분열된 that-절 내부에 존재하는 공백과 일치한다. 즉, 초점 요소인 John은 that-절의 서술어(predicator)인 saw의 보어 역할을 한다. 제시된 구문을 자세히 살펴보면, 초점(Focus)이 전경(Foregrounded)으로 먼저 제시되고, 화제(Topic)가 후경(Backgrounded)으로서 뒤따라 나오는 구조이다. 여기서, 구체화 용법(Specifying use)으로 사용된 be 동사의 보어가 초점 요소이다. 이와 같은 구문은 'Mary saw someone /something'과 같은 명제(proposition)를 존재 전제(existential presupposition)로 가지고 있고, 초점 요소에 대해서는 'Mary saw John, not anyone else.'와 같은 전체성 의미(Exhaustive interpretation)를 가진다. 한국어에도 번역 상으로 영어와 유사한 '유사분열구문'이 존재한다. 여기서 '유사'라는 보충어를 더한 이유는 해당 구문이 정보포장(Information Packaging) 측면에서 영어의 분열구문과 동일할 수도, 동일하지 않을 수도 있기 때문이다. 우선, 한국어에서는 정보포장순서에 따라, 아래 (2)의 예시에서처럼 관련 구문이 상이한 표지(markers)를 가지고 있다.

(2)   a. 후경(Backgrounded)-전경(Foregrounded): 철이가 산 것은 파파야이다.

   b. 전경(Foregrounded)-후경(Backgrounded): 철이가 산 것이 파파야이다.

이우승은 전체성 의미(Exhaustive interpretation)와 전제(presupposition)를 고려할 때, (2)의 두 문장은 서로 다른 통사구조를 가지고 있다고 제안한다. 먼저, 분열문의 통사/의미적 속성을 살펴본 후, 선행하는 분열절(cleft clause: '-것' 절)과 후행하는 분열절(clefted clause: '-이다' 절)의 내부 구조(internal structure)에 대해 논의한다. 구체적으로, (2a)는 TopP-over-FocP 구조이고, (2b)는 FocP-over-TopP 구조를 가지고 있다고 제안한다. 나아가서, 이 제안된 구조가 기존 분열문 연구에서 제시한 여러 가지 통사/의미적 자질을 어떻게 다루고 설명하는지 살펴본다.

   3장에서 박소영은 한국어 수문문의 분석에 대하여 삭제 분석(deletion analysis, Takahashi 1994; Kim 1997 등)과 분열문 분석(cleft analysis, Nishiyama et al. 1995; Park 1998, 2009; 손근원 2000; Kim 2012 등)이 존재한다고 본다.

전자는 한국어 수문문도 영어의 수문문과 마찬가지로 의문대명사의 이동 이후 남겨진 절적성분의 음성형식이 삭제되어 도출된다는 견해이다. 반면 후자는 한국어 수문문은 영어와는 달리 전제적 내용에 해당하는 주어가 비가시적으로 실현되는 분열문 구성을 그 기저구조로 한다는 견해이다. 이 중에서 후자의 분열문 분석은 한국어 수문문 분석에 대한 보다 유력한 분석으로 인정되어 왔다. 그러나 분열문 분석도 문제가 전혀 없는 것은 아닌데, 이 논문은 분열문 분석에 의해 수용될 수 없는 한국어 수문문 자료를 기반으로 해당 분석의 문제점을 제기하고, 그에 대하여 보완적인 접근 방식을 탐구하는 것을 그 목적으로 한다. 한국어 수문문은 연관어(correlate)의 외현적 실현 여부에 따라 잔여성분(remnant)의 격조사 실현과 섬제약에 있어서 서로 대조적인 양상을 보인다. 선행절에 연관어가 외현적으로 실현될 경우 잔여성분에의 격조사 실현은 수의적이지만 내재적으로 실현되는 경우에는 반대로 의무적이다. 또한 전자의 경우 섬제약 효과는 사라지지만 후자의 경우에는 섬제약 효과가 사라지지 않는다. 분열문 분석은 이 중 격조사 실현이 의무적인 경우, 그리고 섬제약 효과가 사라지는 경우를 설명하지 못하는데, 기존의 분열문 분석은 이렇게 연관어의 외현적 실현 여부에 따라 달라지는 한국어 수문문의 통사적 성격을 충분히 고려하지 못하였다. 이에 이 논문은 기존의 분열문 분석에 대한 대안을 제시하고자 한다. 보다 구체적으로 한국어 수문문의 기저구조로 분열문 대신 '-은 것이다' 초점구문을 제시하고, 생략에 대한 LF-복사 접근 방식을 기반으로 분열문 분석에 문제가 되는 위의 현상들에 대한 설명을 제공하고자 한다. 선행절에 상관어가 내재적으로 실현되는 경우 수문문의 복구는 선행절 전체 TP 복사를 통하여 이루어진다. 이때 잔여성분의 해석은 엄격한 국지성 조건의 제약을 받게 되는데, 이는 격조사 실현이 의무적인 위의 문제적인 경우를 설명한다. 한편 상관어가 외현적으로 출현하는 경우 섬제약이 사라지는 현상에 대한 것인데, 이 논문은 비한정적 대명사로 실현되는 상관어를 일반양화사로 간주함으로써 이 문제를 해결하고자 한다. 즉 외현적 상관어의 출현은 섬 환경 내부 선행절 TP를 선택적으로 복사하게 함으로써(i.e. 양화사 인상의 절-한계적 조건(clause-boundedness condition)) 섬 효과가 복구되는 것과 같은 효과를 보이는 것이다. 이러한 이 논문의 분석은 분열문 분석의 또 다른 문제점, 즉 잔여성분이 둘 이상 실현된 수문문에 대하여도, 또한 분열될 수 없는 유형의 잔여성분 수문문에 대하여도 적절한 설명을 제공해 줄 수 있다.

4장에서 손근원은 영어의 수문구문(sluicing construction)과 유사한 한국어의 계사구문(편의상 수문구문이라 칭함)을 다루면서 이 구문이 영어의 수문구문과 같은 성격을 지니고 있는지 아니면 다른 성질을 지닌 구문인지 밝혀내려는 시도를 하고 있다. 한국어의 수문구문에 대해서는 두 종류의 분석이 제시된 바 있는데 그 하나는 영어의 수문구문에 대한 삭제 분석과 같은 선상에 있는 초점이동 분석이며 두 번째가 일본어에서 제안된 바와 같은 맥락의 분열구문 분석이다. 분열구문을 주장하는 학자들에 의해 잘 지적되었듯이 이 한국어의 수문구문에는 분열구문의 주요한 지표인 술어 -이가 나타나고 지정어-핵 일치를 통한 초점구 인가가 일어날 수 없는 상황에서도 구문이 허락되는 점 등 영어수문구문과 차별화되는 행동들이 많이 관찰되기 때문에 이 구문을 영어의 수문구문과 다른 구문으로 분석하는 것은 타당하게 보인다. 그러나 더불어 손근원은 이 한국어 수문구문이 분열구문과도 구별되는 특징을 지님을 관찰하여 보고하고 있다. 즉 분열구문의 초점 자리에 나타날 수 있는 요소와 이 구문의 해당 위치에 나타나는 요소 사이에는 다양한 차이가 존재한다. 우선 후치사의 보존 여부에 차이가 있고, 또 오로지 수문구문에서만 초점 자리에 수량 양화사와 신체 일부, 이차술어 등이 허락된다는 것, 그리고 복수초점구가 후자에서만 허용되는 것 등에 주목할 필요가 있다. 이에 손근원은 이 구문을 일반적인 분열구문이 아니라 보다 상위의 계사구문으로 분석하고 관찰된 모든 성질들은 주어 자리에 있는 보이지 않는 대명사(영 대명사, pro)의 특성에 기인하는 것으로 설명하고 있다. 이 영 대명사는 *그게//그것이*의 비가시적인 대응구로서 자유로이 그 지시대상을 택할 수 있기 때문에 분열구문보다 더 다양한 환경에서 사용될 수 있게 되는 것이다.

5장에서 홍용철은 '것' 분열구문의 초점 요소(focused phrase)가 어떻게 도출되어야 하는지를 규명한다. '것' 분열구문의 두드러진 특징 중 하나는 연결 효과(connectedness effect)이다. 이것은 초점 요소가 '것' 절 내부의 공백(gap)과 연결되어 있는 것처럼 보이는 현상을 뜻한다. 대표적인 연결 효과 중 하나가 결속 현상으로 초점 요소가 '것' 절 내부의 공백 위치에 있다고 보았을 때 결속 현상이 잘 설명된다(예: "철수가 사랑하는 것은 자기 자신이다"). 이런 이유로 많은 사람들이 초점 요소가 '것' 절의 공백 위치에서 생성된 후 표층 위치인 계사 '이다' 직전 위치로 이동했다고 보았다. 홍용철은 이 이동 분석이 옳지 않다고 본다. 대신 초점 요소가 이것이 나타나는 표층 위치에 원래부터 기저 생성됐다는 논거들을 제시한다. 우선, 연결 효과인 결속 현상은 '것' 분열구문에만 나타나는 현상이 아니라 소위 '관계절 분열구문'에도 나타나는 현상임을 지적하고(예: "철수가 사랑하는 사람은 자기 자신이다"), 관계절 분열구문의 경우 이동 분석이 타당하지 않은 만큼 '것' 분열구문에서도 이동 분석이 타당하지 않다는 것이다. 또 다른 연결 효과로 범주 불일치(categorial mismatch) 현상이 있는데, 이것은 계사구문에서 주어와 술어의 범주가 일치해야 하는데 반해, 계사구문의 일종인 '것' 분열구문의 경우 범주 불일치를 허용하는 현상을 뜻한다(예: "철수가 꽃을 산 것은 영희를 위해서이다"). 이 범주 불일치 현상은 '것' 분열구문의 경우 일반적인 계사구문과 달리 초점 요소의 이동을 통하여 도출된다고 보면 잘 설명된다. 하지만 홍용철은 관계절 분열구문에도 범주 불일치 현상이 나타나는 현상임을 지적하고(예: "우리가 사는 목적은 아이들을 잘 키우기 위해서이다"), 관계절 분열구문의 경우 이동 분석이 타당하지 않은 만큼 '것' 분열구문에도 이동 분석이 타당하지 않다고 주장한다. 뿐만 아니라 부사 또는 '-고' 절은 초점 요소가 될 수 없는데(예: *"철수가 말한 것은 영희가 영리하다고이다") 이것은 이동 분석의 문제점임을 지적한다. 홍용철은 '것' 분열구문에 대해 기저 생성 분석을 주장하는데, 구체적으로 주어인 초점 요소와 술어인 '것' 절로 구성된 소절을 계사가 보충어로 취하는 기저구조에서 술어인 '것' 절이 주어 앞으로 도치된 도치 계사구문(inverse copular construction)이라고 주장한다. 이 주장은 부사 또는 '-고' 절이 초점 요소가 될 수 없다는 사실을 직접적으로 포착할 수 있다. 왜냐하면 초점 요소는 주어인데 부사나 '-고' 절은 주어가 될 수 없기 때문이다. '것' 분열구문에는 연결 효과와 더불어 비연결 효과(anti-connectedness effect)를 보여주는 현상들이 있다. 부정극어(negative polarity item)가 초점 요소가 될 수 없다는 사실(예: *"철수가 만나지 않은 것은 아무도이다"), 초점 요소에 주격 표지만 나타날 수 있다는 사실(예: "철수가 산 것은 이 책(이, *을) 아니다"), 관용 표현(idiomatic expression)의 한 부분이 초점 요소가 될 없다는 사실(예: *"철수가 피운 것은 바람이다) 등이 그것이다. 홍용철은 이 사실들 또한 초점 요소에 대한 이동 분석을 부정하고 기저 생성 분석을 지지하는 직접적인 증거로 제시하고 있다.

6장에서 김선웅은 한국어 '것'-분열문의 통사적 특성과 의미적 특성을 살펴보고 이러한 특성들에 기초하여 '것'-분열문의 도출을 제안한다. 한국어 '것'-분열문은 영어의 *it*-분열문과 *wh*-분열문이 혼재되어 있는 혼합형 분열문으로 보는 것이 타당함을 주장하고, 의미적 속성상 '것'-분열문은 특정성의 분열문으로 보이며 특정성의 분열문으로서 '것'-분열문에서 사용되는 '그것'은 도출상 논항이 아닌 술어로 분석함이 타당함을 밝힌다. 이런 분석을 통하여 결속의 연속성 및 결속 대응 해석의 결속성 등에 대한 일관성 있는 분석이 가능함을 논증한다. 이를 위하여 먼저 영어의 두 가지 분열문의 통사 및 정보 구조적 특징을 검토하고 이에 기초하여 한국어 '것'-분열문의 통사적 성격을 규명한다. 한국어 '것'-분열문의 통사적 특징에 대해서는 국어학 연구 분야에서 다수의 선행연구(임규홍 1986; Jhang 1994; 김영희 2000, 2006; Sohn 2001; Kang 2006; 박철우 2008 등)가 있으나, 6장에서 주목하고 있는 특정성과 서술성의 개념적 분류와 이들이 갖는 통사적 특징과의 관계에 대해서는 그다지 깊이 있는 연구가 있어왔다고 보기 어렵다. 6장은 den Dikken(2008, 2009) 등에서 제시하고 있는 분열문의 서술성과 특정성의 통사적 특징을 한국어 '것'-분열문의 분석에 활용하고 궁극적으로 한국어 '것'-분열문은 두 가지 구문의 혼합형으로 분석하는 것이 옳음에 대해 논의한다.

7장에서 문귀선은 영어 it-분열문에 있어서 핵심 주제인 it에 대한 분석을 논한다. 기존의 분석 중 Percus(1997)과 Hedberg(1990, 2000)의 명시적 분석을 먼저 소개한다. Percus에서는 분열절이 IP-부가위치로 외치 이동한다는 분석을, Hedberg는 VP-부가위치에 분열절이 기저 생성되어 it과 분열절이 의미적 관계를 맺고 있다는 점에서는 Percus 분석과 다소 일맥상통한다. Hedberg의 또 다른 분석에서는 분열절이 DP-부가위치에 기저 생성되어 분열구 XP의 수식어 (modifier)로 간주함으로써 분열구 XP와 분열절이 관계를 맺는 분석을 제시하고 있다. Delahunty(1981, 1984)와 E. Kiss(1998, 1999)는 it을 의미가 결여된 허사로 간주하고 it과 분열절 사이에 어떠한 의미적 관련성도 존재하지 않으며 it은 단지 EPP를 만족시키기 위해서 삽입된 요소라고 분석하는 입장이다. 이에 Reeve(2010)은 it이 다른 지시대명사로 대체해서 나타날 수 있는 경험적 자료에 의거하여 분열문의 it 대명사는 허사가 아니라 지시적 대명사로 분석되어야함을 제안하면서 Reeve는 기능어 핵 Eq를 도입한 분열문 구조가 종래의 분석에서 어겼던 합성성의 원리를 잘 준수하게 한다고 주장한다.

이에 문귀선은 Reeve가 도입한 기능 범주 핵인 Eq에 대한 정의는 통사구조를 구축해나가는 과정을 무시하고 있으며, 지시대명사 it을 계산과정에서 배제함으로써 Reeve의 분석은 여전히 *it*-분열문의 의미도출이 합성성의 원리를 준수하지 못하는 약점을 지니고 있음을 지적한다. 이러한 Reeve의 *it*-분열문 분석이 지닌 합성성 원리 위반의 문제점을 해결하기 위해서 문귀선은 it이 선택함수(choice function) 기능을 지니고 있음을 제안한다. 따라서 통사적으로 선택함수 f 기능 핵을 설정하고, it으로 실현되고 있는 선택함수는 분열절을 논항으로 취한다는 구조를 제시함으로써 it과 분열절이 의미적 관련성을 맺게 한다는 점에 있어서는 Percus의 분석과 일맥상통한다 하겠다. 이와 동시에 초점 요소인 분열구 해석을 위해서 Rooth(1992)의 초점 해석 이론(theory of focus interpretation)을 도입하고, be 동사를 이항술어로서 be 동사가 취하는 두 개의 논항이 같은 의미치를 지녀야 함을 주장하는 의미규칙을 제시함으로써, *it*-분열문에 대한 의미도출이 통사적 구조를 구축하면서 단계마다 합성성의 원리를 성공적으로 준수할 수 있게 했다. 끝으로, 문귀선이 제안하는 it의 선택함수 분석은 *it*-분열구문의 문법성을 올바르게 예측할 수 있게 하는 이점을 지닌 분석임을 주장한다.

8장에서 박종언은 한국어 수문문(sluicing)의 기저구조로 채택된 '것'-분열문의 올바른 내부 구조가 무엇인지에 대해 논의하고 있다. 전형적인 절 생략에 속하는 한국어 수문문에 대한 지배적인 관점 가운데 하나는 비동형성 구조, 즉 유사분열구문에서 도출 가능하다고 보는 것이다(Sohn 2000; Park 2001; Kim 2012; Wee 2015; Ha 2017 등). 이 접근법을 제시한 이유 중 하나는 유사분열문이 외견상 한국어의 수 문문과 몇 가지 속성을 공유한다는 사실과 연관된 것처럼 보인다. 즉, 두 구문은 공히 계사 '-이'를 사용하는 것은 물론 형태소 '-것'을 차용하곤 한다. 그럼에도 불구하고, 이전의 분석들은 몇 가지 측면에서 의견을 달리한다. 가령, 한 그룹의 연구자들은 수문문의 기저구조가 '것'-분열문으로부터 도출되고, 뒤를 이어 계사가 따라 나온다고 주장한다(Park 2001; Kim 2012; Ha 2017). 반면, 또 다른 그룹은 계사에 선행하는 것이 '것'-분열문이 아니라 pro라고 가정한다(Sohn 2000; Wee 2015). 이러한 배경 하에, 8장에서는 기 존재하는 두 개의(비동형성 기저구조) 접근법을 면밀히 검토한 후 두 그룹의 접근법 가운데 어떤 것이 섬제약 효과의 민감성과 후치사 발생의 수의성 등에 있어서 보다 올바른 예측을 하는지 밝히고 최적의 분석을 제시하고자 한다.

9장에서 안희돈과 조성은은 영어와 한국어에서 조각문에 동반되는 부가의문문(tag question)의 유형을 보고 생략된 절의 구조에 대해 실마리를 찾고자 한다. 부가의문문과 주문(host clause) 사이에 존재하는 동일성 조건이 그 근거인데 이 장에서는 먼저 영어의 조각문의 부가의문문을 살펴본다. Barros & Craenenbroeck(2013)에 따르면 조각문의 부가의문문으로 짧은 분열문(잘린 또는 축소된 분열문) 형식의 부가의문문이 선호되고 짧은 분열문 형식이 허용되지 않는 상황에서만 비분열적(non-cleft) 부가의문문이 나타난다. Barros & Craenenbroeck(2013)은 이 현상을 바탕으로 영어의 조각문의 전형적인 기저구조가 짧은 분열문이라고 판단한다. 그런데 이 짧은 분열문이 분열문으로부터 도출되지 않았다는 Mikkelsen(2007)의 주장을 받아들여 안희돈과 조성은은 짧은 분열문 형식의 부가의문문을 계사부가의문문(copula tag question)으로 지칭하고 한국어의 명사 조각문에 동반된 부가의문문의 고찰을 통해 조각문의 생략된 구조가 무엇인지 밝혀 나간다. 한국어의 명사 조각문은 격 표시된 조각문(case-marked fragment)과 격 표시 없는 조각문(caseless fragment)으로 구분되는데 Ahn & Cho(2007a-c)는 격 표시된 조각문은 완전절(full clause)로부터 도출되고 격 표시 없는 조각문은 계사구문(copula construction)으로부터 도출된다고 제안한다. 이 견해에 따르면 격 표시 없는 조각문은 계사부가의문문과 함께 나올 수 있을 것이 예측되고 격 표시된 조각문은 계사부가의문문과 함께 나올 수 없을 것으로 예측되는데 면밀한 고찰을 통해 이 예측이 확인된다.

이 책의 마지막 두 장은 분열문의 의미적 분석을 다루고 있다.

10장에서 염재일은 국어에서의 분열문은 다른 언어에서도 나타나는 구문으로 국어에서의 분열문과 다른 언어에서의 분열문의 공통점은 이미 다른 언어에 대한 분열문의 연구에서 많이 포착되었다고 할 수 있다. 오히려 다른 점을 통해서 다른 언어의 분열문 연구에서 관찰되었지만 설명하는 못하거나 설득력이 떨어지는 부분에 대한 답을 찾는 것이 가장 의미있는 연구가 될 것이다. 물론 다른 점 중에서 국어만의 독특한 특징은 분열문 연구에 추가적인 단서가 되지 않을 것이다. 따라서 이런 결론을 위해서는 다른 언어에서의 분열문과 비교가 필요할 것이다. 국어에서 분열문의 특징은 사람을 나타내는 경우에도 비인격체를 나타내는 '것'을 사용한다는 점이다. 그리고 영어에서도 계사 구분에서 인격체이지만 비인격체를 나타내는 대명사를 사용하는 경우가 있다. 따라서 분열문에서 인격체이지만 비인격체를 나타내는 표현을 사용하는 것은 매우 중요한 단서가 된다. 단, 이것을 설명하는 데 있어서 우선 주의하여야 할 것은 이 구문을 위한 특별한 가정을 한다면 국어가 제공하는 단서를 포기하는 것과 같다. 오히려 국어 체계 내에서 일관성을 유지하면서 이 관찰을 설명할 때 오히려 다른 언어에서의 분열문의 연구에서 포착하지 못하는 부분을 포착하게 해준다는 것이다. 11장에서는 '것'-구가 사람을 나타내야 할 경우에는 복수가 되지 않는다는 점과 사람을 나타내어야 하는 경우 두 '것'-구가 연접되지 않는다는 점을 보여주고, 분열문이 아닌 경우에도 사람을 나타내지만 의미적으로 추상적인 의미적 개체(semantic entities), 즉 종류(kinds)나 개인개념(individual concepts)을 나타내야 할 경우에는 '것'을 사용할 수 있다는 점을 들어, 국어의 분열문에서 '것'-구는 객체(object)를 나타내지 않고 개념(individual concepts 혹은 kinds)을 나타낸다고 주장한다. 이것을 형식적으로 나타내면 국어 분열문에서의 '것'-구 내에서의 빈자리는 추상적인 것을 나타낸다고 가정하는 것이 필요하다. 여기서는 가능세계에 대하여 추상화하는 것이다. 분열문의 관찰에서 조금 복잡할 수 있는 것은 분열문의 형태를 지녔으나 '것'-구가 사람을 나타내지 않을 경우, '것'-구가 복수형이 될 수도 있고, 두 '것'-구의 연접도 가능한데, 이런 경우는 사실 분열문이 아니다. 겉으로 보기에는 분열문과 비슷하여 구분하기 어려운데, 그 이유는 분열문에 쓰이는 계사, 즉 '-이'가 두 가지 용법으로 쓰일 수 있기 때문이다. 분열문에서는 계사가 두 구가 가리키는 개체의 동일성을 주장하는 의미로 사용되지만, 분열문처럼 보이지만 분열문이 아닌 경우 계사는 의미가 없이 문법적인 기능을 위하여 사용될 뿐이다. 만약 분열문과 같아 보이지만 '것'-구가 복수형이 되는 경우, 계사는 사실은 의미가 없이 함께 쓰인 명사구가 술어로 쓰인 경우이다. 염재일은 지면상의 이유로 두 가지 점에서 미완성인데 분열문으로 오인하는 또 다른 구문으로 계사와 함께 후치사구가 사용되는 경우가 있는데 이것은 '것'-구가 상황을 나타내고 후치사구가 그 상황을 서술하는 구문으로 계사는 의미 없이 쓰이는 경우이다. 그 단서는 후치사구가 항상 '것'-구의 최상위절이 나타내는 상황과 관계가 있다는 것이다. 또한 분열문은 연결성 효과(connectivity effects)를 보이는데 이 중에서도 결속이론을 어기는 것 같은 효과를 보이기도 한다. 이것을 설명하기 위해서는 '것'-구가 가능세계뿐만 아니라 할당함수(assignments)에 대해서도 추상화(abstraction)를 하여야 한다고 제안한다.

11장에서 위혜경은 한국어의 의존명사인 -것의 의미에 대한 연구로서, (1)의 문장에서는 무생물 주어인 게와 사람을 지칭하는 술어의 조합이 생물성(animacy) 위반임에도 불구하고 정문으로 판단되는 반면, (2)에서는 생물성 위반으로 인하여 의미적 비문으로 판단되는데, 이 문법성의 차이가 어디에서 연유하는지를 밝히는 것이 목적이다.

(1) a. (민수가 어제 어떤 여자를 만났는데,) 민수가 어제 만난 게 김선생님이다.

   b. (민수가 어제 어떤 여자를 만났는데,) 민수가 어제 만난 게 바로 저 화가이다.

(2) a. (민수가 어제 어떤 여자를 만났는데,) *민수가 어제 만난 게 굉장히 예쁘다.

   b. (민수가 어떤 여자와 사귀는데,) *민수가 사귀는 게 화가이다.

그 설명으로 한국어의 분열문의 주어가 상위언어적 지시체(meta-linguistic referent)임을 주장하여, 계사구와 개체 유형이 발생하는 (1a, b)의 정문성과 계사구에 속성 유형이 발생하는 (2a, b)의 비문성의 이유가 것의 담화적 의미의 차이에 기인한다고 설명한다. 즉, 것은 (i) 온톨로지(ontology)에 실재하는 개체를 지칭하는 지시적(denotation) 것의 의미와 (ii) 상위언어적 담화지시체(meta-linguistic discourse referent)

를 지칭하는 *것*의 두 가지 의미가 가능하며, (1)은 후자에 해당되고, (2)는 전자의 의미에 해당됨을 보인다. 이러한 *것*의 두 가지 의미에 기초하여 구체적으로 다음과 같은 설명을 제시한다. 첫째, 계사구에 *김선생님*이나 *저 화가*와 같이 개체 유형(e 타입)을 취하는 (1)의 문장은 정체확인의 기능을 하며, 존재 전제와 전체성/총망라성 전제(exhaustivity presupposition)의 의미를 갖는 '것'-분열문으로서 주어인 '것'-분열절은 존재론적으로 실재하는 개체(individual)가 아닌 상위언어적 담화지시체(discourse referent)를 지시한다. 즉, *것*이 담화의 온톨로지에 존재하는 실제 인물을 지칭하는 지시적(denotational) 표현이 아니기 때문에 *것*으로 지칭해도 생물성을 위반하지 않는다는 설명이다. 그리고 '것'-분열절 대신 (3)과 같이 대용어 *그게*가 주어에 발생할 때에도 마찬가지로 상위언어적 담화지시체를 지시한다고 주장한다. 아울러 (1a ,b)의 분열문의 의미와 (3a, b)의 대명사+서술어의 의미는 등가 서술에 의한 등가문(equative clause)임을 보인다.

(3) a. 민수가 어떤 여자ᵢ를 만났는데, 그게ᵢ 김선생님이다.

   b. 민수가 어떤 여자ᵢ를 만났는데, 그게ᵢ 바로 저 화가이다.

(4) a. 민수가 어떤 여자ᵢ를 만났는데, *그게ᵢ 굉장히 예쁘다.

   b. 민수가 어떤 여자ᵢ와 사귀는데, *그게ᵢ 화가이다.

둘째, (2a, b)와 (4a, b)에서와 같이 형용사나 속성타입(et 타입)의 명사구가 계사구에 발생할 경우 주어는 담화지시체가 아닌 담화 모형의 온톨로지에 실제로 존재하는 실제 인물이나 사물을 지시하는 지시적(denotational) 기능을 한다. 이로 인하여 선행사가 인물인 경우 사물을 지칭하는 어제 만난 *게*나 *그게*로 받으면 생물성의 위반으로 인하여 비문이 발생한다고 설명한다.

『현대언어학의 분열문 연구』는 2019년 6월 6일 동국대학교에서 개최되었던 Dongguk Occasional Workshop on Linguistics에서 분열문을 주제로 열렸던 학술모임에서 발표되었던 자료와 관련 연구자들의 도움을 얻어 구성되었다. 이 책은 특히 한국어 분열문에 대한 국내 연구자들의 연구성과를 담고 있으며 이 모음은 그간 연구의 부분적인 종합일 뿐만 아니라, 향후 후속 연구의 촉발의 계기가 될 것으로 기대한다. 그리고 용어 사용에 있어 가능한 통일을 하고자 하였으나 각 연구마다 차이가 있어 표현이 다른 부분이 있음을 너그러이 이해 바란다.

차례

제1부
분열문의 통사론

제2부
분열문의 의미론

제1부
분열문의 통사론

1. 한국어 명세화 의사분열 구문*
: '것'-분열절의 허사적 성격

박명관

1장에서 박명관은 우리말 명세화 의사분열 구문(Specificational Pseudoclefts) 그리고 이와 관련한 소위 도치 의사분열 구문(Inverted Pseudoclefts)에 대하여 이 두 구문을 구성하는 주요 성분으로서 '것'-절의 통사적 성격을 밝히고 있다. 박명관은 먼저 비도치 일반 명세화 의사분열 구문에서 '것'-절은 영운용소(null operator)가 절 내부에서 절의 외곽(즉, [Spec, CP])으로 이동하고, 범주 명명화(Labeling) 과정에서 영운용소를 직접 관할하는 범주는 형식 자질(formal features)로 구성된다고 제안한다. 따라서 '것'-절은 (영어) 허사(expletive)와 같은 성격을 갖게 된다. 결과적으로, '것'-절은 의미역을 받은 위치에 나타날 수 없으며, 예를 들어 계사(copula) 혹은 다른 동사들의 보충어 위치에 나타날 수 없다. 한편, '것'-절은 우리말에서 분열절이 아니라 관계절(relative clause)로도 분석될 수 있으며, 이때 '것'은 불완전명사로서 관계구성의 머리어(head)가 된다. 따라서 '것'-절이 의미역을 받는 계사의 보충어 자리에 나타나는 도치 의사분열 구문에서 '것'-절은 일반 명세화 의사분열 구

* 본 장은 『언어와 정보 사회』 38권 2에 게재된 박명관(2019)를 약간 수정하여 다시 쓴 것이다. 재출판을 허락한 [서강대학교 언어정보연구소]에 감사드린다.

문의 주어 혹은 주제어로 나타난 '것'-분열절이 도치되어 계사의 보충어 자리에 나타난 것이 아니라 통사적으로 허용되는 대안적 구조의 관계구성이며, 이 관계구성의 '것'-절은 허사의 성격을 갖지 않고 실사의 성격을 갖게 되어 의미역을 할당을 받는데 아무 문제가 없다. 요약하면, 우리말 명세화 의사분열 구문의 '것'-절은 분열절로서 허사적 성격을 갖고 있으며, 도치 의사분열 구문의 '것'-절은 관계구성으로서 실사적 성격을 갖는다.

1. 서론

우리말에서 다음 문장은 분열구문(Clefts) 혹은 의사분열 구문(Pseudoclefts)으로 볼 수 있다.

(1) [내가 교수님을 위해 산 것은/이] [이 책]이다.
(2) a. It is this book that I bought for my professor
     b. What I bought for my professor is this book.

여기서는 상세한 관련 논증 없이, (1)에 대한 영어의 대응 문장을 고려하여 의사분열 구문으로 보겠다. 이는 (1)에서 [내가 교수님을 위해 산 것]이 주제격 혹은 주격 조사가 붙는다는 점에서, [내가 교수님을 위해 산 것]에 대응하는 성분이 영어에서 주어에 나타나는 [What I bought for my professor]라고 볼 수 있기 때문이다. (1)이 의사분열 구문이라고 가정하면서, 분열절(cleft clause)에 해당하는 것이 '것'-절이라고 말할 수 있고, 이에 후속해서 계사 선행 성분(pre-copula XP)으로서 분열축(cleft pivot) 혹은 평형추(counterweight)[1]가 나타나며, 다음으로 계사(copula)와 시제 및 문장 종결 어미가 뒤따른다.

한국어의 이 구문은 다음과 같은, 서로 연관된 두 가지 특성을 갖는다. 하나는 분열절, 즉 '것'-절이 주어에 나타나는 경우 사람(human) 혹은 사람이 아닌(non-human) 것을 지칭할 수 있다. 관련 예문은 (3a)와 (3b)이다.

(3) 의사분열 구문(Pseudoclefts):
   a. [존이 산 것은] 이 책이다.
   b. [존이 만난 것은] 이 여자이다.

(3a-b)에서 계사를 중심으로 두 성분의 어순을 교체하면 다음과 같이 소위 도치 의사분열 구문(Inverted Pseudoclefts)을 형성한다.

(4) 도치 의사분열 구문(Inverted Pseudoclefts)
   a. 이 책이 [존이 산 것]이다.
   b. *이 여자는/가 [존이 만난 것]이다.

-Kim(2016: 1-2)

이 경우 Jhang(1995), Kang(2006), Kim & Sells(2007), 염재일(2014), Kim(2016: 1-2), 위혜경(2016) 등의 선행 연구자들이 관찰한 것처럼, 도치된 '것'-분열절이 사람을 지시하는 경우 (4b)처럼 비문이지만, 사람이 아닌 것을 지칭하는 경우 (4a)처럼 정문으로 판정된다. 즉 '것'-분열절이 계사에 선행하는 위치에 나오는 경우, 이 절은 사람

---

1) 이 용어, 즉 평형추는 Heycock(1994)에서 가져온 것이다. 평형추는 선행하는 분열절의 공백을 채우는 요소로 이해된다.

을 지시할 수 없다.

이와 밀접히 연관된 현상이 부가어(adjunct)가 도치 의사분열 구문에 나타나는 경우이다.

(5) a. [재우가 미나를 만난 것]은 학교에서이다.

　　 b. *학교에서가 [재우가 미나를 만난 것]이다.2)

(6) a. [미나가 인호를 만난 것]은 어제이다.

　　 b. *어제는 [미나가 인호를 만난 것]이다.

-염재일(2014)

Jhang(1995), Kang(2006), 염재일(2014)에서 지적한 것처럼 부가어들은 (5a)혹은 (6a)처럼 일반(즉, 비도치) 의사분열 구문의 분열축으로 나타날 수 있다. 하지만 부가어는 (5b) 혹은 (6b)처럼 도치 의사분열 구문의 주어 위치에 나타날 수 없다. 이를 또 다른 측면에서 기술하면, 부가어가 주어 위치에 놓일 때 도치 의사분열 구문의 분열절은 외견상 계사 바로 앞에 나타날 수 없다.

이 장에서는 일반 의사분열 구문과 대조적으로 도치 의사분열 구문의 특이한 통사적 양상을 바탕으로, 우리말 의사분열 구문의 '것'-분열절은 영어의 *it*-분열구문의 허사적 성격을 갖는 'it'나 의사분열 구문의 *what*-분열절처럼 행동하며, 이들과 유사한 통사적 허가 방식에 의해 통사적 도출 과정을 겪게 된다고 주장하게 될 것이다. 또한 '것'-분열절은 계사 바로 앞의 위치에 분포하게 될 때, 이 위치가 의미

---

2) 다음에서처럼, '것'을 관계 구문 구성의 머리어로 기능할 수 있는 장소를 의미하는 '곳'로 대치하고, 분열축에 후치사를 붙이면 용인되지 않는 문장이 된다.

　(i) a. 재우가 미나를 만난 곳은 학교(??/*에서)이다.
　　　 b. 학교(*에서)가 재우가 미나를 만난 곳이다.

역을 받는 자리(theta(-marked) position)이기 때문에, '것'-분열절은 분열 절로서는 통사적 허가를 받지 못하며, 대신에 '것'은 또 다른 통사적 기능으로서 관계 구문 구성의 머리어로서 해석되는 문법적 기능으로 허가되는 역할을 맡게 됨을 관찰하게 될 것이다.

2. 선행 연구 재고

앞 절에서 살펴본 것과 같이, '것'-분열절이 주어 자리에 나오는 경우 사람 혹은 사람이 아닌 것을 지시할 수 있지만, 계사 바로 앞자리에 나오는 경우 사람이 아닌 것만을 지시할 수 있다는 사실과 관련, 위혜경(2016)은 이 분열구문을 정체확인형 의사분열 구문(Identificational Pseudoclefts)이라고 간주하며 이 구문의 주어 자리에 나타나는 '것'-분열절은 담화지시체(discourse referent)이며, 이 분열절은 일반적 명사구가 나타내는 존재론 하에서의 정체가 확인된 개체(identified individual)를 지시하는 것이 아니라 Horn(1989)의 용어로 말하면 '상위-언어적 지시체(meta-linguistic referent)'를 지시한다고 주장한다. 즉, 상위-언어적 지시체라 함은 다음에서와 같이 일반적 명사구 용법으로서 (7a)의 'John'이 아니라 (7b)에서와 같이 언어표현 그 자체 'John'을 말한다.

(7) a. John went to London.
b. 'John' is an English name.

한편, Kim(2016)은 분열절에 관해 새로운 분석을 시도한다. 먼저 Kim(2016)은 (3)과 (4)를 상이한 구문으로 보았다. 의사분열 구문 (3)은 명세화 의사분열 구문(Specificational. Pseudoclefts)으로 보고 있다. 이 구문은 특징적으로 '것'-분열절이 변항(예를 들어, (3a)에서는 'John'이 구입한 개체들의 집합)을 도입하고, 이 변항의 값은 계사 선행 명사구, 즉 '이 책'에 의해 명세화된다고 본다. 이와 대조적으로, 도치 의사분열 구문 (4a)는 등식화 의사분열 구문(Equative Pseudoclefts)으로 보고 있다. 이 구문은 특징적으로 이 구문의 주어 즉 '이 책'과 계사 선행 분열절이 지시적으로 동일화된다(Heycock & Kroch 1999, 2002; Mikkelsen 2011을 참조).

분열절의 위치에 따라 의사분열 구문을 2개의 세부유형으로 구분한 다음, Kim(2016)은 (6)에서와 같은 영어 명세화 의사분열 구문에서 *wh*-분열절은 구정보 혹은 주어진 정보(old/given)의 성격을 가지고 있고, 반면에 *wh*-분열절이 도입한 변항을 명세화하는 기능을 갖는 계사 후행 결정사구 'a book'은 신정보를 갖으며 또한 운율적 초점 강세를 갖는다는 점을 주목한다(Blom & Daalder 1977; den Dikken 2001 등을 참조).

(8) [What John bought] was a BOOK.
　　　OLD/GIVEN　　　　　　　NEW

(8)이 일반적으로 명세화 의사분열 구문에 해당한다는 점에서, 다음과 같은 명세화 계사구문 (9)~(10)은 정보 구조 이론적(information structure theoretic) 특징을 보여준다. 즉 신구 정보의 배열 제약이 위반되는 경우 (9)와 달리 (10)는 일반적으로 용인되지 않는다.

(9)　A: Who was the culprit?
　　　B: The culprit was JOHN.
(10) A: What was John? (Was John the culprit or the victim?)
　　　B: #THE CULPRIT was John.

이를 한국어에 적용하며, Kim(2016)은 한국어의 의사분열 구문은 정보 구조 배열의 측면에서 영어의 상응 구문과 동일한 특성을 보이고 있다고 보고한다. 즉 선행 대화를 바탕으로 응답문이 의사분열 구문으로 구성될 때, 분열절은 구정보, 계사 선행 명사구는 신정보의 특성으로 구조화된다.

(11) Specificational Pseudocleft Construction (Kim 2016)

    A: 내가 무엇을 해야 하지?

    B: [네가 해야 하는 것은] [소프트웨어를 먼저 주문하는 것]이다.

(12) A: (내가) 소프트웨어를 주문해야 해?

    B: ?? (당근: PMK) [네가 해야 하는 것은] 소프트웨어를 주문하는 것이다 /지.3)

    'What you must do is order the software first.'

Kim(2016)은 명세화 의사분열 구문과 등식화 의사분열 구문이 LF 층위에서 아이오타 운용자(iota operator)를 통한 해석적 측면에서 구분되어야 한다고 제안한다. 다음에서 'ι'로 표시된 아이오타 운용자는 변항에 부가되어 이 운용자가 결속하는 표현이 한정 표현(definite description)임을 지정한다. 따라서 아이오타 변항(iota variable)은 다음 (13)~(14)에서와 같이 계사 선행 명사구를 통해 변항 채우기(variable

---

3) 본문 (12)의 A에 대한 B의 응답이 항상 용인되지 않은 문장으로 느껴지는지 분명하지 않다. 그리고 염재일(2014)에서 발췌한 다음 문장은 (영어에서도 그런 것처럼) 한국어의 의사분열 구문이 항상 분열절은 구정보, 그리고 계사 선행 명사구는 신정보로 간주된다고 말하기는 어렵다는 점을 보여준다.

  (i) A: 미나가 누구야?

      B: [인호를 도와 준 게]ꜰ 미나야.

      C: 아니야, [[진아를]ꜰ 도와 준 게] 미나야.

filling) 과정을 겪게 된다(Partee 1987; Heycock & Kroch 1999 등을 참조).

(13) [What John bought] is this book (=(3a))

: $\iota x[(\text{what-})\text{John-bought}(x)]$ = this book

a. is this book:

$\lambda x \lambda y[y = x]$ (this-book)

$\equiv \lambda y[y = \text{this-book}]$

b. What John bought:

$\lambda y[y = \text{this-book}]$ ($\iota x[\text{what-John-bought}(x)]$)

$\equiv [\iota x[\text{what-John-bought}(x)] = \text{this-book}]$

"Such that there is a unique entity that John bought and that is this book."

(14) [What John met] is this woman (=(3b))

: $\iota x[(\text{what-})\text{John-met}(x)]$ = this-woman

"Such that there is a unique individual that John met and that is this woman."

Kim(2016)은 등식화 의사분열 구문과 같은 (4a-b)와 같은 경우에는 (3a-b)와 달리 분열절은 아이오타 운용자를 활용하지 못한다. 왜냐하면, 아이오타 운용자는 한정 표현을 도출하는 기능을 하지만, 등식화 의사분열 구문의 분열절은 계사에 선행하게 되고 초점성분으로 해석되기 때문에, 아이오타 운용자와 계사 선행 분열절은 서로 상충하게 된다. 결국 (4a-b)에서 등식화 의사분열 구문은 명사구 주어와 계사 선행 분열절이 지시적으로 동일화 된다는 점에서, (4a)에서 '사람이 아님(non-humanness)'이라는 자질의 측면에서 지시 동일화 관계가 성립하여 용인되는 문장이 되지만, (4b)에서는 '사람임(humanness)'이라는 자질

의 측면에서 지시 동일화 관계가 성립하지 않아서 적절하지 않은 문장이 된다.4)

3. 비 의사분열 구문에서의 '것'-절

Kim(2016)이나 위혜경(2016)은 명세화 의사분열 구문의 주어 자리에 나타나는 요소가 [사람임] 자질의 측면에서 중립적인 특성을 갖지만, 다른 자리에서 그렇지 않다는 점을 보고하였다. 하지만 이에 대한 두 연구자의 이와 같은 관찰과 설명은 여러 문제점을 안고 있다. 먼저 염재일(2014)에서 가져온 (그리고 각주 3에서도 논의한) 예문에서 (15)의 A의 응답으로서 B는 분열절이 항상 구정보를 갖는 것이 아닌, 신정보를 가질 수 있으며, 이 경우에도 [사람임] 자질이 중립적일 수 있음을 보인다. 따라서 Kim(2016)이 분열절의 [사람임] 자질의 중립성을 아이오타 운용자를 통해 분석하는 것이 효과적인 분석이 될 수 없음을 지적하고자 한다.

(15) A. 미나가 누구야.

　　B. [인호를 도와준 게]F 미나야.

　　C. 아니야. [[진아를]F 도와준 게] 미나야.

　　　　　　　　　　　　　　　　　　　　　-염재일(2014)

또한, 동일한 시각에서 우리말 우향 전위(Right Dislocation) 구문을 보

---

4) 아이오타 운용자는 한정적 표현을 도출하며, 계사 선행 표현은 일반적으로 비한정적 표현이 출현한다.

자. 이 구문은 일반적으로 쉼표에 의해 분리된, 등위접속사가 사용되지 않은(asyndetic) 두 등위절로 구성되며, 첫 번째 절에서 언급되지 않은 성분을 두 번째 절에서 덧붙이기 하는 형태로 문장을 구성한다. 여기 논의와 직접 관련된 특징은 콤마 다음의 두 번째 절에서 덧붙여지는 성분이 일반적으로 초점으로 간주된다는 점이다. 다음 (16)과 (17)을 보자.

(16) a. [존이 산 것]은/이/도 이 책이야.

　　 b. 이 책이야, [존이 산 것]은/이/도　　　　　　　[non-human]

(17) a. [메리가 만난 것]은/이/도 존이야.

　　 b. 존이야, [메리가 만난 것]은/이/?도5)　　　　　[human]

여기서 주목할 것은 정상적인 구성의 (16a)나 (17a)가 (16b)나 (17b)와 같은 의사분열 구문이 우향전위 구문으로 변형된 경우이다. 여기서 우향전위된 주어 분열절은 초점을 받고 있지만, [사람임] 자질이 중립적일 수 있다. 이는 [사람임] 자질의 중립성이 정보 구조 혹은 아이오타 운용자에 의해서 분석하려는 Kim(2016)의 분석이 또한 적절하지 않음을 시사하는 것이다.

다음으로 [사람임] 자질의 중립성은 계사가 나타나는 의사분열 구문의 주어 자리 분열절에서만 가능하다. 즉 다음과 같이 비계사구문에서 분열절과 외견상 유사한 '것'-절은 [사람임] 자질의 중립성이 나타나지 않는다.

---

5) 다음에서 관찰할 수 있는 것처럼, 분열절에는 주제격 조사뿐만 아니라 주격 조사가 부가될 수 있다.

　(i) 그리고 [마라를 떠나 만난 것]이 엘림이다.

　(ii) 준영(정우)은 ... [무료 변론을 시작해 만난 것]이 현우이다.

(18) a. [빌이 산 것은] 메리를 감동시켰다.　　　　[non-human]

　　 b. *[빌이 만난 것은] 메리를 좋아한다.　　　　[human]

(19) a. 존이 메리에게 빌이 산 것을 주었다.　　　　[non-human]

　　 b. *존이 [빌이 만난 것을] 메리에게 소개했다.　[human]

(18b)나 (19b)의 경우 '것'-절이 구정보로 해석될 수 있는 주어 자리에서 혹은 간접목적어 앞으로 뒤섞기된(scrambled) 직접목적어의 경우 '것'-절의 [사람임] 자질의 중립성은 나타나지 않는다. (18b)나 (19b)의 비용인성은 '것'-절을 상위-언어적 지시체로 보는 위혜경 (2016)의 입장에서 이를 설명하기 힘들며, '것'-절의 [사람임] 자질의 중립성이 '것'-절의 구정보성을 전제하는 Kim(2016)의 분석으로도 설명하기 어려워 보인다.

이번 절의 논의를 요약하면, 먼저 명세화 의사분열 구문에서 관찰되는 '것'-분열절의 [사람임] 자질 중립성은 '것'-분열절의 정보 구조, 이에 수반한 아이오타 운용자에 의한 Kim(2016)의 분석, 그리고 '것'-분열절을 상위-언어적 지시체로 보는 위혜경(2016)의 분석에 의해 적절하게 설명될 수 없음을 보았다. 또한 '것'-분열절의 [사람임] 자질 중립성은 계사가 출현하는 명세화 의사분열 구문에서만 나타나는 특징을 갖는다.

4. '것'-분열절과 영어 상응 요소의 유사성

한국어 의사분열 구문의 주어 위치에 나타나는 '것'-분열절의 [사람임] 자질 중립성을 설명하기 위하여, 먼저 한국어 의사분열 구문의 '것'-분열절은 영어의 분열구문의 주어 'it'에 상응한다는 점을 지적하고자 한다. 아래 (20)에서 보는 것처럼, 영어 분열구문의 주어 자리에 나타나는 'it'는 [사람임] 자질 중립성을 보이며, 계사 후행 분열축의 결정사구가 (20a)처럼 사람이 아니거나 (20b)처럼 사람일 수 있다. 또한 한국어 의사분열 구문의 '것'-분열절과 영어 분열문의 'it'의 유사성은 전자처럼 후자도 (20c)가 보여주는 것처럼 비계사구문의 주어와 같은 논항 위치에 나타나지 못한다는 점에서 확인된다.

(20) a. It is a book that John bought.

b. It is Mary that John met.

c. *It ate pizza. ('it'는 영어 분열문의 'it')

다음절에서는 한국어 의사분열 구문의 '것'-분열절과 영어 분열구문의 'it'의 유사성을 통사적인 측면에서 더욱 명확히 하도록 할 것이다. 앞으로의 논의 내용을 요약하면, 영어의 *that*-분열절과 의미적으로 연관된 'it'는 형식 자질의 측면에서 허사(expletive)와 유사한 자질을 가지고 있다고 가정하면서, 한국어에서 허사가 존재하지 않지만 한국어의 '것'-분열절은 통사구조적 그리고 도출적 특성으로 인하여 영어 분열구문의 허사 'it'와 유사한 형식 자질을 가진다고 주장하게 될 것이다.6) 특히 이와 같은 형식 자질은 '것'-분열절 내부에서 이동 혹은 이동 이후에 결속을 관장하는 영운용자(null operator)에 기인함을 제안하게 될 것이다.

---

6) 추가적으로, '것'-분열절은 영어 분열문의 *that*-절 그리고 영어 의사분열 구문의 *what*-절에 대비된다.

5. '것'-절의 통사구조와 통사범주-결정하기(labeling)

문장의 통사구조와 관련 문장 구성 성분들의 결합은 병합(Merge)이라는 통사 기제를 바탕으로 설명할 수 있다. Chomsky(2008, 2013)은 병합의 과정에서 이루어지는 통사 구성체(syntactic object)의 통사범주의 결정이 통사부의 도출적 단계에서 이루진다고 가정하면서, 통사범주를 결정하는 통사 기제를 통사범주-결정하기, 즉 Labeling이라고 명명하고, Labeling은 다음과 같은 두 세부 과정을 통하여 이루어진다고 본다.

(21) a. In {H, α}, H a lexical item, H is the label.

    b. If α is internally merged to β, forming {α, β}, then the label of β is the label of {α, β}.

-Chomsky(2008: 145)

(22) a. The label of {H, XP} is H if H is a head and XP is not a head.

    b. The label of {XP, YP} is the feature shared by XP and YP.

-Chomsky(2013)

Chomsky(2008)에서 Chomsky(2013)으로의 새로운 형식화 시도는 소위 내부 병합(Internal Merge)의 경우 이동된 요소가 병합에 참여하지 못하는 것이 아니라 자질의 공유(sharing)의 방식으로 통사범주 결정에 능동적으로 기여한다고 본다. 따라서 다음과 같은 문장에서, 내부 병합되는 'in which Texas city'는 β, 즉 전통적 CP와의 자질 공유를 통해서 α는 QP(Question Phrase)로 범주 결정된다고 볼 수 있다.

(23) They wondered [$_\alpha$ in which Texas city [$_\beta$ C [JFK was assassinated]]]

한국어 의사분열 구문의 '것'-분열절의 문제로 돌아가, '것'-분열절의 세부 구조와 관련하여 '것'-분열절 내부에서 영운용자가 [Spec, CP]에서 공범주를 결속하는 것으로 가정한다(이와 관련하여, 선행 연구에서 Sohn 2001, 2011; Kang 2006; Park, 2014a, b, c; Kim 2016 등을 참조). 보다 구체적으로, 명세화 의사분열 구문은 구문 내부의 '것'이 보문소(complementizer)라고 가정될 때 다음과 같은 구조를 갖는다.

(24) [$_\alpha$ Op$_i$ [$_{CP}$ [$_{TP}$ ... t$_i$ ...] 것]]-주제화 표지
　　　　[NP$_i$]-계사-(시제표지)-절 종결어미

(24)의 구조와 관련하여 주목할 점은 '것'-분열절 구성이 영어의 의사분열 구문에서 *what*-분열절과 유사하며, 본질적으로 무선행사 관계절(free relatives)와 유사하다는 점이다. 무선행사 관계절에 대한 최근의 Caterina Donati, Noam Chomsky의 제안과 관련하여 Chomsky (2013)에서 가져온 발췌문을 아래 제시한다.

(25) From Chomsky(2013):

Similar questions arise about free relatives, as in "I like [α what you wrote]]," where α is a nominal phrase (but not *"I like what book you wrote"). On the basis of these and other facts, Caterina Donati suggests that 'what' and its counterparts are heads that can ambiguously project or be interpreted as Specifiers of the clause (Donati, 2006). In other languages the head of the free relative is complex -- e.g., Spanish 'lo que' or French 'ce qui', which may suggest that English 'what' is similar, morphologically something like 'it-that', with 'it' a reduced determiner that can project. If English 'who' lacks such an analysis, that would account for the fact that it cannot head a free relative (*"I like who you invited").

(25)의 Chomsky의 제안에 따라, 한국어의 무선행사 관계 구문 구성은 [Spec, CP]이 영운용자(Op)로 그리고 CP의 핵이 '것'으로 형성된 복합체 성격을 갖는다고 본다. 물론, (24)에 추가하여 가능한 구조 형태는 다음과 같이 '것'이 의존명사(dependent nominal)로서 일반 관계 구문(relative construction) 구성의 머리어(relative head)가 되며, 선행 성분이 관계절이 되는 아래의 구조가 가능하다.

(26) [NP [CP Op$_i$ [TP ... t$_i$ ...] 것]]

한국어 의사분열 구문의 주어에 위치에 나타나는 '것'-분열절의 [사람임] 자질 중립성은 결국 (24)와 같은 구조에 기인한다. 이 구조는 두 가지 주요한 특성에 근간을 두고 있다. 하나는 '것' 보문절을 구성하는 '것'이 보문소(complementizer)라는 점이다. 다음 (27a)과 (27b)의 대조에서처럼, '것'-분열절의 [사람임] 자질 중립성이 보이는 경우, 보문소 '것'의 복수화는 불가능하다. (28a)과 (28b)에서도, 보문소 '것'의 복수화는 불가능하지만, (26)의 구조가 추가적으로 가능하기 때문에 보문소의 복수화가 아닌 관계 구문 구성의 머리어가 복수화되어서 (28b)는 정문이다. 술어 명사(predicate nominal) 표현이 '것'-절의 공백으로 나오는 경우, '것'-절+술어 명사구+계사 구성의 (29a), 그리고 그것의 도치 형태, 즉 술어 명사구+'것'-절+계사 구성의 (29b) 둘 다 가능하다. 이 경우는 분열구문의 형태를 갖는 것이 아니라, (26)처럼 관계절+머리어 '것' 구성이다. 하지만 '것'이 관계절 내부의 술어 명사구 공백과 연관될 때 이는 객체를 지시하는 것이 아니라 속성을 지시하기 때문에 '것'은 복수화될 수 없다.

(27) a. [인호가 만난 것]은 의사이었다.
　　 b. *[인호가 만난 것]들은 의사이었다.

-염재일(2014)

(28) a. [인호가 산 것]은 가방이었다.
　　 b. [인호가 산 것]들은 가방이었다.

-염재일(2014)

(29) a. [인호가 되고 싶은 것]은 의사이다.
　　 b. 의사는 [인호가 되고 싶은 것]이다.
　　 c. *[인호와 진호가 되고 싶은 것]들은 의사(들)이었다.

'것'-분열절의 '것'의 복수화와 동일한 행태를 보이는 것이 '것'-분열절의 등위접속화이다. (30a)처럼, '것'-분열절이 등위접속사 '-과'를 통한 명사구의 등위접속화는 불가능하다. 하지만, '것'-분열절 두 개가 등위화가 '-도' 혹은 '그리고'를 통해 이루어질 수 있다. 이와 같은 상황은 (31)처럼, 관계 구문 구성의 머리어가 분명히 지시적 명사어로 구성된 경우에는 이러한 제약이 나타나지 않는다. 한편, (32)에서 보이는 것처럼, 비인간 명사구 혹은 술어 명사구가 계사 선행 성분으로 나타나는 경우 '것'-절은 관계 구문 구성이 가능하기 때문에 등위접속이 가능하다.

(30) a. ??인호가 만난 것과 진호가 만난 것은 학생이다.

-Kim & Sells(2007), 염재일(2014)

　　 b. 인호가 만난 것도/그리고 진호가 만난 것도/은 학생이다.

(31) a. 인호가 만난 사람과 진호가 만난 사람은 학생이다.

  b. 인호가 만난 사람도/그리고 진호가 만난 사람도/은 학생이다.

(32) a. 인호가 산 것과 창수가 산 것은 이 책이다.

  b. ?인호가 되고 싶은 것과 창수가 되고 싶은 것은 의사였다.

(24) 구조의 두 번째 주요한 특징은 범주 결정 과정에서 CP의 머리어 '것'이 CP의 통사적 범주를 결정한다고 간주하기보다는 [Spec, CP]에 자리 잡은 영운용자가 결정한다는 점이다. 물론 이 과정에서 (24)의 α의 범주 결정이 (22b)의 알고리즘에 따라, '것'과 후속하는 TP의 병합 그리고 범주 결정 이후에, CP와 영운용자의 자질 공유에 의해 이루어진다고 말할 수도 있다.

(33)   '것'-CP
              /   \
           OP   C'
    uninterpretable   / \
    formal features   TP   C
                       것

그렇다면, [Spec, CP]에 자리 잡은 영운용자는 어떤 자질을 가지고 있을까? 이와 관련하여, [Spec, CP]에 자리 잡은 영운용자는 영어 분열구문에서 'it'와 동일한 형식 자질만을 가지고 있다고 제안한다. 즉, 명세화 의사분열 구문의 '것'-분열절은 [Spec, CP]에 자리 잡은 영운용자에 의해 결정된 통사범주 그리고 이에 따른 형식 자질만을 가지고 있다고 본다.

명세화 의사분열 구문의 '것'-분열절의 이 같은 구조적 특징은 무엇

을 함의하는가? 명세화 의사분열 구문의 '것'-분열절은 영어 분열구
문의 'it'처럼 의미역을 받지 못하는 위치에만 실현될 수 있다. 이는
한국어 의사분열 구문에 나타나는 계사의 논항구조(argument structure)
가 다음과 같음을 함의한다.

(34) a. 한국어 의사분열 구문의 계사는 영어의 'seem', 'appear', 'happen'
처럼 비대격 술어(unaccusative predicate)이다.

b. '것'-분열절과 분열축은 계사의 보충어로서 기저에서 다음과 같이
서로 평행 구조(parallel structure)를 갖는다(Moro 1997): ['것'-
분열절, 분열축]+계사+시제 표지

의사분열 구문 구성에 있어, '것'-분열절과 분열축은 평행 구조를
갖게 되고, 평행 구조는 Labeling 과정에서 제기되는 문제로 인하여
(Chomsky 2013), 한 성분이 이동하게 된다. 물론 이 평행 구조에서 잠
재적으로 '것'-분열절과 분열축 둘 중에 하나 이동할 수 있다. 문제는
계사의 보충어 자리가 의미역을 할당 받는 자리라는 점에서, (33)에
표상된 것처럼 '것'-분열절 구성 CP가 비해석적 형식 자질을 갖는 허
사와 같은 기능을 한다는 점에서, '것'-분열절은 계사의 보충어로 남
아 있을 수 없으며, 의사분열 구문의 적정한 도출을 위해서는 '것'-분
열절 구성 CP의 비해석적 형식 자질이 점검될 수 있는 [Spec, TP]나
[Spec, TP]를 통한 [Spec, TopP]로의 이동이 요구된다. 이와 같은 이
유를 바탕으로, 다음에 반복하는 도치 의사분열 구문 (4b)의 비용인
성을, 이와 대조하는 비도치 의사분열 구문 (4a)의 용인성을 설명할
수 있다.

(4) 도치 의사분열 구문(Inverted Pseudoclefts)

    a. 이 책이 [존이 산 것]이다.

    b. *이 여자는/가 [존이 만난 것]이다.

그 이유는 (4a)에서 분열축은 사물이고, 따라서 계사의 보충어로 출현하는 '것'-절은 분열절이 아니라, 관계 구문 구성이 가능하다. 즉, '것'은 의존명사로서 선행하는 관계 구문 구성의 머리어가 된다. 하지만, (4b)에서는 '것'-절의 '것'은 사람을 지시할 수 없기 때문에 관계 구문 구성으로 분석될 수 없으며, 반드시 분열절로 분석되어야 하고, 의미역을 할당 받는 위치에 나타날 수 없기 때문에, 비용인성 문장을 도출하게 된다.

'것'-분열절 단독으로 계사의 보충어 위치에 나타나지 못하는 것은 '것'-분열절의 대용 형태 '그것'이 나타나지 못하는 것과 같은 방식으로 설명할 수 있다. 다음과 같은 소위 명세화 계사구문에서 '것'-분열절의 대용 형태 '그것'은 주어 위치나 주제 성분의 위치에 나타날 수 있지만, 계사의 보충어 위치에 나타날 수 없다.

(35) A: 존이 만난 것은 메리야.

    B: 아니, 그건 빌이야.

(36) A: 빌이 존을 만난거야.

    B: *아니, 메리가 그거야.7)

여기서 주목할 것은 '그것'이 대체하는 것이 '것'-분열절이며, 이 대

---

7) 다음 (ii)는 (35) 그리고 (36)과 유사한 패턴의 예문이다.

    (i) a. 개가 톰이야.   b. 톰이 개야.

    (ii) a. 그건 톰이야.   b. *톰이 그것이야.

용 표현 '그것'이 비의미역 위치(non-thematic position)에 나타나는 경우, (35B)는 정문이지만, 계사의 보충어 위치, 즉 의미역 할당 위치에 나타나는 경우, (36B)는 비문이 된다. 만약, 대용 표현 '그것'의 구성이 '것'-분열절의 TP를 '그'가 대체한다고 가정하면, '그것'의 전체 자질은 '것'-분열절처럼 비해석적 형식 자질만을 갖게 되어 허사와 동일하게 통사적 행동을 할 것으로 예측되며, (35)와 (36)은 이를 입증한다.

물론 분열축이 사람으로 해석되는 (35)와 (36)과 달리 사람이 아닌 대상으로 해석되는 경우, (37)와 (38)처럼 '그것'은 지시 대명사의 비허사적 실사로 해석되며, 여기서 '것'은 사람이 아닌 대상을 의미한다. 이 경우, '그것'은 주어 자리 혹은 보충어 자리 둘 다에서 아무 문제 없이 분포할 수 있다.

(37) A: [존이 산 건] 이 책이야.
    B: 아니, 그건 저 책이야.
(38) A: 이 책이 [존이 산 것]이니?.
    B: 아니야, 저 책이 그거야.

이 지점에서 다시 살펴볼 예문은 다음 예문이다. 다음 예문은, 위혜경(2016)이나 Kim(2016)이 다룬, 소위 명세화 의사분열문의 '것'-분열절이 아닌 관계 구문 구성의 '것'이다.

(39) Predicational Pseudocleft
    * [존이 만난 것]은 예쁘다.

이 문장의 주어 위치에 나타난 '것'-절은 분열절이 될 수 없다. '예쁘다'라는 술어의 의미상 주어로서 '것'-절은 의미역을 받는다. 앞서 살펴본 것처럼, '것'-분열절은 의미역을 받을 수 없고, 따라서 의미역을 받지 못하는, 비제한적 동격 명사구 구성의 구조에서만 기저 생성될 수 있다.

다음의 추가적인 대조도 유사한 논리로 설명 가능하다. (41)에서 등위접속된 술어구는 둘 다 의미역을 할당하고, 이에 따라 선행하는 '것'-절은 분열절이 될 수 없으며, 반드시 '것' 명사구는 관계 구문 구성에 의해 도출된 것으로 의미역을 할당 받을 수 있다. 이와 달리 (40)에서는 첫 번째 등위 술어구는 명세화 의사분열 구문의 계사 구성이고, 두 번째 등위 술어구는 의미역을 할당하는 일반 술어로서, 전자 술어구와 관계하여 '것'-절은 분열절로, 후자 술어구와 관계하여 '것'-절은 관계 구문 구성이 되어야 한다. 하지만 이 경우 술어구의 기능에 따라 주어 위치의 '것'-절의 의미적 기능이 달라진다는 점에서 두 '것'-절의 등위접속에 의한 공유는 어렵게 되어, (41)에 비하여 (40)은 문장이 어색하게 느껴진다.

(40) ?? [인호가 만난 것]은 의사이고 나이가 많았다.8)

-염재일(2014)

(41) [인호가 산 것]은 가방이었고 매우 비싸보였다.

추가적으로 관련된 경험적 사실은 다음 (42)처럼 '것'-분열절이 한국어의 소위 예외적 격 표시(Exceptional Case-marking) 구문에 나타날

---

8) 다음 (i)~(ii)에서 보는 것처럼, 명사구 접속사 '-과'와 술어 접속사 '-고'는 '사람임' 제약과 관련하여 상이한 용인성을 보인다. 즉 전자는 '사람임' 제약이 보이지 않는데 비하여, 후자는 '사람임' 제약이 보인다.

(i) 인호가 만난 것은 [학생과 어린 아이이다].
(ii) ?*인호가 만난 것은 [학생이고 어린아이]이다.

수 없다는 점이다.

(42) ?* 나는 [존이 만난 것을] 메리라고 믿는다.

이 같은 관련 예문의 비수용성은 Kuno(1976)가 지적한 것처럼 예외적 격 표시를 받는 요소가 지시적(referential)이어야 하는 제약에 기인한다고 볼 수 있다. 결국 내포절에서 기저 생성된 주어 성분으로서의 '것'-분열절이 예외적 격 표시를 허가 받을 수 있는 위치로의 이동을 통하여 주제화(topicalization) 혹은 초점화(focalization)되는 경우 '것'-분열절은 지시적이어야 하지만 '것'-분열절이 (33)의 구조적 특성으로 인하여 허사적 성격을 갖고 있어, 지시적이어야 하는 요건은 충족하지 못하게 된다.9)

우리의 이와 같은 분석의 일반성을 확인하기 위해 영어의 의사분열 구문에서의 상응하는 제약을 살펴보도록 하자. Akmajian(1970), Higgins(1979), Moltmann(2013) 등이 관찰한 것처럼, 영어의 명세화 의사분열 구문의 경우에도, 분열축이 사람을 지시하는 DP인 경우, *what*-분열절은 비문이 된다.

(43) a. *[What John kicked] was [Mary].

   b. *[Mary] was [what John kicked].10)

   -Akmajian(1970), Higgins(1979), Moltmann(2013)

---

9) (42)는 '것'-분열절이 주격/주제격으로 나타날 때보다 용인성이 높지만 여전히 나쁜 문장으로 판단된다.

10) 영어에서 형용사구의 도치는 *what*-의사분열을 통해서건 그렇지 않건 일반적으로 허용되지 않는다.

   (i) a. # What is honest is Bill.
      b. # Honest is Bill.

분열절 구성의 'what'는 일반적으로 분열절 내부에서 [Spec, CP]로 이동하여 Donati(2006) 그리고 Chomsky(2013) 등이 주장하는 것처럼 CP의 핵으로 재분석된다고 본다. 이러한 재분석 과정에서 'what'이 가진 자질은 비해석적 형식 자질을 갖고 있는 한국어의 영운용자와 달리 사물을 지시하는 해석적 자질을 가지고 있다. 따라서 한국어 의사분열 구문과 달리 영어의 의사분열 구문은 '분열축'이 사람인 경우 도치에 상관없이 (43a-b)처럼 비문이 된다.

추가적으로 영어와 관련 주목할 점은 다음 (44)과 같이 계사의 보충어 위치의 *what*-절의 통사적 위상이다. 앞서 한국어에서 계사의 보충어 위치의 '것'-절은 분열절이 아닌, 관계 구문 구성이라고 보았다.

(44) Tea is [what Mike drinks].

앞에서 제시한 것처럼, 'what'가 해석적 자질을 가지고 있고, 지시적 기능을 갖고 있다는 주장이 옳다면, 영어의 경우 한국어와 달리 계사의 보충어 위치에 나타나는 'what'는 관계 구문 구성으로 간주하기보다는 의사분열 구문의 주어 위치에서처럼 분열절로 보는 것이 더 적절하다.

그러나 '사람임' 제약과 관련하여 영어에서 예외적인 경우가 있다. Akmajian(1970), Higgins(1979), Moltmann(2013) 등에서는 다음과 같은 문장이 정문임을 보고하고 있다.

(45) a. [What John saw] was [Mary].   [human]
     b. [Mary] was [what John saw].

여기서 예외성의 발생은 분열절 내부의 동사에 기인한다. Moltman

(2013)에 따르면, 'what' 그리고 분열축이 'see'와 같이 시각적 경험(visual experience)을 의미하는 동사의 목적어인 경우 해당 의사분열 구문은 용인되는 문장이 된다. 결국 'see'와 같은 시각적 경험을 기술하는 경우, 'see'의 목적어 DP는 외견상 사람을 지시하지만 실질적으로 시각의 대상화가 이루어져 사물처럼 이해된다고 말할 수 있다.

이와 유사한 관찰이 Kim(2016)에서도 보고되고 있다. 한국어 도치 의사분열 구문의 경우, 주어가 사람이고 '것'-분열절이 계사의 보충어 위치에서 불가능하지만, 다음처럼 '이 여자 하인'이 마치 사물처럼 간주되어 대상화되는 경우, 문장의 수용성은 높아진다.

(46) ? 이 여자 하인은 [그 영주가 오래 동안 소유하고 있는 것]이었다.

또한 앞서 살펴본 것처럼, 한국어 분열절 내부의 영운용자가 연결술어(linking predicate)의 보충어에서 출발하는 경우, 여기의 명사구 표현은 지시적이라기보다는 술어적이기 때문에, 사람을 의미하는 명사구는 예를 들어 직업 등의 속성을 나타낸다. 따라서 (47a)의 문법성은 '의사'가 사람이 아닌 '직업'을 의미하기 때문이다.

(47) a. 의사는 미나가 되고 싶은 것이다.

-염재일(2014)
    b. 의사는 인호가 되고 싶은 것이고 장래가 유망한 직업이다.

다시 영어로 돌아가, 영어의 의사분열 구문에서 *what*-분열절이 주어 자리에 나타나는 경우, '사람임' 제약을 보이지만. *who*-분열절은 주어 자리 혹은 계사의 보충어 자리에 나타나는 경우, 'who'가 스스로 '사람임' 자질을 가지고 있기 때문에, 많은 영어 원어민 화자들은 다음과 같은 문장을 용인되는 문장으로 간주한다.

(48) a. [Who I met] was [Otto Priminger]

　　 b. [Otto Priminger] was [who I met]

　　　　 -Higgins(1979), den Dikken et al.(2000), Mikkelsen(2008)

즉, 운용자가 어느 것인지에 따라, 즉 영운용자인지, 'what'인지, 'who'인지에 따라 '사람임' 자질을 허가하는 상황이 달라진다.

한편, 한국어 소위 우향 전위(right dislocation) 구문에서 분열구문 분포와 관련 다음과 같은 문장을 다시 보자.

(49) a. [존]이야,　　[메리가 만난 것]-은/-이/-도.　　[human]

　　 b. [이 책]이야,　　[존이 산 것]-은/-이/-도　　[non-human]

이 두 문장에서 선행절은 분열축과 계사만이 나타나고, 우향 전위된 요소는 '것'-분열절과 격조사이다. 이를 설명하기 위해 우향 전위구문이 이중절 구조(bi-clausal structure)를 갖는다고 본다(Chung 2009, 2010; Park & Kim 2010; Abe 2004; Ott & de Vries 2012). 즉 우향 전위가이중절 구조에서 출발하지만, 다음 (50)에서 보는 것처럼 후행절에서는 완전절에서 생략에 의해 도출된다고 가정하는 경우, 우향 전위된요소로서 '것'-분열절과 격조사는 계사 구조의 환경에서 허가를 받는것이고, 따라서 '것'-분열절은 영운용자가 그 내부에서 이동을 통하여도출되면서 '사람임' 자질과의 불일치의 가능성은 유발되지 않는다.

(50) $[_{CP1}$ ... correlate ...], $[_{CP2}$ XP_i $[_{TP}$ ... t_i ...]] → PF-deletion

마지막으로, 도치 의사분열 구문의 후치사가 붙은 분열축이 주어 위치에 나오는 경우 비문이 되는 경우를 살펴보자. 관련 예문 (5)와 (6)을 아래에 다시 반복해서 제시한다.

(51) a. [재우가 미나를 만난 것]은 학교에서이다.
    b. *학교에서가 [재우가 미나를 만난 것]이다.
(52) a. [미나가 인호를 만난 것]은 어제이다.
    b. *어제는 [미나가 인호를 만난 것]이다.

-염재일(2014)

(51)과 (52)에서 (a)의 (b)의 대조가 명확하다. 분열축이 후치사구인 경우, 후치사구는 '것'-분열절과 지시적으로 동일 관계를 이룰 수 없고, 적정한 해석을 위해서 후치사구가 분열사구 내부로 재구화 (reconstruction)되어야 한다. 이 경우, (a)-예문에서는 주어의 '것'-분열절은 영운용자를 매개로 하여 재구화가 이루어질 수 있다. 하지만 (b)-예문에서는 '것'절은 관계 구문 구성을 이루고 있기 때문에 영운용자가 매개 역할을 더 이상 수행하지 못하게 된다(재구화에 관한 논의는 다음 절 참조).

결론적으로, 한국어 명세화 의사분열 구문에서 분열축이 사람인 경우, '것'-분열절이 주어 혹은 주제로서 나타날 수 있는 것은 '것'-분열절 내부에서 이동하는 영운용자가 '사람임' 자질의 측면에서 중립적 형태의 비해석적 형식 자질만을 갖기 때문이다. 하지만 '것'-분열절과 분열축이 외견상 서로 도치된 형태를 취하는 경우, 계사의 보충어 위치가 의미역을 받을 수 있어야만 함에도 불구하고 '것'-분열절은 허사와 유사한 통사적 위상을 갖기 때문에 단독으로 계사에 선행하는 보충어 위치에 나타날 수 없다. '것'-분열절이 의미역을 할당 받을 수 없는 위치에 나타날 수 없다는 것은 여러 경험적 자료를 통해 확인해 보았으며, 외견상 '것'-절이 의미역을 할당 받는 위치에 나오는 경우, 이 '것'-절은 분열절이 아니며 '것'이 관계 구문 구성의 머리어가 되는 관계 구문으로 이해되어야 함을 논증하였다.

6. 연결성 효과(Connectivity effects)

명세화 의사분열 구문과 관련 추가적인 논의를 요하는 것은 성분통어(c-command) 등 통사적 의존관계를 이루는 재귀사(reflexive), 상호사(reciprocal) 등이 분열축 혹은 분열축 내부에 나타나는 경우, 외견상 분열절 내부에서 분열축 혹은 그것의 내부를 성분통어하지 않지만, 이 경우 명세화 의사분열 구문에서 재귀사 혹은 상호사가 허용되는 경우가 있다. 이와 대조적으로, 소위 도치 명세화 의사분열 구문의 경우, 주어 자리의 분열축 혹은 분열축 내부의 재귀사 혹은 상호사가 허용되지 않는다. 다음 (53b-c)의 문장은 비의사분열 구문 (53a)과 다른 의사분열 구문으로서 정상 혹은 도치 어순 형태로 용인성의 측면에서 대조를 보이고 있다.

(53) a. 철이와 순이가 서로의 자동차를 부러워한다.
 b. Specificational Pseudocleft
  [철이와 순이가 부러워하는 것은] 서로의 자동차이다.
 c. 'Inverted' Pseudocleft
  ?*[서로의 자동차가/는] [철이와 순이가 부러워하는 것]이다.

지금까지의 논의에서, 명세화 의사분열 구문은 분열절 내의 외곽으로 영운용자가 이동한 것으로 보았다. 이에 해당하는 도출을 제시한 것은 (54a)이다. 이와 대조적으로 도치 명세화 의사분열 구문은 실제 계사의 보충어로서 '것'-절은 관계 구문 구성으로 봐야 한다고 제안하였다. 이에 해당하는 도출을 제시한 것은 (54b)이다.

(54) a. Specificational Pseudocleft

[$_{CP}$ Op$_j$ ... [$_{TP}$ [철이와 순이]$_i$가 t$_j$ 부러워하는 것은] [서로$_i$의 자동차]$_j$-이다

b. 'Inverted' Specificational Pseudocleft

[서로$_i$의 자동차]$_j$-가/는] [[$_{CP}$ Op$_j$ ... [$_{TP}$ [철이와 순이]$_i$가 t$_j$ 부러워하는]] [것]$_j$]은-이다

위 표상을 관찰할 때, 결국 연결성을 보이는 (54a)에서는 영운용자가 분열축을 분열절 내부의 흔적 자리로 연결하는/재구화하는 기능을 담당하는 것으로 이해된다. 하지만, (54b)에서는 '것'-절의 실제로 분열절이 아니며, 관계 구문 구성으로서 영운용자가 NP '것'과 공지시되어 결속된다는 점에서, 이 경우 연결성 효과가 발생하지 않게 된다.

흥미로운 것은 상호사와 달리 부정극어는 연결성 효과를 보이지 않고 있다.

(55) a. ?*[철이가 사지 않은 것]은 아무 것도이다.

b. *아무 것도 [철이가 사지 않은 것]이다.

의사분열 구문에서 연결성 효과와 관련 상호사와 부정극어의 대조는 영어에서 관찰되지 않는다.

(56) a. What John and Bill envy most is each other's cars.

b. *Each other's cars are what John and Bill envy most.

(57) a. What John didn't buy was (he didn't buy) any wine.

b. *Any wine was what John didn't buy.[11]

여기서는 이와 같은 대조가 영운용자와 'what'의 차이에 기인한다고 본다. 전자 영운용자는 부정절의 분열절에서 부정어에 대하여 항상 협역(narrow scope)을 취하는 특성을 갖고 있어, 한국어의 부정극어가 부정어에 대하여 광역을 취하여야 함에도 불구하고 분열축 부정극어가 부정어에 대하여 광역(narrow scope)을 취하는 구조적 상황을 허용하지 않는다. 이와 달리, 후자 'what'는 동일한 구조적 상황에서 광역(wide scope)과 협역 둘 다 가능하며, 따라서 영어의 부정극어가 부정어에 대하여 협역을 취하는 일반적 속성을 갖고 있는 바, 의사분열 구문에서 부정극어가 부정어에 대하여 협역을 취함으로써 적절하게 통사적 허가를 받게 된다. 한편, (56b)와 (57b)가 용인되지 않는 것은 앞서 지적한 것처럼, 계사의 보충어 자리에서 *what*-절이 무선행사 관계절처럼 행동하며, 이는 연결성의 측면에서 비용인되는 문장을 도출하게 되기 때문이다.

---

11) 영어 의사분열 구문에서 추가적인 연결성 효과를 보이는 예들은 다음과 같다.

(i) a. What everyone$_i$ proved was his$_i$ own theory.

(Bound variable connectivity)

b. What John$_i$ is is a nuisance to him$_{*i/j}$.

(Binding Theory B connectivity)

c. What he$_{*i/j}$ is is a nuisance to John$_i$.

(Binding Theory C connectivity)

d. What he didn't buy was any wine.   (NPI connectivity)

7. 결론

한국어 명세화 의사분열 구문에서 분열축이 사람인 경우, '것'-분열절이 주어 혹은 주제로서 나타날 수 있는 것은 '것'-분열절 내부에서 이동하는 영운용자가 '사람임' 자질의 측면에서 중립적 형태의 비해석적 형식 자질만을 갖기 때문이다. 하지만 '것'-분열절과 분열축이 외견상 도치된 형태를 취하는 경우, 계사의 보충어 위치가 의미역을 받을 수 있어야만 함에도 불구하고 '것'-분열절은 통사적 자질의 측면에서 허사와 유사한 통사적 위상을 갖기 때문에 단독으로 계사에 선행하는 보충어 위치에 나타날 수 없다. '것'-분열절이 의미역을 할당받을 수 없는 위치에 나타날 수 없다는 것은 여러 경험적 자료를 통해 확인해 보았으며, 외견상 '것'-절이 의미역을 할당 받는 위치에 나오는 경우, 이 '것'-절은 분열절이 아니며 '것'이 관계 구문 구성의 머리어가 되는 관계 구문으로 이해되어야 함을 논증하였다. 또한 이를 바탕으로 한국어 및 영어 명세화 의사분열 구문에서 보이는 연결성 효과와 관련하여, 연결성 효과는 '것'-분열절이 주어 혹은 주제화 위치에 분포하는 경우에 발생하며, '것'-절이 계사의 보충어 자리에 나오는 '것'-절은 관계 구문 구성으로 이루어져 이에 따라 연결성 효과가 발생하는 않는 점을 설명하였다. 또한 부정극어와 관련한 연결성 효과의 한국어와 영어의 차이는 분열절 내부에서 이동하는 영운용자와 'what' 운용자의 차이에 기인하는 것으로 보았다.

△▼ 참고문헌 ▼△

염재일(2014), 「소위 강조구문과 "것"의 의미」, 『언어와 정보』 18, 한국언어정보학회, 103-122.

위혜경(2016), 「것-분열문 주어의 상위언어적 의미」, 『언어와 정보』 20, 한국언어정보학회, 111-125.

Abe, J. (2004), "On directionality of movement: A case of Japanese right dislocation", Proceedings of the 58th Conference, *The Tohoku English Literary Society*, 45-61.

Akmajian, A. (1970), "On deriving cleft sentences from pseudo-cleft sentences", *Linguistic Inquiry* 1, 149-168.

Blom, A. & S. Daalder. (1977), *Syntaktische Theorie en Taalbeschrijving*, Muiderberg: Coutinho.

Chomsky, N. (1981), "Principles and parameters in syntactic theory", In Hornstein N. and Lightfoot D. (Eds.), *Explanation in Linguistics: the Logical Problem of Language Acquisition*, London: Longman, 32-75.

Chomsky, N. (2008), "On phases", In Otero, C., Freidin, R., and Zubizarreta, M. L. (Eds.), *Foundational Issues in Linguistics*, 133-166.

Chomsky, N. (2013), "Problems of projection", *Lingua* 130, 33-49.

Chung, D. (2009), "An elliptical coordination analysis of the right dislocated construction in Korean", *The Linguistic Association of Korea Journal* 17, 1-23.

Chung, D. (2010), "Replies to Lee (2009): In defense of a double clause approach to the right dislocated construction in Korean", *Studies in Modern Grammar* 61, 167-196.

Dikken, M. D. (2005), "Specificational copular sentences and pseudoclefts", In Everaert, M. and Van Riemsdijk, H. C. (Eds.), *The Blackwell Companion to Syntax*, Wiley-Blackwell, 292-409.

Dikken, M. D., Meinunger, A., & Wilder C. (2000), "Pseudoclefts and ellipsis", *Studia Linguistica* 54, 41-89.

Donati, C. (2006), "On Wh-head movement", In Cheng L. and Corver N. (Eds.), *Wh-Movement: Moving On*, Cambridge, Mass.: The MIT Press, 21-46.

Heycock, C. (1991), "Layers of Predication: The Non-lexical Syntax of Clauses". Ph.D. dissertation, University of Pennsylvania, Philadelphia.

Heycock, C. (1994), "The internal structure of small clauses", *Proceedings of NELS* 25, Amherst, Mass.: GLSA, 223-238.

Heycock, C. & Kroch, A. (1999), "Pseudocleft connectedness: Implications for the LF interface level", *Linguistic Inquiry* 30, 365-397.

Heycock, C. & Kroch, A. (2002), "Topic, focus, and syntactic representations", *Proceedings of WCCFL* 21, 101-125.

Higgins, F. (1979), *The Pseudo-cleft Construction in English*. New York: Garland.

Horn, L. (1989), *A Natural History of Negation*, Chicago: University of Chicago Press.

Jhang, S. E. (1994), "Headed Nominalizations in Korean". Ph.D. dissertation, Simon Fraser University, Canada.

Kang, B. (2006), "Some peculiarities of Korean kes cleft constructions", *Studia Linguistica* 60, 251-281.

Kim, J. B. (2016), "Copular constructions and asymmetries in the specificational pseudocleft constructions in Korean", *Language and*

Linguistics 17, 89-112.

Kim, J. B. & Sells, P. (2007), "Some remarks on Korean nominalizer kes and information structure", *Studies in Generative Grammar* 17, 479-494.

Kim, S. W. & Park, M.-K. (2010), "Parallel linearization: A thought on afterthoughts", *The Journal of Studies in Language* 26, 459-480.

Kuno, S. (1976), "Subject, theme, and the speaker's empathy: A re-examination of relativization phenomena", In Charles N. Li (Ed.), *Subject and Topic*, New York: Academic Press, 417-444.

Lee, N. G. (2008), "Two types of Korean cleft constructions: An HPSG approach", *Linguistic Research* 25, 25-38.

Mikkelsen, L. (2008), "Nominal sentences", To appear in von Heusinger, K., Maienborn, C., and Portner, P. (Eds.), *Semantics: An International Handbook of Natural Language Meaning*, Berlin: Mouton de Gruyter.

Mikkelsen, L. (2011), "Copular Causes", *Semantics: An International Handbook of Natural Language Meaning* 2, 1805-1829.

Moltmann, F. (2013), "Identificational sentences", *Natural Language Semantics* 21, 43-77.

Moro, A. (1997), *The Raising of Predicates: Predicative Noun Phrases and the Theory of Clause Structure*, Cambridge: Cambridge University Press.

Ott, D. & de Vries, M. (2014), "A biclausal analysis of right-dislocation", *Proceedings of NELS* 43, 41-54.

Park, M.-K. (2014a), "On the syntax of multiple fragments in Korean", *Studies in Modern Grammar* 79, 1-22.

Park, M.-K. (2014b), "Copula and 'sluicing' constructions in Korean, Chinese, and Japanese", *Korean Journal of Linguistics* 39, 427-452.

Park, M.-K. (2014c), "The syntax of 'sluicing'/'fragmenting' in Korean: Evidence from the copular -i- 'be'", *Linguistic Research* 31, 103-133.

Partee, B. (1987), "Noun phrase interpretation and type-shifting principles", *Studies in Discourse Representation Theory and the Theory of Generalized Quantifiers* 8, 115-143.

Reeve, M. (2012), *Clefts and Their Relatives*, New York: John Benjamins Publishing.

Sohn, K.-W. (2001), "Kes-clefts, connectedness effects, and the implications thereof", *Studies in Generative Grammar* 14, 561-571.

Sohn, K.-W. (2011), "Deriving tags in split questions: Deletion and Pro", *The Journal of Studies in Language* 26, 857-877.

2. 한국어의 분열문 재조명*

이우승

2장에서 이우승은 기존 연구에서 분열구문으로 분류했던 영어와 한국어의 해당 구문을 정보포장(information packaging)의 관점에서 비교해 본 후, 영어에 상응하는 분열문이 한국어에도 동일하게 존재하는지 알아보기로 한다. 영어에서, (1)과 같은 구문이 분열문으로 알려져 있다.

(1) a. It was John that Mary saw.
     b. It was John$_i$ that Mary saw $\emptyset_i$.

이러한 구문에서, 색인(index)으로 표시된 것처럼, 초점 요소인 'John'은 분열된 *that*-절 내부에 존재하는 공백과 일치한다. 즉, 초점 요소인 John은 *that*-절의 서술어(predicator)인 saw의 보어 역할을 한다. 제시된 구문을 자세히 살펴보면, 초점(focus)이 전경(foregrounded)으로 먼저 제

---

* 이 글은 2019년 6월 6일 동국대학교에서 열린 분열문 세미나에서 발표했던 필자의 연구를 바탕으로 작성된 것임. 세미나에서 건설적인 비평과 조언을 주셨던 선생님들께 깊은 감사를 표한다. 특히, 관련 연구를 독려하시고, 자료를 비롯하여 많은 조언을 주셨던 박명관 선생님께 심심한 감사의 말씀을 드린다. 논문에서 발견되는 오류는 전적으로 필자의 몫임을 밝힌다.

시되고, 화제(topic)가 후경(backgrounded)으로서 뒤따라 나오는 구조이다. 여기서, 구체화 용법(specifying use)으로 사용된 be 동사의 보어가 초점 요소이다. 이와 같은 구문은 'Mary saw someone/something'과 같은 명제(proposition)를 존재 전제(existential presupposition)로 가지고 있고, 초점 요소에 대해서는 'Mary saw John, not anyone else.'와 같은 전체성 의미(exhaustive interpretation)를 가진다.

한국어에도 번역 상으로 영어와 유사한 '유사분열구문'이 존재한다. 여기서 '유사'라는 보충어를 더한 이유는 해당 구문이 정보포장(information Packaging) 측면에서 영어의 분열구문과 동일할 수도, 동일하지 않을 수도 있기 때문이다. 우선, 한국어에서는 정보포장순서에 따라, 아래 (2)의 예시에서처럼 관련 구문이 상이한 표지(markers)를 가지고 있다.

(2) a. 후경(backgrounded)-전경(foregrounded): 철이가 산 것은 파파야이다.
   b. 전경(foregrounded)-후경(backgrounded): 철이가 산 것이 파파야이다.

이우승은 전체성 의미(exhaustive interpretation)와 전제(presupposition)를 고려할 때, (2)의 두 문장은 서로 다른 통사구조를 가지고 있다고 제안한다. 먼저, 분열문의 통사/의미적 속성을 살펴본 후, 선행하는 분열절(cleft clause: '것'-절)과 후행하는 분열절(clefted clause: '-이다'-절)의 내부 구조(internal structure)에 대해 논의한다. 구체적으로, (2a)는 TopP-over-FocP 구조이고, (2b)는 FocP-over-TopP 구조를 가지고 있다고 제안한다. 나아가서, 이 제안된 구조가 기존 분열문 연구에서 제시한 여러 가지 통사/의미적 자질을 어떻게 다루고 설명하는지 살펴본다.

1. 영어와 한국어의 분열문 비교

2장에서는 기존 연구에서 분열구문으로 분류했던 영어와 한국어의 해당 구문을 정보포장(information packaging)의 관점에서 비교해 본 후, 영어에 상응하는 분열문이 한국어에도 동일하게 존재하는지 알아보기로 한다. 영어에서, (1)과 같은 구문이 분열문으로 알려져 있다.

(1) a. It was John that Mary saw.
     b. It was John$_i$ that Mary saw $\varnothing_i$.

이러한 구문에서, 색인(index)으로 표시된 것처럼, 초점 요소인 'John'은 분열된 *that*-절 내부에 존재하는 공백과 일치한다. 즉, 초점 요소인 John은 *that*-절의 서술어(predicator)인 saw의 보어 역할을 한다. 제시된 구문을 자세히 살펴보면, 초점(focus)이 전경(foregrounded)으로 먼저 제시되고, 화제(topic)가 후경(backgrounded)으로서 뒤따라 나오는 구조이다. 여기서, 구체화 용법(specifying use)으로 사용된 be 동사의 보어가 초점 요소이다. 이와 같은 구문은 'Mary saw someone/something'과 같은 명제(proposition)를 존재 전제(existential presupposition)로 가지고 있고, 초점 요소에 대해서는 'Mary saw John, not anyone else.'와 같은 전체성 의미(exhaustive interpretation)를 가진다.

한국어에도 번역 상으로 영어와 유사한 '유사분열구문'이 존재한다. 여기서 '유사'라는 보충어를 더한 이유는 해당 구문이 정보포장 (information packaging) 측면에서 영어의 분열구문과 동일할 수도, 동일하지 않을 수도 있기 때문이다. 우선, 한국어에서는 정보포장순서에 따라, 관련 구문이 상이한 표지(markers)를 가지고 있다. 아래 (2)의 예시를 보자.

(2) a. 후경(backgrounded)-전경(foregrounded): 철이가 산 것은 파파
       야이다.

    b. 전경(foregrounded)-후경(backgrounded): 철이가 산 것이 파파
       야이다.

예문 (2a)의 '것'-절(clause)은 화제 표지(topic-marker)인 '-은/는'을 가지
고 있는 반면, 예문 (2b)의 '것'-절(clause)은 격조사(case-marker) 혹은
초점 표지(focus-marker)인 '-이/가'를 가지고 있다.1) 예문 첫머리에 제
시된 바와 같이, (2a)의 경우 '화제-초점' 순서로 구성되어있고, (2b)
의 경우 '초점-화제' 순서로 이루어져 있다. 즉, '철이가 산 것은 무엇
이니?'라는 질문에 대한 응답으로 나올 수 있는 것은 (2a)이고, '파파
야는 무엇이니?'라는 질문에 대한 응답으로 나올 수 있는 것은 (2b)이
다. 그렇다면, 이와 같이 상이한 정보포장형태를 하고 있는 두 개의
구문을 동일한 이름으로 부르기 보다는 그 언어학적 속성을 잘 따져
서 구분해 보는 작업이 본 연구의 시발점이라고 할 수 있다. 여기서,
한 가지 참고하여 비교해 볼 것은 (2)의 두 개의 구문이 영어에서는
서로 다른 이름으로 구별되어 명명되고 있다는 점이다. 예문 (3)을 보
자. 제시된 것처럼, (3a)와 (3b)는 정보포장방식을 고려할 때, 각각
(2a), (2b)와 동일한데, 각각 [Pseudo-cleft]와 [Cleft]라고 부른다. 여
기서 주목할 것은 기존 연구에서 한국어의 분열구문으로 논의되어왔
던 (2a)의 구문은 정보포장의 관점에서 볼 때는 결과적으로 영어의
Cleft보다는 Pseudo-cleft에 가깝다는 것이다.

---

1) Yoon(2004)은 '-이/-가' 표지 자체는 중의적인 것이 아니고 항상 격 표지이지만,
   그것이 출현하는 구문에 따라 화제(Topic) 혹은 초점(Focus)과 같은 기능을 할 수
   있다고 주장한다.

(3) a. [Pseudo-cleft] Backgrounded-Foregrounded: What Mary saw
        was John.
    b. [Cleft] Foregrounded-Backgrounded: It was John that Mary
        saw.

따라서 2장에서는 전체성 의미(exhaustive interpretation)와 전제(presupposition)
를 고려할 때, (2)의 두 문장은 서로 다른 통사구조를 가지고 있다고
제안한다. 구체적으로, (2a)는 TopP-over-FocP 구조이고, (2b)는
FocP-over-TopP 구조를 가지고 있다고 제안한다. 다음으로 가기 전
에 이 글에서 논의하고 살펴보게 될 주요 소재를 소개한다. 먼저, 분
열문의 통사/의미적 속성을 살펴본 후, 선행하는 분열절(cleft clause:
'것'-절)과 후행하는 분열절(clefted clause: '-이다'-절)의 내부 구조(internal
structure)에 대해 논의한다. 다음으로 두 개의 절이 하나로 통합된 통
사구조를 제안하고, 해당 구조 형성(structure building)에 관여하는 통사
적 작동(syntactic operation)을 제시한다. 마지막으로, 이 제안된 구조가
기존 분열문 연구에서 제시한 여러 가지 통사/의미적 자질을 어떻게
다루고 설명하는지 살펴본다.

　2장은 다음과 같은 구성으로 되어있다. 2절은 한국어와의 비교를
위해 영어 분열문의 여러 가지 통사의미 자질을 알아본다. 3절에서는
영어에 상응하는 한국어의 분열문에 대해 재고해본다. 그렇지만, 이
와 같은 재고와 제안이 설득력을 얻기 위해서는 더 많은 연구와 논의
가 필요할 것이므로, 이 글에서 실질적인 통사의미 자질을 논의할 때
는 기존 연구에서 분열문으로 분류해온 구문에 대해 그 자질을 고찰
해본다. 이어서, 4절에서 분열문의 통사구조를 제시해 본다. 5절은 마
무리 제언으로 이루어진다.

2. 영어 분열문의 통사/의미적 자질 연구

2절에서는 Reeve(2013)의 연구를 중심으로 영어 분열문에 대해 살펴보기로 한다. 앞장에서 언급했듯이, 영어의 분열문은 (4)에서처럼 대명사(pronoun) - 계사(copula) - 분열된 구(clefted XP) - 분열된 절 (cleft clause)의 구조를 이루고 있다.

(4) [It] [was] [John] [that Mary saw].

두 가지 대표적인 분석으로는 구체화 접근(the specificational approach)과 허사 접근(the expletive approach)이 있다. 구체화 접근에서는 분열대명사(the cleft pronoun)와 분열절(the cleft clause)이 비연속적인 정형적 (definite) 묘사관계를 형성한다고 본다. 즉, 분열대명사(the cleft pronoun)는 허사가 아닌 것이다. 여기서, 분열문은 (5)와 같이 구체화된 문장 (specificational sentences)과 통사적으로 동일하다고 주장한다(e.g. Akmajian 1970; Wirth 1978; Percus 1997).

(5) The one that Mary saw was John.

반면, 허사 접근에서는 분열대명사를 허사라고 보고, 분열절을 분열된 구와 통사/의미적으로 결합한다고 제안한다(e.g. Chomsky 1977; Delahunty 1982; E. Kiss 1998). 분열대명사가 허사가 아니라는 아래의 경험적 증거를 바탕으로 허사 접근은 우선적으로 배제하기로 하고, 구체화 분석의 장점을 먼저 살펴보자. 먼저, (6-7)은 분열절의 대명사는 허사가 아님을 보여주고, 이것은 구체화 분석을 지지한다. (6)을 보면, 분열문에 쓰인 대명사 it의 경우, 다른 허사와는 달리 this 혹은 that

과 같은 지시사와 교체 가능함을 알 수 있다. (7)에서는 일반 허사와
는 달리 분열문에 쓰인 대명사 it은 PRO 통제가 가능하다는 것을 알
수 있다.

(6) a. It/this/that was John that I saw.

     b. It/*this/*that seems to me that you're wrong.

     c. It/*this/*that is snowing.

     d. It/*this/*that was clear that we were wrong.

(7) a. It$_i$ was the furniture that annoyed John on Sunday [despite
       PRO$_i$ being the decor the day before].

     b. It$_i$ seemed that John was wrong [without it/*PRO$_i$ seeming
       that Mary was right].

     c. There$_i$ were three men in the garden [without there/*PRO$_i$
       being any reason why].

또한, 분열문에서는 부정양화사가 초점 위치에 올 수 없는데(e.g.
Percus 1997; Rooth 1999), (5)번과 같은 접근을 하는 구체화 분석에서는
예문 (8)의 (a)가 비문인 이유를 (b)와 같이 풀어 씀으로써 잘 설명할
수 있다.

(8) a. *It was nothing that he drank.

     b. *The thing that he drank was nothing.

유사하게, 예문 (9)의 (a)가 보여주듯이 분열문에서는 even과 같은
particle도 초점 위치에 나타날 수 없다. 이 같은 사실은 구체화 분석
에서 (a)를 (b)와 같이 바꾸어 씀으로써 잘 설명할 수 있다(e.g. E. Kiss

1998).

(9) a. It was ??also/*even the sherry that John drank.

b. The thing that John drank was *also/*even the sherry.

하지만, 분열문이 서술적 의미를 갖는 경우, 구체화 분석에서는 그러한 자질을 설명하기가 어렵다. 구체적으로, (10)에서처럼 분열된 XP가 주어인 it에 대해 서술하는 의미를 가질 때가 있다.2) 우선, (10)의 경우는 구체화 분석에서 설명 가능하다. 하지만, (11)의 경우는 (a)가 비문임에도 불구하고, (b)로 바꾸어 쓰면 정문이 되기 때문에, 구체화 분석이 갖는 간과할 수 없는 문제로 논의되어 왔다.

(10) a. It was an interesting meeting that I went to last night. (Declerck 1983)

b. It was a kid who beat John. (Han & Hedberg 2008)

(11) a. *It is feline that I am pointing at.

b. The thing that I am pointing at is feline.

이러한 문제점을 지적하며, Reeve(2013)은 (12)에 제시된 대안적 구조를 제안했다. 이것은 본질적으로 Hedberg(2000)와 유사하다.

---

2) Jespersen(1927), Declerck(1983), Hedberg(1990, 2000) 참고.

(12)

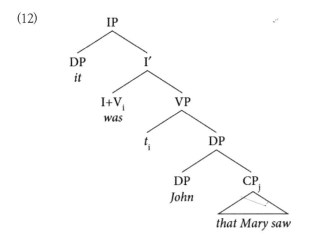

이 분석에서는 분열된 절이 분열된 XP의 최대투사에 부가된 관계절이고, 분열절이 분열대명사가 아닌 분열된 구를 수식하고 있다는 점에서 구체화 분석이 갖는 문제를 피할 수 있다.

3. 한국어 분열문의 구조 파헤치기

3.1. 영어의 분열문에 상응하는 구문 찾기

3절에서는 한국어의 분열문에 대해 알아보기로 한다. 먼저 유사해 보이는 두 개의 구문을 살펴보자. 아래 (13)의 두 문장은 예문 (14)가 두 절로 나누어진 것으로 보인다. 하지만, (13a)는 '것'-절에 화제 표지가 있고, (13b)는 초점/격 표지가 있다.

(13) a. 철이가 산 것은 파파야이다. (= 파파야가 철이가 산 것이다.)
　　　b. 철이가 산 것이 파파야이다. (= 파파야는 철이가 산 것이다.)

(14) 철이가 파파야를 샀다.

(13a)의 경우, 분열절(cleft clause)이 선행하고, 분열된 구(clefted XP)가 후행하는 구조인데, 분열절에 화제 표지가 있어서 그 절이 주어진 문장의 전제(presupposition)로서 구실을 하며, 분열된 구가 초점(focus)이다. 즉, 이 문장은 '철이가 무엇인가를 샀다'라는 명제를 전제로 가지고 있다. 따라서 이 문장은 (15)의 질문에 대한 대답으로 가능하다. 예문 (15)의 질문은 전제 촉발요소인 *wh*-XP를 가지고 있어서, '철이가 무엇인가를 샀다'라는 명제를 전제로 하고, 답변에서는 *wh*-XP에 해당되는 부분이 초점으로 나타난다. 즉, (A)는 전제와 초점의 순서로 구성된 문장인 것이다.

(15) Q: 철이가 무엇을 샀니?
　　　A: 철이가 산 것은 파파야야.

(13b)의 경우, (13a)와 마찬가지로, 분열절이 선행하고, 분열된 구가 후행하는 구조이나, 분열절에 초점 표지가 있어서 그 절이 주어진 문장의 초점으로서 구실을 하며, 분열된 구가 전제로 제시되어있다. 즉, 이 문장은 '파파야가 존재한다'라는 명제를 전제로 가지고 있다. 따라서 이 문장은 (16-17)의 질문에 대한 대답으로 가능하다. 예문 (16-17)의 질문은 '파파야'라는 서술어 구(predicate XP)가 구 정보(given information/old information)로서, '파파야가 있다' 또는 '파파야가 존재한다'라는 명제를 전제로 가지고 있으며, 답변에서는 '것'-절이 초점이 된다.[3] 즉, (16-17)에서 답변 (A)는 (13a)의 정보포장의 역순인 초점

---

3) 구체적으로, (16)에서는 '것'-절의 내부에 존재하는 XP '철이'가 의문사 '누가'에 대한

과 전제의 순서로 구성된 문장인 것이다.

(16) Q: 누가 산 것이 파파야니?
   A: 철이가 산 것이 파파야야.
(17) Q: 무엇이 파파야니?
   A: 철이가 산 것이 파파야야.

이와 같은 주장은 아래 (18-19)의 비문법성을 보면 더욱 설득력을 얻게 된다. 구체적으로, 대화 (18-19)의 질문은 분열된 구가 초점으로 나올 것을 요구한다. 하지만, 대화 (18-19)의 답변은 분열된 구가 화제(topic)로 나타난 문장들이므로, 질문에 대한 대답으로 적절하지 않은 것이다.

(18) Q: 철이가 산 것이 무엇이니?
   *A: 철이가 산 것이 파파야야.
(19) Q: 철이가 무엇을 샀니?
   *A: 철이가 산 것이 파파야야.

결국, (13)에 제시된 유사해 보이는 두 문장은 예문 (14)이 분열된 구문으로 보이기는 하나, 정보포장의 관점에서는 차이가 있다. 이 두 개의 구문 중 영어의 분열문과 엄밀하게 동일한 문장은 없는 것으로 추정된다. 2장에서는 (13a)는 영어에서 pseudo-cleft라고 부르는 (20)와 상응하는 구문이고, (13b)는 pseudo-cleft 또는 cleft 어떤 구문과도 상응

답변으로서 초점자질을 가지고 있고, 이 자질이 자질 투사(Feature Percolation)에 의해 상위 절, 즉, '것'-절로 투사되어, 해당 절이 초점자질을 가지고 있다고 설명한다(cf. Selkirk 1982).

하지 않는 구문이라고 제안한다. 영어의 cleft (21)과 상응하는 구문은 (13)의 문장들이 아닌 (22)와 같은 문장이라고 제안한다.

(20) What Cheli bought is papayas. (Pseudo-cleft)
(21) It is papayas that Cheli bought. (Cleft in English)
(22) 파파야가 [철이가 산 것]이다. (Cleft in Korean)

결국, 영어 분열문 (21)에 상응하는 문장이 한국어 (22)라는 제안은 영어의 분열문이 아래 (23)과 동일한 구조라고 주장하는 구체화 접근 (specificational approach)을 지지하는 듯하지만, 이와 관련하여 더 깊은 논의는 향후 연구과제로 남긴다.

(23) Papayas are the ones that Cheli bought.

3.2. 한국어 분열문의 통사적 자질 탐구

3.2.에서는 기존 한국어 연구에서 '분열문'으로 제시되어 온 (13a)와 같은 문장에 집중하기로 하며, 아울러 (13b)와 구조적인 차이를 비교 해보고자 한다. 먼저 (13a)의 내부 구조에 대해 생각해보자. (13a)가 전제와 초점의 순으로 정보포장을 했다는 점에서 아래 (24)처럼 바꾸 어 쓸 수 있다. 여기서, 먼저 선행절을 보면 공범주인 pro를 가지고 있고, 이것의 지칭대상(reference)은 후행절에서 해소(resolution)된다. 즉, 후방조응(Cataphoricity)이 관찰된다. 이와 같은 이중절 분석(bi-clausal analysis)은 향후 4절에서 분열문의 통사구조를 제시할 때, 기저구조 (underlying representation)의 중요한 토대가 된다.4)

(24) 철이가 산 것은 파파야이다. (Specifying use of *be*)

= [CLAUSE 1 철이가 ∅sth/*pro* 샀다]

+ [CLAUSE 2 그것 (철이가 산 것)은 파파야이다]

-cf. Park(2001)

이 구문에 대해, 이동 분석(movement)(조정민 2005; 박명관 2014 등) 및 기저 생성 분석(base-generation)(손근원 2001; 강보숙 2006 등)이 두 가지 주요 분석으로 제안되어 왔다.5) 이전 연구에서 논의되어온 흥미로운 현상을 몇 가지만 소개하면 다음과 같다(cf. 홍용철 2019). 먼저, (25)에 제시된 결속 현상을 보면, '것'-절의 주어 자리에 지칭사(R-expression)가 있는 경우, '-이다'-절에 대용어가 출현하는 것은 가능하지만, 대명사는 출현할 수 없다. 또한 '것'-절의 주어 자리에 대명사(pronoun)가 있는 경우, '-이다'-절에 지칭사가 출현하는 것은 불가능하다.

(25) 결속 현상

    a. 철이ᵢ가   e   사랑하는 것은 자기자신ᵢ이다.

    b. *철이ᵢ가   e   사랑하는 것은 그ᵢ이다.

    c. *그ᵢ가   e   사랑하는 것은 철수ᵢ이다.

다음으로, 범주 불일치 현상을 보자. 아래 (26)에 표시된 것처럼, 괄호 안의 후치사는 생략 불가능하다. 즉, '것'-절은 명사구임에 반해, 계사

---

4) 기저구조에서, Clause 1과 Clause 2가 각각 TopP 혹은 FocP의 보어와 지정어 자리에 위치하게 된다.

5) 박소영(2014)에서는 부정극어(NPI)와 구조격(structural case)관련하여 이 두 가지 주요 분석의 문제점을 지적하며 대안적 분석방안을 제시한다. 분열문의 초점 요소가 비어있는 CP에 부가된 후, LF에서 선행사 화제(antecedent topic)를 복원하여 의미를 얻는 방식이다.

(copula)인 '-이다'의 보어는 반드시 명사구일 필요는 없다는 것을 알 수 있다.

(26) 범주 불일치 현상

   a. 민호가 꽃을 산 것은 수미*(를 위해서)이다.

                                -위혜경(2015: 780 (7))

   b. 철수가 나무를 자른 것은 톱*(으로)이다.

                                -홍용철(2019: (12b))

마지막으로, 초점 요소에 가해지는 제약을 살펴보자. 아래 (27-30)는 다양한 요소들이 초점 요소로 나타날 수 없다는 것을 보여준다. 구체적으로, 부사어, 부정극어, 격 표지 및 '바람을 피우다' 혹은 '미역국을 먹다'와 같은 하나의 덩어리(chunk)를 이루는 관용 표현의 일부는 초점 요소로서 나타날 수가 없다.

(27) 초점 요소제약: 부사어

   a. *철수가 달린 것은 빠르게이다.

   b. *철수가 그림을 그린 것은 서투르게이다.

                       -손근원(2001), 이남근(2008) 등

(28) 초점 요소제약: 부정극어

   a. *내가 만나지 않은 것은 아무도이다.

   b. *내가 먹지 않은 것은 아무것도이다.

   c. *내가 안 만난 것은 철이밖에이다.

   d. *내가 안 움직인 것은 한 발자국도이다.

                                -Reeve(2013)

(29) 초점 요소제약: 격 표지

　*이 책을 산 것은 철수가이다.

-박명관(2014)

(30) 초점 요소제약: 관용 표현

　*철수가 대학입시에서 먹은 것은 미역국이다.

-김영희(2000)

다음으로 한국어 분열문의 의미적 자질을 살펴보기로 한다. 구체적으로, 이전 연구에서 분열문과 관련하여 논의된 적이 없는 등위접속의 일종인 '-과' 및 '또는', 그리고 부정사 '-지 않다'의 수식범위 상호작용(scope interaction)을 고려해보기로 한다.

3.3. 한국어 분열문의 의미자질 탐구

3.3.에서는 분열문의 의미적 특성을 살펴 볼 텐데, 수식범위 상호작용을 고려해 보기로 한다. 먼저, 등위접속의 일종인 '-과' 및 '또는'과 부정사 '-지 않다'를 포함하고 있는 아래의 예문들을 보자. (31-36)의 (a) 예문들은 두 부분으로 나누어진 분열문이 분열되기 이전으로 추정되는 문장들이다. 왜냐하면, (b)의 예문들의 '것'-절 이후의 요소가 '것'-절의 공백을 채우면 (a)의 예문들이 되기 때문이다. 아래 제시된 것처럼, (a) 예문들에서 관찰되는 수식범위 상호작용과 (b) 예문들에서 관찰되는 수식범위 상호작용은 다르다. 이러한 경험적 증거는 (a)의 문장들이 (b)의 분열문들의 기저구조(underlying representation, D-structure)는 될 수 없다는 것을 보여준다.

(31) a. 메리는 존과 빌을 만나지 않았다.

: (존과 빌 > Neg) 메리는 존도 만나지 않았고, 빌도 만나지 않았다.

: (Neg > 존과 빌) 메리는 존과 (예컨대) 헨리를 만났다.

b. 메리가 만나지 않은 건 존과 빌이다.

: (존과 빌 > Neg) 메리는 존도 만나지 않았고, 빌도 만나지 않았다.

(32) a. 메리는 존 또는 빌을 만나지 않았다.

: (존 또는 빌 > Neg) 메리는 존을 만나지 않았거나, 혹은 빌을 만나지 않았다.

: (Neg > 존 또는 빌) 메리는 존도 만나지 않았고, 빌도 만나지 않았다.

b. 메리가 만나지 않은 건 존 또는 빌이다.

: (존 또는 빌 > Neg) 메리는 존을 만나지 않았거나, 혹은 빌을 만나지 않았다.

(33) a. 메리는 존을 화요일과 수요일에 만나지 않았다.

: (화요일과 수요일 > Neg) 메리는 존을 화요일에도 만나지 않았고, 수요일에도 만나지 않았다.

: (Neg > 화요일과 수) 메리는 존을 (예컨대) 화요일과 목요일에 만났다. (즉, 화요일과 수요일은 아님)

b. 메리가 존을 만나지 않은 건 화요일과 수요일이다.

: (화요일과 수요일 > Neg) 메리는 존을 화요일에도 만나지 않았고, 수요일에도 만나지 않았다.

(34) a. 메리는 존을 화요일 또는 수요일에 만나지 않았다.

: (화 또는 수 > Neg) 메리는 존을 화요일에 만나지 않았거나, 혹은 수요일에 만나지 않았다.

: (Neg > 화 또는 수) 메리는 존을 화요일에도 만나지 않았고, 수요일에도 만나지 않았다.

b. 메리가 존을 만나지 않은 건 화요일 또는 수요일이다.

: (화 또는 수 〉Neg) 메리는 존을 화요일에 만나지 않았거나, 혹은 수요일에 만나지 않았다.

(35) a. 존과 빌이 메리를 만나지 않았다.

: (존과 빌 〉Neg) 존도 메리를 만나지 않았고, 빌도 메리를 만나지 않았다.

: (Neg 〉존과 빌) 존과 빌이 아니라 (예컨대) 존과 헨리가 메리를 안 만났다.

b. 메리를 만나지 않은 건 존과 빌이다.

: (존과 빌 〉Neg) 존도 메리를 만나지 않았고, 빌도 메리를 만나지 않았다.

(36) a. 존 또는 빌이 메리를 만나지 않았다.

: (존 또는 빌 〉Neg) 존이 메리를 만나지 않았거나, 빌이 메리를 만나지 않았다.

: (Neg 〉존 또는 빌) 존도 메리를 만나지 않았고, 빌도 메리를 만나지 않았다.

b. 메리를 만나지 않은 건 존 또는 빌이다.

: (존 또는 빌 〉Neg) 존이 메리를 만나지 않았거나, 빌이 메리를 만나지 않았다.

이 자료가 보여주는 것처럼, (b)의 예문들의 도출을 위한 기저구조로 (a)를 설정하기는 어렵다. 이러한 의미적 측면을 고려할 때, 단일 절보다는 두 개의 분리된 절을 상정한 후, 등위접속사와 부정사, 이 두 요소가 각각 별개의 절에서 생성되어 수식범위 상호작용이 불가능할 수밖에 없는 구조를 제시하고자 한다.

4. 분열문의 통사구조 제시하기

4.1. 두 종류의 분열문(cf. Pan 2019; Kim 2012)

이번 절에서는 소위 "한국어의 분열문"으로 논의되어 온 구문의 구조에 대해 알아보고자 하는데, 앞에서 논의했던 아래 (37)번의 두 예(= 1장의 (2)번 재도입)에 대한 구조를 Pan(2019)에 근거하여 제안해 보고자 한다.

(37) a. 후경(화제, backgrounded) - 전경(초점, foregrounded):
   철이가 산 것은 파파야이다.
   b. 전경(초점, foregrounded) - 후경(화제, backgrounded):
   철이가 산 것이 파파야이다.

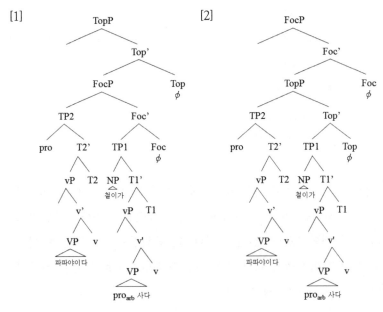

[1] 철이가 산 것은 파파야이다   [2] 철이가 산 것이 파파야이다.

이 두 구문의 도출 과정을 다음과 같이 제안한다. 먼저 [1]을 보자. 위에 제시된 구조는 FocP 위에 TopP가 놓여있는 경우로, 최초에 TP1은 Foc 핵의 보어 자리에 있고, TP2는 Foc 핵의 지정어 자리에 병합되어 있다. 지정어 자리에 있는 TP2는 FocP의 Spec-head relation에 의해서 Focus feature-checking을 하며, 문장의 Focus로 나타난다. TP1은 궁극적으로 Topic-marker(화제 표지)를 가지게 되기 때문에, Topic Feature-Checking을 위해 TopP의 Spec으로 이동하게 되는데, 그 종착지에서 TopP의 Spec-head relation에 의해서 Feature-checking을 하며, 문장의 Topic으로 나타나게 된다. 이것은 주어진 문장의 정보포장과 양립할 수 있는 작동(operation)이다.

문장의 도출과 관련된 작동을 순서대로 제안해보면 다음과 같다. 먼저 TP1이 일시적으로 수형도에서 분리(detachment) 되어, 별도의 작업 공간(work space)에 놓인다. 그리고 나서, TP1은 핵이 없는 관계절(headless relative clause)로 전환된다. 그 관계절이 이번에는 Top'와 병합(merge)하여 TopP를 형성하고, 문장의 주어 구실을 한다. 결과적으로, 이와 같은 도출을 위해서는 Pan(2019)의 방식에 근거하여 최초의 수형도에서 TP1을 일시적으로 분리해낸 후, 새로운 작업 공간을 창조해야한다.6)

이번에는 [2]를 보자. 위에 제시된 구조는 TopP 위에 FocP가 놓여있는 경우로, 최초에 TP1은 Top 핵의 보어 자리에 있고, TP2는 Top 핵의 지정어 자리에 병합되어 있다. 지정어 자리에 있는 TP2는 TopP의 Spec-head relation에 의해서 Topic feature-checking을 하며, 문장의 Topic으로 나타난다. TP1은 궁극적으로 Focus-marker(초점 표지)를

---

6) 유사한 경우로, 논항생략을 LF 복사 이론(LF copy theory)으로 설명할 때도, 작업 공간(work space) 확장을 필요로 한다는 주장이 있다(Oku 2016).

가지게 되기 때문에, Focus Feature-Checking을 위해 FocP의 Spec으로 이동하게 되는데, 그 종착지에서 FocP의 Spec-head relation에 의해서 Feature-checking을 하며, 문장의 Focus로 나타나게 된다. 이것은 주어진 문장의 정보포장과 양립할 수 있는 작동(operation)이다.

문장의 도출과 관련된 작동을 순서대로 제안해보면 다음과 같다. [1]의 도출과 마찬가지로, 먼저 TP1이 일시적으로 수형도에서 분리(detachment) 되어, 별도의 작업 공간(work space)에 놓인다. 그러고 나서, TP1은 핵이 없는 관계절(headless relative clause)로 전환된다. 이 관계절이 이번에는 Foc'와 병합(merge)하여 FocP를 형성하고, 문장의 주어로서 구실을 한다.

여기서 제안한 통사구조가 좀 더 설득력을 얻기 위해서는 이 제안된 구조가 기존 연구에서 정립된 한국어의 분열문, 즉 [1]에 대한 여러 가지 통사/의미적 자질을 설명할 수 있어야 하고, 양립할 수 있어야 할 것이다. 기존의 연구에서 논의되어 왔던 분열문의 자질들, 즉, 위의 3.2-3.3의 자질들을 바탕으로, 이번 절에서 제안한 구조가 그것들을 설명할 수 있는지 살펴보기로 하자.

4.2. 제안한 구조에 대한 통사/의미적 증거 찾기

기존의 주요 분석들이 가진 간과할 수 없는 문제점들은 이미 선행 연구에서 많이 논의되어왔으므로(박소영 2014 참고), 이 절에서는 이번 장에서 제안한 구조가 분열문의 통사/의미적 특징을 잘 포착할 수 있다는 것을 보여줌으로써 그 정당성 입증에 주력하고자 한다. 논문의 제안에 따르면, 분열문은 기저에 두 개의 별개의 절로 생성된 후, 이동을 통해 하나의 문장으로 통합되는 과정을 거치기 때문에, 기저구조를 살펴보면 분열문에 가해지는 제약을 설명해 볼 수 있다. 우선,

결속 현상을 보자.

(38) 결속 현상
　　a. 철이$_i$가　　e　사랑하는 것은 자기자신$_i$이다.
　　b. *철이$_i$가　　e　사랑하는 것은 그$_i$이다.
　　c. *그$_i$가　　e　사랑하는 것은 철수$_i$이다.

논문에서 제안한 구조에 따르면, (38a)는 아래 (39)과 같은 두 절로 구성되어 있는데, 여기서 대용어인 '자기자신'은 결속되지 않지만, 이 문장들은 문법적으로 문제가 없는 일련의 문장이다. 따라서 (38a)가 정문임이 설명된다.

(39) 철이$_i$가　　e　　　사랑하는 것은 자기자신$_i$이다.
　　= 철이$_i$가 누군가를 사랑한다. 그것은 자기자신$_i$이다.

마찬가지로, (38b)는 아래 (40)와 같은 두 절로 구성되어 있는데, 여기서 대명사인 '그'는 결속되지 않지만, 이 문장들은 일련의 문장으로 나타났을 때, 비문이다. 따라서 (38b)도 비문이 된다.

(40) *철이$_i$가　　e　　　사랑하는 것은 그$_i$이다.
　　= *철이$_i$가 누군가를 사랑한다. 그것은 그$_i$이다.

유사하게, (38c)는 아래 (41)과 같은 두 절로 구성되어 있는데, 여기서 지칭사인 '철수'는 문장 내에서 결속되지 않지만, 이 문장들은 일련의 문장으로 나타났을 때, 비문이다. 따라서 (38c)도 비문이 된다.

(41) *그ᵢ가   e   사랑하는 것은 철수ᵢ이다.

    = *그ᵢ가 누군가를 사랑한다. 그것은 철수ᵢ이다.

다음으로 범주 불일치 현상을 보자. 아래 (42)에서 보여주는 바와 같이 '것'-절은 명사의 속성을 가진 절이지만, '-이다'-절은 후치사를 반드시 동반해야 정문이다.

(42) 범주 불일치 현상

    a. 민호가 꽃을 산 것은 수미*(를 위해서)이다.

                             -위혜경(2015: 780 (7))

    b. 철수가 나무를 자른 것은 톱*(으로)이다.

                               -홍용철(2019: (12b))

이와 같이 '것'-절과 '-이다'-절에 나타나는 요소의 범주가 일치하지 않아도 정문인 경우가 있는데, 이번 연구의 제안은 이러한 현상을 다음 (43)와 같이 설명한다(cf. 박명관 2014). 논문의 제안에 따르면, (42)의 두 문장은 다음 (43)와 같은 기저구조를 가지고 있다.

(43) a. 민호가 꽃을 샀다 + 그것은 수미*(를 위해서)이다.

    b. 철수가 나무를 잘랐다 + 그것은 톱*(으로)이다.

즉, (42)의 '것'-절은 공백을 가지고 있지 않기 때문에, 선행절에서 위의 (39-41)에서처럼 '누군가를' 혹은 '무엇인가를'과 같은 부정어구 (Indefinite XPs)를 설정할 필요가 없다. 따라서 (43a)에 제시된 바와 같이, '것'-절은 전제(presupposition)로서 "민호가 꽃을 샀다"라는 명제를 가진다. 이 경우, 후속 문장은 "그것은 영희를 위해서이다"만 허용되는 것으로 올바르게 예측(prediction)된다. 마찬가지로, (43b)에서 제시된 바와 같이, '것'-절은 전제로서 "철수가 나무를 잘랐다"라는 명제를 가지고 있다. 이 경우, 후속 문장은 "그것은 톱으로이다"만 허용되는 것으로 올바르게 예측된다.

다음 특징으로 넘어가기 전에, 한 가지 흥미로운 예문을 설명하고자 한다. (44)를 보자.

(44) 철이가 유리컵을 깬 것은 실수(로)이다.

위 문장은 괄호 안의 후치사가 생략될 수도 있고, 남아있을 수도 있다. 다만, 후치사 존재 여부에 따라 주어진 문장의 구조와 의미는 달라진다. 구체적으로, 후치사 '-로'가 없을 경우, (45a)와 같은 의미이고, 이것은 '실수이다'라는 서술어가 문장주어를 가지고 있는 경우이다. 이 경우, 철이가 유리컵을 의도적으로 깼을 수도 있는데, 그 사안 자체는 실수라는 의미이다.7) 반면, 후치사 '-로'가 있을 경우, (45b)에 제시된 바와 같이 분열문이며, 철이가 유리컵을 깼는데 의도적이 아니라 실수로 그렇게 되었다는 의미이다.

(45) a. 철이가 유리컵을 깼다 + 그것은 실수이다.
'It was a mistake that Cheli broke the glass.'
b. 철이가 유리컵을 깼다 + 그것은 실수로이다.
'It was by mistake that Cheli broke the glass.'

---

7) 후치사 '-로'가 없는 경우, 분열문의 의미도 허용되는 것 같다. 즉, "철이가 유리컵을 깬 것은 의도가 아니라 실수이다"와 같은 의미도 허용되어, 중의적인 문장이다.

마지막으로, 제안된 구조가 분열문의 초점 요소제약을 어떻게 설명하는지 살펴보자. 먼저 (46)의 부사어에 관한 초점 요소제약을 살펴볼 텐데, 각 문장마다 기저구조를 보면 왜 특정 요소들은 분열문의 초점으로 나타날 수 없는 것인지를 알 수 있다.

(46) 초점 요소제약

    a. *철수가 달린 것은 빠르게이다.

      (철이가 달렸다 + *그것은 빠르게이다)

    b. *철수가 그림을 그린 것은 서투르게이다.

      (철이가 그림을 그렸다 + *그것은 서투르게이다)

-손근원(2001), 이남근(2008) 등

다음으로, (47)의 격 표지에 관한 초점 요소제약을 살펴보자. 마찬가지로, 기저구조를 보면, 비문임을 판단하는 게 어렵지 않다.

(47) 초점 요소제약: 격 표지

    *이 책을 산 것은 철수가이다. (= 누군가가 이 책을 샀다 + *그것은 철수가이다)

-박명관(2014)

마지막으로, 부정극어와 관용 표현에 관한 초점 요소제약을 볼 것인데, 이 두 가지는 사실상 동일한 이유로 분열문의 초점 요소가 될 수 없다. 구체적으로, '아무도', '아무것도', '-밖에' 및 '한 발자국도'와 같은 부정극어(NPI)는 반드시 부정사와 같은 절에 있어야 한다는 통사/의미적 제약을 받고 있는데, (48)번을 보면 표층구조뿐 아니라, 기저구조에서도 부정극어가 부정사와 같은 절에 놓여있지 않다.

(48) 초점 요소제약: 부정극어

    a. *내가 만나지 않은 것은 아무도이다.

       (= 내가 누군가를 만나지 않았다 + *그것은 아무도이다)

    b. *내가 먹지 않은 것은 아무것도이다.

       (= 내가 무엇인가를 먹지 않았다 + *그것은 아무것도이다)

    c. *내가 안 만난 것은 철이밖에이다.

       (= 내가 누군가를 안 만났다 + *그것은 철이밖에이다)

    d. *내가 안 움직인 것은 한 발자국도이다.

       (= 내가 무엇인가를 안 움직였다 + *그것은 한 발자국도이다)

-Reeve(2013) 등

유사하게, 관용 표현 또한 하나의 덩어리(chunk)로 나타났을 때 해당 의미를 가지는 것인데, 관용 표현 덩어리(idiom chunk)가 서로 다른 절에 분리되어 놓일 경우, 해당 의미를 잃게 된다.8) 논문의 제안은 (49)에 제시된 기저구조에 따라 주어진 문장의 비문법성을 잘 설명한다. 즉, 관용 표현 덩어리가 두 개의 다른 절로 쪼개짐으로서 본연의 관용적 의미를 잃어버리게 되는 것이다.

(49) 초점 요소제약: 관용 표현

    *철수가 대학입시에서 먹은 것은 미역국이다.

    (= *철수가 대학입시에서 무엇인가를 먹었다 + 그것은 미역국이다)

-김영희(2000)

---

8) 잘 알려진 바와 같이, 유사한 현상이 영어에도 존재한다. 구문 (i)의 경우, 관용 표현인 'The cat is out of the bag'가 같은 절 안에 위치하고 있어서, 본연의 의미를 전달할 수 있다. 반면, 구문 (ii)의 경우, 'the cat'은 주절에 존재하고, 'out of the bag'은 하위 절에 존재하므로, 관용적 의미를 전달하기 어렵다.

  (i) John believed [the cat to be out of the bag].
  (ii) John persuaded the cat [to be out of the bag].

즉, 이 장에서는 분열문에 대해 기저 생성 분석도 아닌, 단일 절로 부터의 이동도 아닌, 처음부터 두 개의 절을 가정한 후, XP(TopP 혹은 FocP)의 보어 자리에 있는 요소가 headless relative clause로 전환되며 Topmost XP(TopP 혹은 FocP) Spec으로 이동해 나가는 새로운 분석을 제안함에 따라, 분열문이 가지고 있는 통사/의미적 특징을 잘 포착하고 있다.

5. 향후 연구 방향 제시

앞서 3.1.에서 간략하게나마 언급했듯이, 기존 연구에서 한국어 분열문으로 다루었던 문장은 아래 (50)의 (a)와 같은 문장이다.9) 하지만, 계사(be 동사 혹은 '-이다')의 보어로 나타난 부분을 '것'-절에 삽입했을 때 완전한 명제(proposition)로서 손색이 없는 문장을 분열문이라는 이름으로 부른다면, 사실상 (50)의 (a-d) 모두를 분열문이라는 이름으로 불러도 문제가 없을 것이다.10)

(50) a. [철이가 산 것]은 파파야이다.　　　　　　　(T$_{것'-절}$+F)

---

9)　여기서 T는 화제(topic), F는 초점(focus)을 나타낸다. 우리말과 달리 영어의 경우, 화제 혹은 초점을 표지를 통해 구분할 수 없기 때문에, 문장의 주어는 특별한 문맥이 주어지지 않을 경우, 화제/초점(topic/focus)으로 중의적이다(50a', 50d').

10)　Schutze(2001)은 '-은/는' 표지는 대조 화제(Contrastive Topic) 표지 혹은 대조 초점 (Contrastive Focus) 표지 두 가지로 사용될 수 있다고 주장한다. 이정민(1999)은 대조 화제 표지는 반드시 초점(focus)으로서의 기능도 동반한다고 주장한다. Yoon(2004)는 '-가/-를'이 항상 격 표지이지만, 구문에 따라 화제(topic) 혹은 초점 (focus)으로서의 기능을 할 수 있다고 주장한다. 본 연구에서는 (50)의 문장들에 대해 특정 어휘에 강세를 두는 초점 강세(focal stress) 혹은 핵 강세(nuclear stress) 는 배제한 채 논의한다.

a'. English Pseudo-cleft: What Cheli bought is papayas.(T+F, F+T)

b. [철이가 산 것]이 파파야이다. (F'-것'-절+T)

b'. It is what Cheli bought that papayas are. (F+T)

c. 파파야가 [철이가 산 것]이다. (F+T'-것'-절)

c'. Cleft: It is papayas that Cheli bought. (F+T_{that-clause})

d. 파파야는 [철이가 산 것]이다. (T+F'-것'-절)

d'. Papayas are what Cheli bought. (T+F, F+T)

다만, 괄호 안의 정보표시를 참고해서 볼 때, 전통 문법 혹은 언어학에서 제시하는 영어의 분열문 (c')과 정보포장 측면에서 정확히 대응하는 한국어 구문은 (c)일 수도 있다고 조심스럽게 추정해본다. 이 조심스러운 추정과 관련해서 한 가지 중요하게 언급하고 싶은 것은, 사실 한국어 (a)가 영어 (c')와 대응되는 것인데, 다만 두 언어의 어순이 다르기 때문에 구문이 완전히 동일해보이지는 않는 것이라는 주장은 설득력이 떨어진다고 말하고 싶다.11) 왜냐하면, (50)에 제시된 바와 같이, 영어와 한국어—두 언어 모두에서 필자 혹은 화자가 정보포장을 어떤 방식으로 하려고 하는지에 따라 '-이다'-절에 나타난 초점 요소와 '것'-절을 문장 내에서 유동적으로 자유롭게 위치시키는 것이 가능하기 때문이다. 예컨대, 영어의 문장주어(sentential subject)의 경우도 문미에 나타나는 게 보통이지만, 그 문장이 선행 담화의 화제

---

11) 한국어의 (i)은 영어에서 (ii) 혹은 (iii)으로 나타날 수 있다.
   (i) 철이가 그 시험에 통과했다는 것이 놀랍다.
   (ii) It is surprising that Cheli passed the exam.
   (iii) That Cheli passed the exam is surprising.
   다만, 영어에서는 일부 서술어의 경우, 그 어휘적 속성 때문에 문장주어를 사용할 수 없는 경우도 있다.

   (iv) It seems that John is honest.
   (v) *That John is honest seems.

(Topic)이었을 경우, 자연스럽게 대화를 이어나가기 위한 담화연결 (discourse linking)을 고려한 정보포장의 한 가지 형태로 문두에 주어로서 나타날 수 있기 때문이다.12) 즉, 우리말에서처럼, 영어에서도 절은 정보 전달을 고려하여 문장 내에서 유동적으로 위치시킬 수 있는 것이다. 비록 2장의 제안이 설득력을 얻기 위해서는 더 많은 연구가 필요하겠지만, 이것이 관련 주제에 더 활발한 논의와 토론을 촉발할 수 있는 장이 되기를 희망해본다.

---

12) Cowan(2008)에서 소개하는 아래 주어진 단락을 보면, 선행문에서 언급된 'the age of meteorites'에 관한 내용을 후행문에서 바로 이어받아서 다음 진술로 넘어가기 때문에, 문장주어를 사용하고 있다.

(i) One of the triumphs of radioactive dating emerged only gradually as more and more workers dated meteorites. It became surprisingly apparent that <u>all meteorites are of the same age</u>, somewhere in the vicinity of 4.5 billion years old. <u>That there are no meteorite of any other age</u>, regardless of when they fell to earth, suggests that all meteorites originated in other bodies of the solar system that formed at the same time that the Earth did (Cowan 2008: 475).

△▼ 참고문헌 ▼△

김영희(2000), 「쪼갠문의 기능과 통사」, 『어문학』 69, 65-90.

박소영(2014), 「한국어 분열문의 통사구조와 생략구조」, 『언어학』 68, 35-57.

위혜경(2015), 「슬루싱의 두 가지 의미 유형」, 『언어와 정보』 19(2), 109-125.

이남근(2008), 「한국어분열구문의유형과특성 HPSG 분석」, 『언어연구』 25(2), 25-38.

홍용철(2019), 「"-것" 분열 구문의 초점 요소에 대한 기저 생성 분석」. 핸드아웃, "분열구문 세미나", 동국대학교.

Akmajian, Adrian (1970), "On deriving cleft sentences from pseudo-cleft sentences". *Linguistic Inquiry* 1(2), 149-168.

Chomsky, Noam A. (1977), "On Wh-movement", In Culicover, P. W., Wasw, T., & Akmajian, A. (eds.), *Formal syntax*, San Francisco, London: Academic Press.

Cowan, Ron (2008), *The Teacher's Grammar of English*, Cambridge: Cambridge University Press.

Declerck, Renaat (1983), "Predicational clefts", *Lingua* 61(1), 9-45.

Delahunty, Gerald (1982), "Topics in the synatx and semantics of English cleft sentences", Ph. D. dissertation, University of California, Irvine.

E. Kiss, Katalin (1998), "Identificational focus versus information focus", *Language* 74(2), 245-273.

Han, Chung-hye & Hedberg, Nancy (2008), "Syntax and semantics of it-clefts: A Tree Adjoining Grammar analysis", *Journal of Semantics* 25(4), 345-380.

Hedberg, Nancy (1990), "The Discourse Function of Cleft Sentences in English". Ph.D. dissertation, University of Minnesota.

Hedberg, Nancy (2000), "On the referential status of clefts", *Language* 76(4), 891-920.

Jo, Jung-Min (2005), "Sluicing? It's just one of copular constructions", *The Linguistic Association of Korean Journal* 13(2), 143-167.

Kang, Bosook (2006), "Some peculiarities of Korean kes cleft constructions", *Studia Linguistica* 60, 251-281.

Kim, Sun-Woong (2012), "A predicate inversion analysis of kukes in Korean sluicing", *Linguistic Research* 29, 217-233.

Lee, Chungmin (1999), "Contrastive Topic: A Locus of the Interface: Evidence from Korean and English", In K. Turner (ed), *The Semantics/Pragmatics Interface from Different Points of View*, Elsevier Science.

Oku, Satoshi (2016), "A Note on Ellipsis-Resistant Constituents", *Nanzan Linguistics* 11, 56-70.

Pan, Victor Junnan (2019), *Architecture of The Periphery in Chinese: Cartography and Minimalism*, London/New York: Routledge.

Park, M.-K. (2014), "On the Syntax of Multiple Fragments in Korean", *Studies in Modern Grammar* 79, 1-22.

Park, Myung-Kwan (2001), "Subject-less clefts in Korean: Towards a deletion analysis", *Language Research* 37(4), 715-739.

Percus, Orin (1997), "Prying open the cleft", *Proceedings of NELS* 27, 337-351.

Reeve, Matthew (2013), *Clefts and their relatives*, Amsterdam: John Benjamins.

Rooth, Mats (1999), "Association with focus or association with presupposition?", In Peter Bosch & Rob van der Sandt (eds.), *Focus: Linguistic, Cognitive, and Computational Perspectives*, Cambridge: Cambridge University Press, 232-244.

Schutze, C. (2001), "On Korean 'Case Stacking': The Varied Functions of the Particles ka and lul", *The Linguistic Review* 18, 193-232.

Selkirk, E. O. (1982), *The Syntax of Words*, MIT Press, Cambridge, Mass.

Sohn, Keun-Won (2001), "Kes-clefts, Connectedness Effects, and the Implications Thereof", *Studies in Generative Grammar* 14(4), 561-571.

Wirth, J. (1978), "The derivation of cleft sentences in English", *Glossa* 12, 58-82.

Yoon, James (2004), "Non-nominative (major) subjects and case stacking in Korean", In P. Bhaskararao and K. V. Subbarao (eds.), *Non-nominative subjects* vol. 2, Amsterdam: John Benjamins, 265-314.

3. 한국어 수문문에 대한 분열문 분석 재고*

박소영

한국어 수문문의 분석에 대하여는 삭제 분석(deletion analysis, Takahashi 1994; Kim 1997 등)과 분열문 분석(cleft analysis, Nishiyama et al. 1995; Park 1998, 2009; 손근원 2000; Kim 2012 등)이 존재한다. 전자는 한국어 수문문도 영어의 수문문과 마찬가지로 의문대명사의 이동 이후 남겨진 절적 성분의 음성형식이 삭제되어 도출된다는 견해이다. 반면 후자는 한국어 수문문은 영어와는 달리 전제적 내용에 해당하는 주어가 비가시적으로 실현되는 분열문 구성을 그 기저구조로 한다는 견해이다. 이 중에서 후자의 분열문 분석은 한국어 수문문 분석에 대한 보다 유력한 분석으로 인정되어 왔다. 그러나 분열문 분석도 문제가 전혀 없는 것은 아닌데, 이 글은 분열문 분석에 의해 수용될 수 없는 한국어 수문문 자료를 기반으로 해당 분석의 문제점을 제기하고, 그에 대하여 보완적인 접근 방식을 탐구하는 것을 그 목적으로 한다.

한국어 수문문은 연관어(correlate)의 외현적 실현 여부에 따라 잔여

---

* 이 글은 『언어학』 71호에 게재된 글을 약간 수정하여 다시 쓴 것이다. 재출판을 허락한 사단법인 한국언어학회에 감사드린다.

성분(remnant)의 격조사 실현과 섬제약에 있어서 서로 대조적인 양상을 보인다. 선행절에 연관어가 외현적으로 실현될 경우 잔여성분에의 격조사 실현은 수의적이지만 내재적으로 실현되는 경우에는 반대로 의무적이다. 또한 전자의 경우 섬제약 효과는 사라지지만 후자의 경우에는 섬제약 효과가 사라지지 않는다. 분열문 분석은 이 중 격조사 실현이 의무적인 경우, 그리고 섬제약 효과가 사라지는 경우를 설명하지 못하는데, 기존의 분열문 분석은 이렇게 연관어의 외현적 실현 여부에 따라 달라지는 한국어 수문문의 통사적 성격을 충분히 고려하지 못하였다.

이에 3장은 기존의 분열문 분석에 대한 대안을 제시하고자 한다. 보다 구체적으로 한국어 수문문의 기저구조로 분열문 대신 '-은 것이다' 초점구문을 제시하고, 생략에 대한 LF-복사 접근 방식을 기반으로 분열문 분석에 문제가 되는 위의 현상들에 대한 설명을 제공하고자 한다. 선행절에 상관어가 내재적으로 실현되는 경우 수문문의 복구는 선행절 전체 TP 복사를 통하여 이루어진다. 이때 잔여성분의 해석은 엄격한 국지성 조건의 제약을 받게 되는데, 이는 격조사 실현이 의무적인 위의 문제적인 경우를 설명한다. 한편 상관어가 외현적으로 출현하는 경우 섬제약이 사라지는 현상에 대한 것인데, 이 글은 비한정적 대명사로 실현되는 상관어를 일반양화사로 간주함으로써 이 문제를 해결하고자 한다. 즉 외현적 상관어의 출현은 섬 환경 내부 선행절 TP를 선택적으로 복사하게 함으로써(i.e. 양화사 인상의 절-한계적 조건(clause-boundedness condition)) 섬 효과가 복구되는 것과 같은 효과를 보이는 것이다. 이러한 이 장의 분석은 분열문 분석의 또 다른 문제점, 즉 잔여성분이 둘 이상 실현된 수문문에 대하여도, 또한 분열될 수 없는 유형의 잔여성분 수문문에 대하여도 적절한 설명을 제공해 줄 수 있다.

1. 서론

수문문(sluicing)이란 주절 서술어의 내포문에서 의문사의 *wh*-이동 이후 남겨진 TP가 삭제되어 도출되는 구문을 말한다(Ross 1969; Merchant 2001).

(1) Mary met someone. I wonder [CP who~i~ ~~[TP Mary met t~i~]~~].

한국어에도 이와 유사한 구문이 존재한다.1) 아래 예문 (2)는 영어의 수문문 (1)에 상응하는 구문을 예시한다.

(2) 가. 철수가 무언가를 샀는데, 나는 [무엇인지] 모른다.
     나. 철수가 누군가에게 선물을 주었다는데, [누구에게인지] 궁금하다.

위 예문 (2가)와 (2나)에서 의문대명사 '무엇'과 '누구'는 계사 '이다'에 의해 이끌리는 내포문에 나타난다.

한국어 수문문 (2)의 통사론적 분석에 대하여, 삭제(deletion) 분석 (Takahashi 1994; Kim 1997 등)의 입장이 존재한다. 이는 한국어 수문문 도 영어 수문문의 분석과 마찬가지로, 의문대명사의 이동 이후 남겨 진 절적성분이 삭제되어 도출된다는 견해이다. 다른 하나는 분열문 (cleft) 분석의 입장이다(Nishiyama et al. 1995; Park 1998, 2009; 손근원 2000; Kim 2012 등). 이 견해에 따르면, 한국어 수문문은 영어의 그것과는 달

---

1) 영어의 수문문 (1)에 상응하는 한국어 (2)의 구문이 영어의 수문문 도출방식과 마찬 가지로 의문사의 *wh*-이동과 그에 뒤따른 TP 삭제로 도출된다고 보기 어렵다. 그럼 에도 불구하고, 이 글은 논의의 편의를 위해 한국어 (2)의 구문을 수문문으로 명명하 여 논의를 진행하기로 한다.

리, 전제적 내용에 해당하는 주어가 비가시적으로 실현된 분열문 구성을 그 기저구조로 한다는 주장이다. 이 글은 분열문 분석의 관점에서 수용될 수 없는 한국어 수문문 언어자료를 검토하고, 이에 대한 대안적인 분석을 제시하는 것을 그 목적으로 한다.

이 장의 구성은 다음과 같다. 다음 2절에서는 한국어 수문문에 대한 분열문 분석에 대하여 간략하게 논의한다. 3절에서는 분열문 분석에서 설명될 수 없는 한국어 수문문 언어자료를 검토한다. 4절에서는 수문문에 대한 통사분석을 제시한다. 다음으로 5절은 이 글의 분석이 분열문 분석의 또 다른 문제점을 어떻게 극복하는지 살펴본다. 마지막 6절은 결론이다.

2. 한국어 수문문에 대한 분열문 분석

한국어 수문문에 대하여 Kim(1997)은 영어의 수문문과 마찬가지의 삭제 방식으로, 한국어 수문문이 의문대명사의 초점이동 후 남은 VP가 삭제되어 도출된다고 하였다.[2]

(3) 철수가 무언가를 샀다는데, 나는 [FocP 무엇[VP 철수가 t_i 새]인지] 모른다.

---

2) 일본어 수문문에 대한 삭제 분석으로는 Takahashi(1994)를 참조할 수 있다. Takahashi(1994)에 따르면, 일본어 수문문은 의문자질을 점검하기 위하여 의문대명사가 CP 지정어로 이동한 다음, 남아있는 TP가 삭제되는 것으로 분석된다. 그러나 이러한 분석은 의문사 제자리(wh-in situ) 언어인 일본어에 의문대명사의 가시적 이동을 상정해야 한다는 이론적 부담을 가지고 있다. 이에 대하여 Kim(1997)은 계사 앞의 잔여성분(remnant)이 초점(focus)이동을 겪는 것이라고 하였다. 예로 일본어와 한국어의 수문문의 경우 영어와는 달리 의문대명사 이외의 성분들도 잔여성분으로 실현될 수 있다.

Kim(1997)에 따르면, 위 수문문에서 '이다'는 시제굴절소를 지지하기 위하여 삽입되는 것으로 분석된다. 그러나 만약 '이다'가 그러한 이유로 삽입되었다면, 선행절과 동일하게 과거시제인 '무엇이었는지'가 아니라, '무엇인지'로 실현되었는가에 대한 이유가 불명확하다(손근원 2000; Lee 2012).

이를 해결하기 위해, 삭제된 부분을 VP 대신 TP로 가정한다고 하더라도, 한국어 수문문에 '이다'의 개입이 왜 일어나야 하는가에 대한 설명은 여전히 불투명하다고 할 수 있다.

(4) 철수가 무언가를 샀다는데, 나는 [FocP 무엇[TP 철수가 tᵢ 샀]인지] 모른다.

또한 이러한 삭제 분석은 영어의 수문문과는 대조적으로 한국어 수문문에 수의적으로 실현되는 대명사 주어의 존재를 설명할 수 없다(Nishiyama et al. 1995).

(5) 철수가 무언가를 샀다는데, 나는 [그게 무엇인지] 모르겠다.

요컨대, 삭제 분석은 한국어 수문문에 '이다'의 개입이나 대명사 주어의 존재를 설명할 수 없는 난점이 있다.

이에 대하여 분열문 분석이 제기되었다. 분열문 분석은 한국어 수문문이 분열문의 기저구조에서 도출된 것이라는 견해이다. 분열문의 구조는 주어로서 기능하는 전제를 나타내는 절과 초점을 나타내는 분열된 성분이 '이다'에 의하여 연결되어 있는 구조를 이룬다. 수문문이 분열문의 구조를 갖는다는 분열문 분석은 전제를 나타내는 비가시적인 주어가 어떠한 통사적 지위를 갖는가에 따라 크게 두 가지 견해로 세분될 수 있는데, 그 하나는 비가시적인 주어가 음성형식 층위

삭제의 결과라고 보는 입장이다(Nishiyama et al. 1995; Park 1998; Nakao & Yoshida 2005; Kim 2012). 나머지 하나는 그것을 절을 대용하는 공대명사 pro의 실현으로 보는 입장이다(손근원 2000; Park 2009).3) 이는 각각 아래 (6가)와 (6나)로 나타낼 수 있다.

(6) 가. 철수가 누군가에게 선물을 주었다는데, [[CP 철수가 선물을 준 것어] 누구에게인지] 궁금하다.

　　나. 철수가 누군가에게 선물을 주었다는데, [[CP pro] 누구에게인지] 궁금하다.

이러한 분열문 분석에 따르면, 한국어 수문문은 일반적인 계사구문의 일종인 셈이 된다.

　이러한 분열문 분석은 삭제 분석의 문제점을 극복한다. 즉, 한국어 수문문은 분열문의 구조를 갖기 때문에, '이다'의 출현이나 지시대명사 '그것'의 수의적 실현이 직접적으로 설명된다. 또한 한국어 수문문에 구조격조사의 출현이 불가능하다든지, NPI 출현이 불가능한 사실이 직접적으로 설명된다. 왜냐하면 기저구조인 분열문이 이러한 성분의 출현을 불허하기 때문이다. 아래 (7나)와 (8나)는 각각의 수문문에 상응하는 분열문의 예이다.

(7) 가. 철수가 무언가를 샀다는데, 나는 무엇(*을)인지 궁금하다.

　　나. 철수가 무언가를 샀다는데, 나는 [[철수가 산 것이] 무엇(*을)인지]

---

3) 의문대명사가 격형으로 실현되는 것과는 대조적으로 무격형으로 실현되는 경우, 공범주 pro는 절적 형식이 아니라 일반명사구를 대용하는 것으로 분석된다(손근원 2000; Park 2009). 가령, 예문 (6나)의 무격형 수문구문은 아래 (i)와 같이 분석된다.

(i) 철수가 누군가에게 선물을 주었다는데, [[NP pro] 누구인지] 궁금하다.

궁금하다.

(8) 가. *철수가 무언가를 안 먹었다는데, 아무것도인지 모르겠다.

　　 나. *철수가 무언가를 안 먹었다는데, [[철수가 안 먹은 것이] 아무 것
　　　　 도인지] 모르겠다.

분열문 분석의 이러한 설명적 이점 때문에, 한국어 수문문에 대한
분열문 분석은 삭제 분석을 대체하는 강력한 분석으로 간주되어 왔다.
그러나 분열문 분석에 문제점이 전혀 없는 것은 아니다. 다음 3절에서
는 분열문 분석에 의해 설명되지 않는 언어자료에 대하여 검토한다.

3. 분열문 분석의 문제점

3.1. 잔여성분의 격조사 실현과 분열문 분석

한국어 분열문에서 '이다'에 선행하는 초점성분은 격조사 실현이
수의적일 수 있다. 가령 여격이나 처소격의 경우에 조사의 가시적 실
현은 아래 (9)의 예문에서처럼 수의적이다.

(9) 가. 철수가 반지를 준 건 영희(에게)이다.

　　 나. 철수가 영희에게 반지를 준 건 카페(에서)이다.

한국어 수문문에 대한 분열문 분석은 수문문에서 '이다' 앞 잔여성
분에서의 격조사 실현 양상이 분열문 (9)와 같이 수의적일 것을 예측
한다. 아래 (10)의 예문은 잔여성분의 연관어(correlate)가 선행절에 외
현적으로 실현된 경우이고, (11)의 예문은 내재적으로 실현된 경우를

예시한다(sprouting, Chung et al. 1995, 2010).

(10) 가. 철수가 누구에게 반지를 주었다는데, 나는 영희(에게)인지 궁금하다.

나. 철수가 영희에게 어딘가에서 반지를 주었다는데, 나는 카페(에서)
인지 궁금하다.

(11) 가. 철수가 반지를 주었다는데, 나는 영희*(에게)인지 궁금하다.

나. 철수가 영희에게 반지를 주었다는데, 나는 카페*(에서)인지 궁금
하다.

전자의 경우에는 격조사의 실현이 수의적으로 분열문의 경우와 같다.
반면 후자의 경우에는 격조사가 의무적으로 실현되어야 하는데(손근원
2000; Chung et al. 2010), 이는 분열문의 경우와는 상반적이다. 즉 연관어
가 내재적으로 실현된 경우에 잔여성분의 격조사 실현 양상은 분열문
분석의 예측에는 합치되지 않으며, 이는 분열문 분석에 문제로 남는다.

3.2. 섬제약 효과와 분열문 분석

한국어 분열문은 섬제약 효과를 보인다.4) 가령 '이다'에 선행하는

---

4) 가시적인 의문사 이동이 없는 동아시아 언어에서는 섬 효과가 나타나지 않는다는
것이 일반적인 견해인 것으로 보인다. 아래 예문 (i)를 보면, 한국어에서 섬 환경
내에 실현된 의문대명사에 의한 의문문 형성이 가능하다.

(i) 가. 너는 어떤 전공을 가르치는 교수님을 찾아뵐 거니?
나. 너는 누가 그린 그림을 살 거니?

그러나 본문의 예문 (12)에서 볼 수 있듯이, 분열문에서 섬제약 효과가 목격된다는
것은 일반적으로 분열문에 대한 대부분의 선행연구가 동의하고 있는 것으로 보인
다. 이는 분열문이 위 (i)의 의문문 형성에 결부된 통사과정보다 더 제약적인 과정을
가지고 있음을 보여주는 것이라고 할 수 있는데, 이에 대한 자세한 논의는 이 글의
범위를 벗어난다.

그런데 분열문은 섬 효과보다도 더 강한 제약을 보인다. 가령 보문절 내부의 성분

초점성분은 '것'-절의 섬 환경 내부 성분이어서는 안 된다. 아래 (12가)는 복합명사구 섬 효과를, (12나)는 주어 섬 효과, (12다)는 부가어 섬 효과를 예시한다.

(12) 가. *선생님이 [수업 중에 편지를 쓰고 있던 학생]을 혼낸 것은 영희에게이다.

　　 나. *[철수가 거액의 뇌물을 받은 것이] 신문에 보도된 것은 영희로부터이다.

　　 다. *영희가 [전 재산을 기증한 후에] 세상을 떠난 것은 장학재단에이다.

한국어 수문문에 대한 분열문 분석은 위 (12)의 분열문에서와 같이 섬제약 효과를 드러낼 것을 예측한다. 아래 (13)의 수문문 예문은 연관어가 외현적으로 실현되는 경우, (14)는 그렇지 않은 경우를 예시한다.

(13) 가. 선생님이 [수업 중에 누군가에게 편지를 쓰고 있던 학생]을 혼냈다고 하는데, 너는 누구(에게)인지 알고 있니?

　　 나. [철수가 누군가로부터 거액의 뇌물을 받은 것이] 신문에 보도되었다는데, 너는 누구(로부터)인지 아니?

　　 다. 영희가 [어딘가에 전 재산을 기증한 후에] 세상을 떠났다고 하는

역시 분열될 수 없는 것이다. 아래 예문 (ii)를 살펴보도록 하자.

(ii) *조선일보가 [철수가 거액의 뇌물을 받았음]을 보도한 것은 영희로부터이다. 위 (ii)의 예문에서 분열된 성분 '영희로부터'는 '것'-절 내부 보문절 내의 성분인데, 이러한 예는 비문법적이다. 위 (ii)의 예는 분열문이 어순바꾸기(scrambling)에 대한 제약을 받고 있음을 보여준다고 할 수 있는데, 즉 '영희로부터'와 같은 부사어적 성분은 절을 뛰어넘어 어순바꾸기 되기가 어렵기 때문이다. 아래 (iii)를 보라.

(iii) *??영희로부터$_i$ 조선일보가 [철수가 t_i 거액의 뇌물을 받았음]을 보도하였다. 분열문과 어순바꾸기와의 관련성에 대한 논의는 Kang(2006)을 참조하기 바란다.

데, 나는 어디(에)인지 궁금하다.

(14) 가. *선생님이 [수업 중에 편지를 쓰고 있던 학생]을 혼냈다고 하는데,
너는 누구(에게)인지 알고 있니?

나. *[철수가 거액의 뇌물을 받은 것이] 신문에 보도되었다는데, 너는
누구(로부터)인지 아니?

다. *영희가 [전 재산을 기증한 후에] 세상을 떠났다고 하는데, 나는
어디(에)인지 궁금하다.

(13)의 예문이 보여주는 것처럼 선행절에 연관어가 외현적으로 존재
할 경우, 수문문에 섬제약 효과는 사라지는(Park 2012; Chung et al.
2010) 경향을 보인다.5) 이는 잔여성분의 격조사 출현 여부와는 상관
없어 보인다. 격조사가 출현하는 경우에도 섬제약 효과는 나타나지
않는다.6) 한국어 수문문이 분열문의 기저구조를 가지고 있다는 분열
문의 분석은 (12)의 분열문에서와 마찬가지로 수문문 (13)도 역시 섬
제약 효과를 보일 것을 예측한다. 그러나 이는 사실과 합치되지 않는
다. 한편 연관어가 출현하지 않는 수문문 (14)의 경우는 섬제약 효과
가 나타난다. 따라서 (14)는 분열문의 경우와 같이 모두 비문법적이
다. 요컨대 분열문 분석은 연관어가 외현적으로 출현하는 수문문의

---

5) Kim & Kuno(2012), 옥성수·김수연(2012)에서는 수문문에서 나타나는 섬제약 효과가
섬 안의 연관어가 내재적인지 외현적인지의 통사적 차이뿐만 아니라 언어처리 과정에
있어서의 용이성 차이에 의해서도 결정됨을 주장하였다. 섬 안에 외현적인 연관어가
출현할지라도 섬 효과가 나타나는 경우도 있고, 연관어가 내재적으로 실현되더라도
섬 효과가 나타나지 않는 경우가 있다고 하였다. 그러나 거의 무표적인 경우에, 연관어
의 외현적인 출현은 섬제약 효과를 복구하는 효력을 갖는 것으로 보인다.

6) Fukaya & Hoji(1999), Fukaya(2012)는 일본어에서 격형 수문문의 경우는 섬제약을
준수하여 비문법적인 양상을 보이지만, 무격형 수문문의 경우는 섬제약에 지배받지
않아 문법적인 양상을 보인다고 하였다. 그러나 (13)의 한국어 수문문의 경우 잔여
성분에 격조사가 실현되든 그렇지 않든 간에 문법성에는 차이가 없어 보인다.

경우에 섭제약 효과가 사라지는 현상을 설명할 수 없다.

지금까지 3절에서는 한국어 수문문에 대한 분열문 분석을 검토하였다. 분열문 분석의 예측은 잔여성분의 격조사 실현과 섭제약 효과 양상에 있어서 사실과 합치되지 않는 문제점이 있음을 알게 되었다. 구체적으로, 연관어가 외현적으로 실현되지 않는 수문문의 경우 잔여성분에 격조사 실현의 양상은 분열문의 경우와 다르다. 또한 연관어가 외현적으로 실현되는 수문문의 경우에 섭제약 효과가 나타나지 않는 것 역시 분열문 분석에 문제점으로 남는다. 이를 요약하여 나타내면 아래 (15)의 표와 같다.

(15) 〈분열문 분석과 수문문〉 (✓는 분열문 분석에 합치, *는 불합치)

	격조사 실현	섭제약 효과
연관어 외현적	✓	*
연관어 내재적	*	✓

위 (15)의 표는 연관어가 외현적으로, 혹은 내재적으로 실현되는가에 따라 한국어 수문문의 통사적 성격이 달라짐을 드러낸다. 분열문 분석의 예측과 합치되지 않는 (15)의 두 가지 경우는 분열문 분석에 문제점으로 남는다. 다음 4절에서는 한국어 수문문에 대하여 분열문 분석에 대안적인 통사분석을 제시한다.

4. 한국어 수문문의 통사론적 도출

4.1. 섭제약 효과와 PF-삭제 분석

Merchant(2001)는 수문문에 대한 PF-삭제 분석을 제시하였다. 이는 잔여성분의 의문사 이동이 일어난 후에 남은 IP가 음성형식 층위에서 음형으로 실현되지 않고 삭제되는 것이다. PF-삭제는 'E-주어짐성(givenness)'이라는 아래 (16)의 의미론적 인가 조건에 의해 제약된다.

(16) An expression E counts as E-given iff E has a salient antecedent A and, modulo ∃-type shifting,

　　가. A entails the focus-closure of E, and

　　나. E entails the focus-closure of A.

(16)이 의미하는 바는 초점을 받지 않는 선행 성분과 생략된 부분 사이에 상호함의 관계가 성립된다면 생략이 허용된다는 의미론적 조건이다. 선행 성분과 통사론적으로 동일성을 요구하는 것은 아니기 때문에 수문문의 도출은 'E-유형(type) 대명사'의 개입을 허용한다.7)

　이러한 PF-삭제 분석에 운용되는 E-유형 대명사를 한국어 수문문 도출에 적용한다면, 위 예문 (13)에서처럼 수문문에 섬 효과가 드러나지 않는 경우를 설명할 수 있게 된다.

(17) 가. 선생님이 [수업 중에 누군가에게 편지를 쓰고 있던 학생]을 혼냈

---

7) Merchant(2001: 217)은 이에 해당하는 예로 아래 예문 (i)를 제시하였다.

　(i) 가. They want to hire someone who speaks a Balkan language, but I don't know which.
　　 나. They want to hire someone who speaks a Balkan language, but I don't know which [she ~~E-type should speak~~].
　　 다. They want to hire someone who speaks a Balkan language, but I don't know which [~~they want to hire someone who speaks~~].

　영어 수문문 (i가)의 기저구조는 E-유형 대명사가 운용되는 (i나)에 해당한다. (i나)의 구조는 애초에 섬 환경을 결부하지 않는 구조이며, 따라서 수문문 (i가)의 적법성을 설명한다. 한편 (i다)는 통사적으로 선행 IP와 동일한 생략성분을 갖는 기저구조인데, 이는 섬 환경을 결부하므로 사실과는 달리 (i가)의 비적법성을 예측한다.

다고 하는데, 너는 누구에게[그카^{E-유형} ~~수업 중에 편지를 쓰고 있
터~~]인지 알고 있니?

나. [철수가 누군가로부터 거액의 뇌물을 받은 것이] 신문에 보도되었다
는데, 너는 누구로부터[그카^{E-유형} ~~거액의 뇌물을 받았-~~]인지 아니?

다. 영희가 [어딘가에 전 재산을 기증한 후에] 세상을 떠났다고 하는데,
나는 어디(에) [그녀카^{E-유형} ~~전 재산을 기증하였-~~]인지 궁금하다.

가령 (13가)의 E-유형 대명사 '그'는 '선생님이 혼난 그 학생' 정도의
의미로 해석되며, 이러한 대명사가 쓰인 수문문의 기저구조는 섬 환
경이 애초에 결부되지 않는 구조를 가진다. 따라서 문법적이라는 것
이다. 이는 연관어가 외현적으로 존재하는 경우 섬 효과가 나타나지
않는 수문문의 양상을 잘 설명해 준다.

그러나 연관어가 내재적으로 존재하는 (14)의 경우는 섬제약의 지
배를 받는다. 연관어가 외현적으로, 혹은 내재적으로 존재하든 E-유
형 대명사가 개입되는 위 (17)의 기저구조를 갖는다고 한다면, 연관
어가 내재적으로 존재하는 경우에 섬 효과가 나타나는 현상은 설명
할 수 없게 된다. 다시 말하면 (14)의 비문법성은 Merchant(2001)의
설명으로는 포착될 수 없는 것이다.

한편 대안적으로, 생략을 PF-층위의 삭제로, 비적법한 흔적(trace)
을 삭제함으로써 섬 효과를 복구하는 효력을 가진 것으로(Fox & Lasnik
2003; Merchant 2004, 2008) 간주한다면, 수문문에서 섬 효과가 사라지
는 현상을 역시 설명할 수 있을 것이다.

(18) 가. 선생님이 [수업 중에 누군가에게 편지를 쓰고 있던 학생]을 혼냈
다고 하는데, 너는 누구에게_i [*t_i ~~선생님이 [수업 중에 t_i 편지를 쓰
고 있던 학생]을 혼냈-~~]인지 알고 있니?

나. [철수가 누군가로부터 거액의 뇌물을 받은 것이] 신문에 보도되었
다는데, 너는 누구로부터$_i$ [*t$_i$ 철수가 [t$_i$ 거액의 뇌물을 받았은 것
이] 신문에 보도되었-]인지 아니?

다. 영희가 [어딘가에 전 재산을 기증한 후에] 세상을 떠났다고 하는
데, 나는 어디(에)$_i$ [*t$_i$ 영희가 [t$_i$ 전 재산을 기증한 후에] 세상을
떠났-]인지 궁금하다.

위 (18)의 구조에서 섬 환경을 뛰어넘는 비적법한 혼적을(i.e. *t) PF-
층위에서 삭제해 버림으로써 섬 효과가 복구된다고 설명할 수 있는
것이다. 그러나 이러한 설명은 연관어가 외현적으로 존재하는 (13)의
경우에는 사실에 합치되지만, 연관어가 외현적으로 존재하지 않는
(14)의 경우에 섬제약 효과가 부활되는 이유에 대해서는 설명할 수
없는 것으로 보인다.

이상의 논의에서는 생략을 PF-층위의 삭제로 보는 접근 방식을 검
토하였다. 연관어가 외현적으로 출현하는 경우에는 섬제약 효과가 사
라지지만, 내재적으로 존재하는 경우에는 사라지지 않는다. 전자의
경우는 Merchant(2001)의 E-유형 대명사를 결부하여 설명하는 방식
으로, 혹은 섬 효과를 복구하는 책략으로서의 PF-삭제 방식으로 그
양상을 설명할 수 있었다. 그러나 후자의 섬 효과가 그대로 유지되는
경우에 대해서는 분명하게 설명할 수 없었다. 다음 4.2.에서는 한국어
수문문에 대하여 LF-복사 접근 방식(Chung et al. 1995, 2010; Hoji &
Fukaya 1999; Kim 1999; Saito 2007)을 기반으로, 분열문 분석에 대안적인
통사분석을 제안하고자 한다.

4.2. 제안: 한국어 수문문의 기저구조

이 글은 한국어 수문문의 기저구조로 분열문 대신에, '-은 것이다' 구문을 제안한다. 한국어 '-은 것이다' 구문은 그것이 결합된 명제 내용을 초점화하는 기능을 갖는다. '-은 것이다'에 결합된 전체 내용이 새로운 정보일 경우 그 전체가 초점이 될 수 있으나, 이 글에서 수문문의 논의와 관련하여 주목하는 것은 그 일부만이 새로운 정보일 때 그것이 초점을 받는 경우이다. 새로운 정보는 제자리에서 세기 등 음운론적 실현방법에 의하여 초점화될 수도 있지만, 앞으로 초점이동하여 초점화될 수도 있다. 아래 (19)는 '-은 것이다' 구문을 예시한다.

(19) 가. [$_{CP}$ 철수가 영희에게 선물을 준 것]이다.

나. [$_{CP}$ [$_{TP}$ 영희에게 [$_{TP}$ 철수가 ~~영희에게~~ 선물을 준] 것]이다.

위 (19가)에서 '이다'는 CP와 결합하여 그것이 나타내는 명제 내용을 초점화한다. CP 내부에서는 어순바꾸기(scrambling)를 통해 CP 내부의 특정 성분을 초점화하는 효과를 나타낼 수도 있다.

수문문의 기저구조를 '-은 것이다' 구문으로 간주한다는 것은 기존 삭제 분석의 직관을 어느 정도 수용하는 것이라고 볼 수 있다. 즉 분열문 분석과는 달리 삭제 분석에서는 초점성분과 남은 절적성분이 하나의 성분을 이룬다고 보기 때문이다. 위 (19나)의 구조는 C의 '것'을 설정한 것을 제외하고는 삭제 분석이 제시하는 수문문의 기저구조와 유사한 구조를 갖고 있다. 반면 기존 수문문의 분열문 분석이 가정하는 수문문의 구조에서는 분열된 초점성분과 전제된 절적성분이 서로 분리되어 있는 형상을 이루고 있다.8)

아래 (20)에 예시된 수문문의 통사구조는 '이다'가 CP와 결합하는 아래 (21)의 구조로 나타낼 수 있다. '-은 것이다' 구문의 기저구조는 한국어 수문문에 있어서 '이다'의 개입을 자연스럽게 설명해 준다. 앞서 4.1.에서 논의한 바와 같이, 생략에 대한 PF-삭제 방식은 수문문에서 상관어가 내재적으로 존재하는 경우 섬 효과가 유지되는 현상에 대하여 분명하게 설명할 수 없으므로, 이 글은 한국어 수문문의 분석에 있어서 생략에 대한 LF-복사 접근 방식(Chung et al. 1995, 2010; Fukaya & Hoji 1999; Kim 1999; Saito 2007)을 적용한다. '이다'와 결합하는 CP는 그 하위에 TP의 영 대용형식(empty pro-form)을 내포한다.

(20) 철수가 선물을 주었다는데, 나는 누구에게인지 궁금하다.

(21)

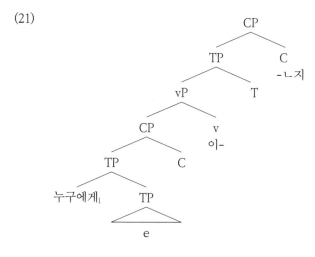

---

8) 혹자는 이 장에서 수문문의 기저구조로 제시한 '-은 것이다' 구문이 분열문과 상통하며 어쩌면 'notational variant'로 볼 수 있다고 할지 모른다. 왜냐하면 '-은 것이다' 구문은 영어의 *it is that-* 구문에 상응하는 것으로 볼 수 있으며, 이는 소위 '추론적 분열문(inferential cleft)'으로 아주 넓은 의미에서의 분열문 구성으로 볼 수도 있는 여지가 있기 때문이다. 그러나 이 글에서 '-은 것이다' 구문과 구분하여 말하는 분열문은 종래 수문문에 대한 분열문 분석에서 일반적으로 가정되어 온, 초점성분과 전제 성분이 분리되어 실현되는 전형적인 분열문의 구조를 말한다. 이러한 구조를 가정하는 종래 분열문 분석으로는 한국어 수문문의 현상을 설명하는 데 있어서 문제점이 있다는 것이 이 3장의 주요 주장인 것이다.

위 (21)의 구조에서 계사 '이다'는 CP와 결합한다.9) 이 글은 '-은 것이
다' 구문의 C에 해당하는 요소인 '것'은 용언에 의존적으로 실현되어
야 하는데, 위 (21)에서와 같이 가시적인 형태의 용언이 실현되지 않
을 경우에는 C가 영형으로 실현된다고 가정한다. 격형 잔여성분 '누
구에게'는 TP에 부가된 위치를 차지한다.10)

---

9) (21)의 구조에서 '이다'는 CP와 직접 결합하여, CP의 내용을 문면에 제시하는 일종의
   형식술어(dummy predicate)로 간주한다. 한편 한국어 수문문에는 주격 대명사 '그
   게'가 수의적으로 실현될 수 있다. '그게'의 실현 여부는 수문문의 의미 해석에 영향
   을 끼치는 것으로 보인다.
   이와 관련하여 Nishigauchi(2006)은 일본어에서 짧은 대답문(short answer)에서의
   주어 대명사의 실현은 대답 양상에 영향을 끼침을 관찰하고 있다(Nishigauchi
   2006: 14).

   (i) A: Minna-ga   dare-kara   meeru-o   uketorta-ka osiete.
          all-Nom   who-from   e-mail-Acc   received-Q   tell.me
          'Tell me who everyone received an e-mail from.'
       B: 가. *sore-wa*   Koizumi-san-kara   desu.
          it-Top   Mr. Koizumi-from   is
          나. **sore-wa*   soitu-no   zyoosi-kara   desu.
          it-Top   the guy-Gen superior-from   is
          다. Koizumi-san-(kara)   desu.
          Mr. Koizumi-from   is
          라. soitu-no   zyoosi-*(kara) desu.
          the guy-Gen   superior-from is

   주어 대명사가 실현되면 위 (iB나)에서처럼 전칭대명사 *minna* 'everyone'에 결속된
   변항 해석이 허용되지 않는다. 또한 결속 변항 해석을 위해서는 (iB라)에서처럼 후치
   사의 실현이 의무적이어야 한다고 하였다. 위 (i)의 논의를 한국어 수문문에 적용하
   면 (ii)의 예문과 같다.

   (ii) 가. 모든 사람이 누군가로부터 선물을 받았다고 하는데, (??그게) 그의 엄마로부
       터라고 생각한다.
       나. 모든 사람이 누군가로부터 선물을 받았다고 하는데, 그의 엄마*(로부터)라
       고 생각한다.

   결속 변항 해석으로는 (ii가)와 같이 주어 대명사 '그게'가 실현되는 것은 문법성이
   떨어진다. 또한 (ii나)에서와 같이 후치사가 반드시 실현되어야 한다. 주어 대명사
   '그게'의 외현적인 실현 여부에 따른 여러 통사적인 양상과 그 구조에 대한 자세한
   논의는 이 글의 범위를 훨씬 벗어난다. 후일의 연구과제로 남겨둔다.

10) Kim(1997)에 따르면 한국어 초점구 FocP는 TP 상위에 투사된다. '누구에게'가 초점
    성분임을 감안한다면, TP 위에 FocP를 설정하여 '누구에게'가 FocP의 지정어 위치

영 대용형식으로 실현된 TP의 내용은 LF 층위에서 선행절의 TP를 복사함으로써 그 의미가 복원된다. 위 (21)의 구조에서 TP의 LF 표상은 아래 (22)와 같이 나타낼 수 있다.

(22) LF: 가. [TP 누구에게 [TP 철수가 선물을 주었다]]

나. [TP 누구에게 [TP 철수가 누구에게 선물을 주었다]]

(22가)의 논리형식이 완전하게 해석되기 위해서는 잔여성분 '누구에게'가 부가된 TP 내부의 적절한 통사적 위치에 생성되는 과정이 필요하다(Chung et al. 1995, 2010, 일종의 내부 병합(internal merge)). 잔여성분 '누구에게'는 TP 내부의 부사어 위치에 그 복사체가 생성되어, 완전한 논리형식 해석을 받게 된다. 이러한 사슬은 통사이동 제약인 국지성 (locality) 조건의 제약을 받게 된다.

요컨대, 이 글에서는 한국어 수문문의 기저구조로 '-은 것이다' 구문, 즉 '이다'가 CP와 병합된 구조를 제시하였다. CP 하위에 내포된 영 대용형식 TP는 LF에서 선행하는 TP의 복사를 통하여 복원되는 LF-복사 접근 방식을 채택하였다. 그러면 이러한 분석이 앞 3절에서 논의한 분열문 분석의 문제점을 어떻게 극복할 수 있는지 검토해 보기로 한다.

4.3. 설명: 분열문 분석의 문제점 극복

4.3.1. 잔여성분의 격조사 실현
앞 3절에서 분열문 분석에 있어서 문제점의 하나로 잔여성분의 격

를 차지한다고 볼 수도 있을 것이다.

조사 실현 양상에 대하여 논의하였다. 즉 (23가)의 분열문에서는 가령 여격 실현이 수의적인데, 상관어가 외현적으로 실현되는 (23나)의 경우는 동일하게 여격 실현이 수의적이지만, 상관어가 내재적인 (23다)의 경우는 여격 실현이 필수적이라는 것이다. (23다)의 기저구조를 분열문 (23가)라고 한다면, 이는 설명되지 않는다.

(23) 가. 철수가 반지를 준 것은 영희(에게)이다.

　　　나. 철수가 <u>누구에게</u> 반지를 주었다는데, 나는 영희(에게)인지 궁금하다.

　　　다. 철수가 반지를 주었다는데, 나는 영희*(에게)인지 궁금하다.

(23다)의 상관어가 내재적으로 존재하는 수문문의 기저구조를 이 글에서 제시된 분석에 따라 나타내면 아래 (24)와 같다.

(24) 나는 [$_{CP}$ [$_{TP}$ 영희*(에게)$_i$ [$_{TP}$ 철수가 반지를 t_i 준-]]것]인지 궁금하다.

위 (24)의 구조에서 잔여성분에 해당 격조사가 실현되지 않는다면 부가된 TP 내부에서의 통사적 위치를 규정할 수 없어 완전한 해석을 보장받을 수 없게 될 것이다. 이는 LF-층위에서의 완전해석 원리를 위배하게 되고, 따라서 문장의 비문법성을 초래하게 되는 것이다.

　다음으로 상관어가 외현적으로 실현되는 (23나)의 경우를 살펴보도록 한다. 잔여성분에 격조사가 실현되지 않는 무격형 수문문은 대명사 pro를 주어로 하는 일반적인 계사구문의 구조가 개입된 것이다 (Hoji & Fukaya 1999; 손근원 2000; Saito 2007; Park 2009 등). 이때 주어 대명사 pro는 선행절에 외현적으로 실현된 상관어를 지시하여, 잔여성분과 함께 주술관계를 이루는 전형적인 계사구문으로 분석된다. 선행절에 외현적인 상관어의 실현은 pro가 지시하는 선행사의 탐색을 용이

하게 하는 것이다(옥성수·김수연 2012).

(25) 가. 선행절   ∃x [person(x) & gave(Ch, ring, to x)]
　　　나. 후행절: 나는 [$_{CP}$ [$_{SC}$ pro 영희] 인지] 궁금하다.

위 (25나)에서 주어 대명사 pro는 외현적으로 실현된 선행절의 상관
어에 해당하는 성분을 지시하여 '그 사람' 정도의 의미를 갖는 것으로
해석된다. 이때 '영희'에 격조사는 실현되지 않는다.

한편 잔여성분에 격조사가 실현되는 (23나)의 수문문은 그 기저구
조를 (24)의 경우와 마찬가지로 '-은 것이다' 구문으로 분석한다. 이
글은 상관어인 비한정적 명사구를 일종의 일반양화사(generalized
quantifier)로 취급한다. 이는 술어와 논항 결합에 있어서 유형부조화
(type-mismatch)의 문제를 극복하기 위해 LF에서 양화사 인상(quantifier
raising) 이동을 경험하는(Heim & Krazter 1998) 것으로 분석한다(Johnson
2008).[11] 이동 이후 남은 선행절 TP는 수문문의 영 대용형식 TP의 복
원을 위해 LF에서 복사된다.

---

11) Johnson(2008)은 유사공백화 구문을 분석하고, 양화사 인상이 생략 과정을 급여할
    (feed) 수 있다고 주장하였다.
    (i) Carrie will eat kale on Tuesday, but she won't asparagus.
    　　　　　　　　　　　　　　　　　　　　　-Johnson(2008: 69)
    위 예문 (i)에서 선행절에서 kale은 양화사 인상을 경험한다. 결과로 남은 선행절의
    동사구는 후행절의 동사구와 그 구조가 동일하게 된다. 이러한 동일성 조건에 의하
    여 후행절 동사구가 삭제되는 것이다. 이러한 생략의 양화사 인상 분석은 아래 (ii)의
    한정절, 비한정절을 내포하는 문장의 대조에서도 검증될 수 있다.
    (ii) 가. *Will might decide that Carrie should eat kale, but he won't asparagus.
    　　　나. Will might want to eat kale, but he won't asparagus.
    　　　　　　　　　　　　　　　　　　　　　-Johnson(2008: 71)
    (ii가)의 한정절을 내포하는 경우 양화사 인상의 절한계 제약에 의하여 kale이 내포절
    을 넘어 인상될 수 없으므로 생략이 불가능하지만, (ii나)의 비한정절의 경우는 가능
    하다는 것이다.

(26) 가. 선행절: [TP 누구에게ᵢ [TP 철수가 tᵢ 반지를 주었-]]

    나. 후행절: 나는 [CP [TP 영희에게ᵢ [TP 철수가 tᵢ 반지를 주었-]] 것]
    인지 궁금하다

(26가)에서 여격의 비한정적 대명사는 변항을 남기고 양화사 인상을
겪는다. 남은 TP는 후행절 복원에 복사되어 (26나)의 LF 구조를 산출
한다. TP 내의 변항(variable)은 잔여성분 선행사에 의하여 결속된다.

  선행절에 비한정적 대명사로 실현되는 상관어를 일종의 일반양화
사로 처리하는 이 장의 분석은 비한정적 상관어가 영향권 중의성을
보이는 현상에 의하여 그 타당성이 증명될 수 있다. 아래 예문 (27)에
서와 같이, 비한정적 상관어가 주어로 쓰인 전칭양화사와 함께 출현
하는 경우에 가능한 (27가)와 (27나)의 수문문의 존재는 이들 비한정
적 상관어가 양화사로 해석되고 있음을 보여준다.

  (27) 가. 모든 사람이ᵢ 누군가에게 사랑받고 있는데, 너는 그의ᵢ 엄마에게
      라고 생각하니?

      나. 모든 사람이 누군가에게 사랑받고 있는데, 너는 영희에게라고 생
      각하니?

(27가)의 결속 변항 해석은 선행절과 후행절의 영향권 평행성 조건
(scope parallelism)(Fox 2000)에 의하여 비한정적 상관어가 전칭양화사에
비해 좁은 영향권을 가져야만 도출되는 해석이다. 반면 (27나)에서처
럼 비한정적 상관어가 특정적으로 해석되는 경우는 선행절의 비한정
적 상관어가 전칭양화사 주어에 비해 넓은 영향권을 가져야 한다. 다
시 말하면 비한정적 상관어가 전칭양화사를 뛰어넘는 양화사 이동을
경험하여 더 넓은 영향권을 취하여야 하는 것이다. 이렇게 비한정적

상관어가 다른 양화사와 보이는 영향권 상호작용 현상은 비한정적 상관어의 일반양화사 처리를 지지하는 것이라고 볼 수 있다.

4.3.2. 섬제약 효과

다음으로 수문문의 섬제약 효과에 대하여 논의하기로 한다. 상관어가 선행절에 외현적으로 실현되는 경우 (28나)에서처럼 섬 효과가 나타나지 않는다. 반면 외현적인 상관어가 존재하지 않는 (28다)의 경우는 섬 효과가 나타난다. 만약 (28나)가 분열문인 (28가)의 기저구조를 가지고 있다고 한다면, 이렇게 섬 효과가 나타나지 않는 현상은 설명할 수 없으므로, 분열문 분석에 문제를 제기한다는 것이다.

(28) 가. *선생님이 [수업 중에 편지를 쓰고 있던 학생]을 혼낸 것은 영희에게이다.

　　 나. 선생님이 [수업 중에 누군가에게 편지를 쓰고 있던 학생]을 혼냈다고 하는데, 너는 누구(에게)인지 알고 있니?

　　 다. *선생님이 [수업 중에 편지를 쓰고 있던 학생]을 혼냈다고 하는데, 너는 누구(에게)인지 알고 있니?

이 글의 '-은 것이다' 구문의 분석에 따라, 연관어가 외현적으로 실현되지 않은 수문문 (28다)의 후행절 LF구조를 나타내면 아래 (29)와 같다. 잔여성분 '누구에게'를 포함하는 후행절은 선행절 TP를 복사함으로써 그 해석이 복원된다.

(29) *[$_{CP}$ [$_{TP}$ 누구(에게)]$_i$ [$_{TP}$ 선생님이 [$_{Island}$ 수업 중에 t_i 편지를 쓰고 있던 학생]을 혼내었-]] 것]인지 알고 있니?

위 (29)의 구조에서, 잔여성분과 섬 환경 내부에 있는 그것의 복사체와의 사슬은 섬제약을 준수하지 않는다. 따라서 이러한 수문문은 비문법적인 문장이 되는 것이다.

한편 선행절에 상관어가 외현적으로 실현되는 (28나)의 경우는 (28다)의 경우와는 대조적으로 섬제약 복구 현상을 보인다. 이는 잔여성분에 격조사가 결합되지 않은 무격형 수문문이나 격조사가 결합된 격형 수문문 모두 동일한 것으로 보인다. 무격형 수문문의 경우 위 4.3.에서 논의한 것처럼, 주어 대명사 pro가 비한정적 대명사 상관어를 그 선행사로 규정하는 전형적인 계사구문으로 분석된다. 이러한 무격형 수문문은 애초에 섬 환경을 결부하지 않으므로 문법성에 문제가 발생하지 않는 것이다.

이러한 섬제약 복구 효과는 격형 수문문의 경우에도 마찬가지이다. 이는 상관어가 외현적으로 실현되는 수문문 유형은 그렇지 않은 유형과는 생략의 복구 방식에 있어서 차이가 있음을 보여주는 것이다. 이 글은 선행절의 상관어를 양화사로 간주하는 위 4.3.의 접근 방식으로 이 문제에 접하고자 한다. 양화사 인상의 절-한계적(clause-boundedness) 속성에 의거한다면, (28다)의 비한정적 상관어구가 내포된 선행절은 아래 (30가)의 LF 구조를 갖는 것으로 표상된다. (30가)의 해당 섬 내부 TP 구조가 후행절에 선택적으로 복사되어 아래 (30나)의 수문문 구조를 도출해낸다.

(30) 가. [$_{TP}$ 누군가에게   [$_{TP}$ 수업 중에 t$_i$ 편지를 쓰고 있더-]]
    나. [$_{CP}$ [$_{TP}$ 누구에게 [$_{TP}$ 수업 중에 t$_i$ 편지를 쓰고 있더-]] 것]
        인지 알고 있니?

(30나)는 섬 환경을 결부하지 않는다. 따라서 문법적인 문장이 된다.

이러한 양화사 인상 분석은 섬을 결부하는 환경보다 더 제약적으로, 선행절이 한정적(finite)인 내포절을 갖는 경우 양화사의 절-한계적 속성에 의하여 그 절 밖으로 인상될 수 없는 LF 구조를 가질 것을 예측한다. 아래 (31가)는 선행절이 한정적 절을 내포하는 경우의 수문문을 예시한다. 이에 해당하는 분열문 구조는 (31나)의 예문처럼 비문법적이다.

(31) 가. 어머니는 [철수가 누군가에게 선물을 줄 것]을 결정했다는데, 나는 누구에게인지 궁금하다.

　　나. *어머니가 철수가 선물을 줄 것을 결정한 것은 영희에게이다.

수문문에 대한 분열문 분석 (31나)와는 달리 (31가)는 문법적인데, 이의 LF 구조는 아래 (32)와 같이 나타낼 수 있다.

(32) 가. 선행절: [$_{CP}$ [$_{TP}$ 누군가에게 [$_{TP}$ 철수가 t_i 선물을 줄] 것]을 결정했다는데,

　　나. 후행절: [$_{CP}$ [$_{TP}$ 누구에게　[$_{TP}$ 철수가 t_i 선물을 줄-]] 것]인지 궁금하다.

즉, 수문문 (31가)의 복원되는 부분은 선행절 전체가 아닌 선행절의 한정적 내포절에 해당하는 것이다.

　요컨대, 상관어가 가시적으로 실현되는 수문문에 나타나는, 섬제약 복구 효과처럼 보이는 현상은 상관어의 양화사 인상 절차와 연이은 섬 환경 내부 TP의 LF-복사 과정에 의하여 섬 환경을 결부하지 않는 수문문 구조가 도출되기 때문에 초래되는 결과로 분석하였다. 상관어가 외현적으로 실현되지 않는 수문문과는 섬제약 효과에 있어서 대조적인 현상을 보이는데, 이는 가시적인 상관어의 존재가 생략된 부분

의 선행 성분 TP를 섬 환경 내부로 조정하는 것과 같은 효과를 가지고 있기 때문이다. 이 글은 비한정적 대명사로 나타나는 상관어를 일종의 일반양화사로 간주하여 그것의 절 한계적 속성에 의거, LF에서 복사되는 선행절의 TP는 섬 환경을 포함하지 않는 구조를 가지고 있는 것으로 분석하였다. 반면 상관어가 내재적으로 존재하는 수문문 유형은 이러한 책략이 운용되지 못하기 때문에, 잔여성분의 해석을 복원하기 위해서는 전체 선행절의 TP를 복사하여야 한다. 잔여성분과 내재적 상관어의 사슬은 섬제약을 어기기 때문에 문장의 비문법성이 초래되는 것이다.

이상의 논의에서는 분열문 분석에 대안적으로 제시된 이 글의 '-은 것이다' 구문 분석이 3절에서 논의한 분열문 분석의 문제점을 어떻게 극복할 수 있는지 검토하였다. 그 문제점의 하나로, 선행절에 상관어가 내재적으로 실현되는 경우 잔여성분에 격조사 실현이 분열문에서와는 달리 의무적으로 실현되어야 하는 사실에 대하여, 이 글에서는 잔여성분에 격조사가 실현되지 않는다면 LF의 완전해석 원리에 문제가 발생하기 때문인 것으로 설명하였다. 두 번째 문제점은 외현적인 상관어가 실현되는 경우 분열문에서와는 달리 섬 효과가 복구되는 현상이다. 이 글은 비한정적 상관어의 양화사 인상 분석을 기반으로, 외현적인 상관어의 출현은 섬 환경 내부의 TP를 선택하여 복사하게 하는 효과를 가지므로, 결과적으로는 섬 환경을 결부하지 않는 적법한 수문문 구조가 도출되는 것이라고 하였다.

5. 분열문 분석의 다른 문제점

5.1. 잔여성분이 둘 이상 실현된 수문문

한국어에는 잔여성분이 둘 이상 실현되는 수문문이 존재한다. 아래 (33가)에서는 다중적 잔여성분(multiple remnants)이 실현되고 있는데, 만약 이러한 수문문이 (33나)의 분열문 기저구조를 가지고 있다고 한다면, 한국어 분열문은 이러한 구조를 허용하지 않으므로 이러한 유형의 수문문을 설명할 수 없게 된다(Takahashi 1994; Park 2007; Kim 2013). 요컨대 분열문 분석은 대응하는 분열문 구성이 존재하지 않는 유형의 수문문에 대해 설명할 수 없다는 문제점이 있다.

(33) 가. 철수가 (누군가에게 어디에서) 반지를 주었다는데, 나는 [누구에게 어디에서]인지 궁금하다.

나. *??철수가 반지를 준 건 [영희에게 카페에서]이다.

(33나)가 예시하는 것처럼, 한국어 분열문은 '이다' 앞에 다중적인 초점성분을 허용하지 않는다. 반면, (33가)의 한국어 수문문은 '이다' 앞에 다중적인 잔여성분을 허용한다. 만약 (33가)의 수문문이 (33나)의 분열문에서 도출된 것이라고 한다면 이러한 대조적인 차이를 설명할 수 없게 된다.

그러나 이 글은 분열문 분석과는 대조적으로, 한국어 수문문이 '-은 것이다' 구문의 기저구조를 가진 것으로 분석함으로써 다중적 잔여성분 실현에 대한 설명을 가능하게 한다. 수문문 (33가)의 LF 구조는 아래 (34)와 같이 나타낼 수 있다.

(34) [$_{CP}$ [$_{TP}$ 누구에게$_i$ [$_{TP}$ 어디에서$_j$ [$_{TP}$ 철수가 t_i t_j 반지를 주었-]]] 것]인 지 궁금하다.

논리형식부에서 TP에 부가된 잔여성분들은 TP의 절적 구조 속으로 재구되어(Saito 1992) 타당한 의미 해석을 받게 된다.

5.2. 분열될 수 없는 잔여성분 수문문

비교부사어, 이차술어 성분은 분열문의 초점성분으로 출현하지 못 한다. 이는 아래 (35)에 예시된다. 반면 아래 (36)의 예문에서처럼, 잔 여성분이 비교부사어, 이차술어인 수문문은 가능하다(Kim 2013). 이는 분열문 분석에 또 다른 문제점을 야기한다.

(35) 가. *철수가 큰 것은 영희보다이다.
    나. *철수가 보인 것은 천재로이다.
(36) 가. 철수가 누구보다는 크다는데, 영희보다니?
    나. 철수가 무언가로 보이기는 한다는데, 나는 천재로라고는 생각하 지 않는다.

분열문 분석은 대응하는 분열문이 존재하지 않는 (36)의 수문문에 대 하여 설명할 수 없다.

그렇다면 이 글이 제시한 분석의 관점에서 살펴보기로 한다. 비한정 적 상관어가 양화사 인상을 겪는다고 하면, 위 (36)의 선행절 구조는 아래 (37)과 같이 나타낼 수 있다. (36가)의 형용사 술어에 대하여, 이 글은 DegP는 AP의 지정어이며(Heim 2000; Bhatt & Pancheva 2004), DegP 를 구성하는 '보다' 후치사구가 양화사 인상을 겪는 것으로 분석한다.

(37) 가. [TP 누구보다ᵢ [TP 철수가 [AP tᵢ [AP [DegP tᵢ] 크다]]]

나. [TP 무언가로ᵢ [TP 철수가 [AdvP tᵢ] 보이다]]

해당 TP가 LF에서 복사된 후행절의 구조를 나타내면 아래 (38)과
같다.

(38) 가. [CP 영희보다ᵢ [TP 철수가 [AP tᵢ [AP [DegP tᵢ] 크-]]] 것]이니?

나. [CP 천재로ᵢ [TP 철수가 [AdvP tᵢ] 보이-] 것]이라고는 생각하지
않는다.

위 (38)에서 잔여성분은 TP 내부의 변항을 결속함으로써 그 의미해석
이 이루어진다. 요컨대 이 글은 대응하는 분열문이 존재하지 않는 위
(36)의 수문문에 대하여, 수문문의 기저구조를 분열문이 아니라 '-은
것이다' 구문으로 설정함으로써 분열문 분석의 문제점을 피해갈 수
있었다.

6. 결론

이 장에서는 한국어 수문문의 삭제 분석에 대안적으로 제시된 분
열문 분석의 문제점을 검토하였다. 그리고 분열문 분석에 대한 대안
적 분석을 제시하였다. 분열문 분석은 외현적인 상관어의 실현 여부
에 따른 잔여성분의 격조사 실현과 섬제약 양상에 대하여 사실과는
합치되지 않는 예측을 도출하였다. 이 장은 수문문의 기저구조로 분
열문 대신 '-은 것이다' 구문을 제시하고 생략에 대한 LF-복사 접근
방식을 기반으로, 분열문 분석에 문제가 되는 현상들을 설명하였다.

선행절에 상관어가 내재적으로 실현되는 경우 수문문의 복구는 선행절 전체 TP의 복사를 통하여 이루어진다. 이때 잔여성분의 해석은 엄격한 국지성 조건의 제약을 받게 된다. 한편 선행절에 비한정적 상관어가 외현적으로 출현하는 경우는 다른 통사 양상을 보이는데, 이 글은 비한정대명사로 실현되는 상관어를 일반양화사로 간주하여, 외현적 상관어의 출현은 섬 환경 내부의 선행절 TP를 선택적으로 복사하게 하는 효과를 가지는 것으로 분석하였다. 그리하여 섬 효과가 복구되는 것과 같은 효과를 보인다고 하였다. 이러한 이 장에서의 분석은 분열문 분석의 또 다른 문제점, 즉 잔여성분이 둘 이상 실현된 수문문에 대해서도, 또한 분열될 수 없는 잔여성분의 수문문에 대해서도 직접적인 설명을 제공해 줄 수 있었다.

한편 이 장에서는 한국어 수문문에 대하여 외현적인 상관어의 실현 여부에 따른 통사론적 양상과 그 분석 방법에 초점을 두어 논의하였다. 대명사 주어 '그게'의 외현적인 실현 여부에 따른 통사론적 양상과 그 통사구조에 대하여는 논의의 범위에서 제외하였다. 대명사 주어 '그게'의 외현적인 실현은 수문문의 통사, 의미론적 양상에 영향을 끼치는 것으로 보인다(S-W, Kim 2012: 각주 9).

(39) 가. 존은 자기가 왜 혼났는지 알고 있지만, 메리는 왜인지 알지 못한다.   (✓느슨한(sloppy) 해석, ?✓엄밀(strict) 해석)
　　 나. 존은 자기가 왜 혼났는지 알고 있지만, 메리는 그게 왜인지 알지 못한다.   (*느슨한 해석, ✓엄밀 해석)

즉 (39나)에서처럼 대명사 주어 '그게'가 외현적으로 실현되었을 경우에는 '메리는 메리 자신이 왜 혼났는지 알지 못한다'는 느슨한 해석이 허용되지 않고, '존이 왜 혼났는지 모른다'는 엄밀 해석만이 가능한 것으로 보인다. 이는 (39가)와 같이 '그게'가 외현적으로 나타나지 않는 경우와는 대조적이다. 이렇게 외현적 대명사 주어가 실현된 수문문과 그렇지 않은 수문문 유형의 통사론적 양상과 그 통사구조에 있어서의 차이에 대하여는 후일의 연구로 남겨두기로 한다.

△▼ 참고문헌 ▼△

박소영(2014a), 「한국어 분열문의 통사구조와 생략이론」, 『언어학』 68, 35-57.

박소영(2014b), 「'이다'와 한국어 초점구문에 대하여」, 『국어학』 71, 3-32.

손근원(2000), 「계사구문에 대한 비수문, 비분열 접근법」, 『생성문법연구』 10, 267-293.

옥성수·김수연(2012), 「비이동 관점에서의 한국어 수문 유형 구문 재분석」, 『언어과학』 19, 155-180.

Bhatt, R. & R. Pancheva (2004). "Late Merger of Degree Clauses", *Linguistic Inquiry* 35, 1-45.

Chung, S., W. Ladusaw, & J. McCloskey (1995), "Sluicing and Logical Form", *Natural Language Semantics* 3, 239-282.

Chung, S., W. Ladusaw, & J. McCloskey (2010), "Sluicing(:) Between Structure and Inference", In Mikkelsen, L., E. Potsdam, & R. Gutierrez-Bravo (eds.), *Representing Language: Essays in Honor of Judith Aissen*, Santa Cruz: Linguistic Research Center Publications.

Fiengo, R. & R. May (1994), *Indices and Identity*, Cambridge: MIT Press.

Fox, D. (2000), *Economy and Semantic Interpretation*, Cambridge: MIT Press.

Fox, D. & H. Lasnik (2003), "Successive Cyclic Movement and Island Repair", *Linguistic Inquiry* 34, 143-154.

Fukaya, T. (2012), "Island-sensitivity in Japanese Sluicing and Some Implications", in J. Merchant & A. Simpson (eds.), *Sluicing: Cross-Linguistic Perspectives*, Oxford: Oxford University Press, 123-163.

Heim, I., A. Kratzer (1998), *Semantics in Generative Grammar*, Blackwell.

Heim, I. (2000), "Degree Operators and Scope", In B. Jackson & T. Matthews (eds.), *Proceedings of SALT* 10, 40-64.

Hiraiwa, K. & S. Ishihara (2002), "Missing Links: Clefts, Sluicing and "no da" Construction in Japanese", *MITWPL* 43, 35-54.

Hoji, H. & T. Fukaya (1999), "Island (In)sensitivity in Japanese Sluicing and Stripping and Some Implications", *WCCFL Proceedings* 22, 179-192.

Jo, Jung-Min (2007), "Sluicing? It's Just One of Copular Constructions", *The Linguistic Association of Korea Journal* 15, 209-238.

Johnson, K. (2008), "The View of QR from Ellipsis", in Johnson, K. (ed.), *Topics in Ellipsis*, Cambridge University Press, 69-94.

Kang, Bo-Sook (2006), "Some Peculiarities of Korean kes Cleft Constructions", *Studia Linguistica* 60, 251-281.

Kim, Jeong-Seok (1997), "Syntactic Focus Movement and Ellipsis", Ph. D. dissertation. UConn.

Kim, Ji-Eun (2012), "What Sluicing Comes from in Korean is Pseudo-Cleft", *Korean Journal of Linguistics* 37, 69-106.

Kim, Jong-Bok (2013), "The Korean Sluicing - As a Family of Constructions", *Studies in Generative Grammar* 23, 103-130.

Kim, Soo-Yeon & S. Kuno (2012), "A Note on Sluicing with Implicit Indefinite Correlates", *Natural Language Semantics* 21, 315-332.

Kim, Soowon (1999), "Sloppy/Strict Identity, Empty Objects, and NP Ellipsis", *Journal of East Asian Linguistics* 8, 255-284.

Kim, Sun-Woong (2012), "A Predicate Inversion Analysis of Kukes in Korean "Sluicing"", *Linguistic Research* 29, 217-233.

Lee, Jeong-Shik (2012), "Resurrecting Sluicing from Clefting", *Studies in*

Generative Grammar 22, 359-390.

Merchant, J. (2001), *The Syntax of Silence*, Oxford: Oxford University Press.

Merchant, J. (2004), "Fragment and Ellipsis", *Linguistics and Philosophy* 27, 661-738.

Merchant, J. (2008), "Variable Island Repair under Ellipsis", in Kyle Johnson (ed.), *Topics in Ellipsis*, Cambridge: Cambridge University Press, 132-153.

Nakao, C. & M. Yoshida (2005), "Japanese Sluicing as a Specificational Pseudo-cleft", Ms. University of Maryland, College Park.

Nishigauchi, T. (2006), "Short Answers as Focus", *Theoretical and Applied Linguistics at Kobe Shoin* 9, 73-94.

Nishiyama, K., J. Whitman, & Eun-Young Yi (1996), "Syntactic Movement of Overt wh-Phrases in Japanese and Korean", *Japanese/Korean Linguistics* 5, Stanford: CSLI., 337-351.

Park, Bum-Sik (2007), "Deriving Multiple Sluicing in Korean", *Studies in Generative Grammar* 17, 515-533.

Park, Myung-Kwan (1998), "Sluicing in English and Korean", A handout presented at the Linguistic Society of Korea Winter Workshop.

Park, Myung-Kwan (2001), "Subject-less Clefts in Korean: Towards a Deletion Analysis", *Language Research* 37, 715-739.

Park, Myung-Kwan (2009), "Three Notes on Subjectless Clefts in Korean", *Language and Information* 10, 175-214.

Park, Myung-Kwan (2012), "Left Branch Extraction in Fragment and Truncated Cleft Construction in Korean", *Studies in Generative Grammar* 22, 219-233.

Park, Myung-Kwan (2014), "The Syntax of 'Sluicing/Fragmenting' in

Korean", *Linguistic Research* 31, 103-133.

Ross, J. (1969), "Guess Who?", *Proceedings of the Fifth Regional Meeting of the Chicago Linguistics Society*, 252-286.

Saito, M. (1992), "Long Distance Scrambling in Japanese", *Journal of East Asian Linguistics* 1, 69-118.

Saito, M. (2007), "Notes on East Asian Argument Ellipsis", *Language Research* 43, 203-227.

Takahashi, D. (1994), "Sluicing in Japanese", *Journal of East Asian Linguistics* 3, 241-265.

4. 계사구문에 대한 비수문, 비분열 접근법

손근원

4장에서 손근원은 영어의 수문구문(sluicing construction)과 유사한 한국어의 계사구문(편의상 수문구문이라 칭함)을 다루면서 이 구문이 영어의 수문구문과 같은 성격을 지니고 있는지 아니면 다른 성질을 지닌 구문인지 밝혀내려는 시도를 하고 있다. 한국어의 수문구문에 대해서는 두 종류의 분석이 제시된 바 있는데 그 하나는 영어의 수문구문에 대한 삭제 분석과 같은 선상에 있는 초점이동 분석이며 두 번째가 일본어에서 제안된 바와 같은 맥락의 분열구문 분석이다. 분열구문을 주장하는 학자들에 의해 잘 지적되었듯이 이 한국어의 수문구문에는 분열구문의 주요한 지표인 술어 - 이가 나타나고 지정어-핵 일치를 통한 초점구 인가가 일어날 수 없는 상황에서도 구문이 허락되는 점 등 영어 수문구문과 차별화되는 행동들이 많이 관찰되기 때문에 이 구문을 영어의 수문구문과 다른 구문으로 분석하는 것은 타당하게 보인다. 그러나 더불어 손근원은 이 한국어 수문구문이 분열구문과도 구별되는 특징을 지님을 관찰하여 보고하고 있다. 즉 분열구문의 초점 자리에 나타날 수 있는 요소와 이 구문의 해당 위치에 나타나는 요소 사이에는 다양한 차이가 존재한다. 우선 후치사의 보존 여부에 차이가 있고, 또 오로지 수문구문에서만 초점 자리에 수량 양화사와 신체 일부, 이차술어 등이 허락된다는 것, 그리고 복수초점구가 후자에서만 허용되는 것 등에 주목할 필요가 있다. 이에 손근원은 이 구문을 일반적인 분열구문이 아니라 보다 상위의 계사구문으로 분석하고 관찰된 모든 성질들은 주어 자리에 있는 보이지 않는 대명사(영 대명사, pro)의 특성에 기인하는 것으로 설명하고 있다. 이 영 대명사는 *그게//그것이*의 비가시적인 대응구로서 자유로이 그 지시대상을 택할 수 있기 때문에 분열구문보다 더 다양한 환경에서 사용될 수 있게 되는 것이다.

1. 한국어의 수문구문?

영어에는 소위 수문구문(水門構文, sluicing construction)이라는 것이 있는데 이는 다음에 제시되는 구문에 잘 나타나 있다. 아래 (1a)의 예문에서 뒷 절의 *I don't know* 뒤에는 의문사 *who*밖에 없으나 실상 이 문장은 (1b)에 주어진 문장과 동일한 해석을 지닌다.

(1) a. Someone stole the diamond ring, but I don't know who

     b. Someone stole the diamond ring, but I don't know who *stole the diamond ring*.

이 때문에 학자들은 (1a)의 문장이 (1b) 문장에서 이탤릭체로 쓰인 부분을 삭제함으로써 생성된다고 주장해 왔다(Ross 1969 등).1) 보다 정확

---

1) (1a)에 대해서, *I don't know who* 뒤에 영 동사구가 있다가 논리형태부에서의 복사를 통해 (1b)에 도달하게 된다는 논리형태부 복사 분석(LF copying analysis)도 가능하다. 이 장에서는 이 둘 중 어느 쪽을 택하든지 큰 문제가 일어나지 않으므로 삭제

히 말해서 (2)에 나타난 바와 같이 의문사구인 who는 CP의 지정어구 자리에 위치하고 있고 C에 있는 [+wh]자질과 이 의문사구 사이에 점검(checking)이 일어나면서 IP 이하의 요소들이 생략되는 것을 인가해 준다는 것이 학자들의 기본적인 입장이다(cf. Lobeck 1990, 1995).[2]

(2) Someone stole the diamond ring, but I don't know
    [$_{cp}$ Who$_i$ [$_C$ [+wh] [$_{IP}$ *t$_i$ stole the diamord ring.*]]

생략이 일어나는 데 있어 이러한 자질의 점검이 필수적이라는 것은 매입문이 that에 의해 선행될 때에는 수문구문이 허용되지 않는다는 점에서 확인할 수 있다.[3]

(3) a. Bill stole the diamond ring, but Mary doesn't know
       [$_{cp}$ that [$_{IP}$ he stole the diamond ring]].
    b. *Bill stole the diamond ring, but Mary doesn't know
       [$_{cp}$ that [$_{IP}$ e]]

흥미롭게도 (4)에서 보듯 한국어에도 영어의 수문구문과 유사한 구문

분석을 가정하고 논지를 전개하겠다. 삭제 분석과 복사 분석의 차이점, 그리고 어느 쪽이 수문구문 현상 전반의 설명에 더 적절한지에 대한 논의는 Chung, Ladusaw, & McClosky(1995) 등을 참조할 것.

2) 이때 어떻게 앞절의 *someone stole the diamond ring*과 뒤의 [$_{IP}$ *t$_i$ stole the diamond ring*]이 통일하다고 인식되는가가 문제가 될 것인데 이 문제는 CP 지정어 자리에 있는 *who* 가 실상 *wh + someone*으로 나눠질 수 있고(Chomsky 1964; Kuroda 1969), CP의 지정어 자리에는 이 의문자질이, 그리고 주어 자리에 있는 흔적 위치에는 *someone*이 있다고 가정하면 해결될 것이다.

3) 물론 (3b)의 문장이 올바른 문장으로 인식될 때도 있는데 이때는 *that*이 접속사가 아니라 지시사일 때이므로 현재 우리의 논의와는 아무런 상관이 없는 문장이다.

이 존재한다.

(4) 누군가가 그 다이아몬드 반지를 훔쳐갔다는데, (나는) 누군지 모르겠어.

만일 이 문장이 영어의 수문구문과 같은 종류의 문장이라면 영어에서
와 마찬가지로 이 문장도 삭제를 통해서 생겨난다고 해야 할 것이다.
즉 이 문장은 아래 (5)와 같은 형태로 출발했다가 동일성 조건하에서
음성형태부에서의 삭제를 통해 생성된다고 보아야 한다는 것이다.

(5) 누군가가 그 다이아몬드 반지를 훔쳐갔다는데, 나는 [누가 [그 다이아
     몬드 반지를 훔쳐갔는] 지] 모르겠어

실제로 J. Kim(1997)은 방법론상으로 약간 다르긴 하지만 (4)가 위와
같은 삭제과정을 통해서 생겨난다고 주장한다. 반면에 Nishiyama,
Whitman, & Yi(1996)나 박명관(1998) 등은 이것이 수문구문이 아니
라 분열구문(cleft construction)의 한 종류라고 주장한다. 이 글에서는
이 구문에 대한 두 상반된 입장들을 간략히 살펴 본 후에 새로운 증
거들을 토대로 어느 쪽 분석이 올바른지, 그리고 제3의 분석을 제안
할 필요성은 없는지를 살펴볼 것이다. 결론적으로 말해서 이 장은 이
구문이 수문구문이 아니라 영 대명사를 주어로 하는(또는 대명사 그것이
생략된) 계사구문임을 보임으로써 박명관(1998)이나 Nishiyama et
al.(1996)의 분석을 지지하게 될 것이나 또한 전에는 관찰되지 않았
던 일반 분열구문과의 차이를 논함으로써 이것이 분열구문과는 다른
단순계사구문임을 보일 것이다. 논의를 진행함에 있어 두 분석 중 어
느 한 쪽에도 치우치지 않도록 하기 위해 이 4장에서는 앞으로 이 구
문을 계사구문이라고 부르도록 하겠다. 이는 적어도 한국어의 해당구

문에서는 항상 계사(copular verb)인 be 동사에 해당하는 -이가 나타나기 때문이다.

2. 수문구문과 계사구문의 특성에 대하여

영어의 수문구문에는 몇 가지 특징들이 있는데 그 첫 번째는 이 구문이 성립하기 위해서는 부정어구(indefinite phrase)가 앞에 나오거나 아니면 명시되지 않은 요소(implicit element)가 존재하여야 한다는 점이다.

(6) a. John gave a book to *someone* but I don't know who.

  b. *John gave a book to *the man*, but I don't know who

(7) a. John met the man, but I don't know where

  b. John didn't attend the conference, but I don't know why

(6)의 예들에서 보이는 대조를 통해 앞에서 일단 한정구(definite phrase)가 나타나면 수문구문이 허용되지 않는다는 것을 알 수 있다. 또한 (7)은 앞 절에서 명시되지 않은 요소(implicit element)도 수문구문의 잔여성분(remnant)이 될 수 있음을 보여준다. 흥미롭게도 이러한 특정들은 한국어의 계사구문에서도 나타나는 듯하다.4)

---

4) 한 논평자는 부정구 제약이 다음 문장에서는 적용되지 않는다고 지적한다.

  (i) 나는 존이 메리에게 책을 주었다고 들었는데, 철수는 누구에게인지 모르고 있다.

위 문장은 약간 어색하긴 하나 비문법적인 것으로 보이지는 않는다. 본문의 문장과 이 문장과의 차이는 본문에서는 후반절의 주어가 1인칭으로서 이미 그 사람으로 지칭된 대상을 다시 모른다고 할 수 없다는 점이고 위 (i)에서는 철수가 존이 책을 준 대상을 모르는 것이 의미적으로 가능하기 때문이다. 따라서 이 계사구문와 수문

(8) a. 존이 누군가에게 책을 주었는데 누군지 모르겠어.

  b. *존이 그 사람에게 책을 주었는데 누군지 모르겠어.

(9) a. 존이 그 사람을 만났는데 어디에선지(는) 모르겠어.

  b. 존이 그 학회에 참석하지 않았는데 왜인지 모르겠어.

영어의 수문구문의 두 번째 특징은 소위 하위범주 제약(Subjacency)이나 공범주 원리(Empty Category Principle)의 적용을 받지 않거나 받더라도 아주 약화된 형태로만 제약이 나타난다는 것이다. 한국어에서도 어느 것이 잔여성분이 되는가에 따라 정도의 차이가 있지만 대체로 이러한 특징을 보이는 것 같다.

(10) a. Sally left after she received a phone call from somebody, but I don't know who.

  b. *Sally left after she received a phone call from somebody, but I don't know who *Sally left after she received a phone call from* ____.

(11) a. Sally said she heard a news that the D. A. charged a politician for bribery, but I can't remember which politician.

  b. *Sally said she heard a news that the D. A. charged a politician for bribery, but I can't remember which politician *Sally sad she heard a news that the D. A. charged* ____ *for bribery.*

(12) a. 샐리가 그녀의 동생이 누군가로부터 전화를 받은 뒤에 떠났는데, 나는 누군지 모르겠다.

구문의 유사성은 단지 표면적인 것이고 심층에서는 다른 성질을 지닌 구문일 가능성이 많다. 기실 이 장은 그 점을 논증하려고 한다.

b. *샐리가 누군가로부터 전화를 받은 뒤에 떠났는데, 나는 *누구로부터 샐리가 그녀의 동생이* _____ *전화를 받은 뒤에 떠났는지* 모르겠다.

(13) a. 샐리가 검찰이 어떤 정치가를 뇌물수수혐의로 기소했다는 뉴스를 들었다고 말했는데 어떤 정치가인지 기억이 나지 않는다.

b.?*샐리가 검찰이 어떤 정치가를 뇌물수수혐의로 기소했다는 뉴스를 들었다고 말했는데 어떤 정치가를 *샐리가 검사가* _____ *뇌물수수 혐의로 기소했다는 뉴스를 들었다고 말했는지* 기억이 나지 않는다.

위에서 각각의 (b) 예들은 생략이 일어나지 않은 상태의 문장들이며 이탤릭체의 작은 글씨들은 상응하는 (a)의 예문이 되기 위해서 생략이 되어야만 할 부분들이다. 이처럼 영어의 수문구문과 한국어의 계사구문은 섬제약 효과가 잘 드러나지 않는다는 점에서도 유사점을 보인다.

마지막으로 앞서 보았듯이 수문구문이 성립하려면 지정어-핵 일치가 동반되어야 하는데 한국어에서는 이것을 점검할 수가 없는 것으로 보인다. 왜냐하면 영어의 (3b)에 대응하는 한국어 문장 (14)가 영어와 마찬가지로 비문법적이긴 한데 그 이유가 반드시 지정어-핵 일치가 수반되지 않았기 때문이라고 할 수는 없기 때문이다. 한국어의 *-(이)고 /다* 같은 표현은 형태론적으로 볼 때 종속 형태소(bound morpheme)이기 때문에 명사구나 전치사구, 또는 술어 등에 부가되어야 하는데 (14)는 이 제약을 어기고 있으므로 반드시 지정어-핵 일치가 일어나지 않아서 비문법적이라고 할 수가 없다.5)

---

5) 하지만 뒤에서 우리는 지정어-핵 일치가 일어나지 않아도 생략이 가능한 경우를 보게 될 것이다. 이는 다시 말해서 (14)의 비문법성이 지정어-핵 일치가 일어나지 않아서 생긴 것이 아니라는 점을 뜻한다.

(14) *존이 빌을 사랑한다고 말했는데 나는 -(이)고/-인지 모른다.

다음 절에서는 지금까지 기술된 이 구문의 특성들에 대해 학자들이 어떤 분석을 제시하였는지 살펴보겠다.

3. 지금까지의 분석들

3.1. 수문구문 분석(Takahashi 1994)

Takahashi(1994)는 아래 (15)와 같은 예문을 들면서 일본어에도 수문구문이 존재한다는 주장을 편다. 즉, *nani-o*가 (16)에서 보이는 것처럼 이동을 통해 CP의 지정어 자리로 가고 그 아래의 IP 부분(작은 글씨로 나타낸 부분)이 생략됨으로써 (15)가 얻어진다는 것이다.

(15) Mary-ga nanika-o katta   rasii ga, boku-wa [nani-o   ka]
         Nom sth.-Acc bought likely but   I-top what-Acc Q

     wakaranai

     not-know

     'It is likely that Mary bought something, but I don't know what.'

(16) ... boku-wa [$_{cp}$ nani-o$_i$ [$_{IP}$ *Mary-ga t$_i$ knlla*] ka] wakaranai

이 주장을 증명하기 위해 Takahashi(1994)는 이 구문이 생략구문과 여러 가지 특성을 공유함을 보이는데 의문절이 아닌 일반 *that*-절에서는 이 구문이 허락되지 않는다는 것, 그리고 생략의 특성인 이완지시해석(sloppy identity reading)[6]이 가능하다는 점 등이 그가 제시하는 증거들이다.

(17) *Suzuki-wa kinoo Tanaka-ni   atta to   itteita ga, boku-wa
            Top yest.   with met that said   but, I -Top
      [cp [ip e] to] omowanai
              that not-think
      'Suzuki said that he saw Tanaka yesterday, but I don't think
      [cp that [ip e]].'

(18) John-wa [zibun-ga naze sikarareta ka] wakatteani ga, Mary-wa
          Top self-Nom why be-scolded Q not-know but Top
      [naze   ka] wakatteiru
       why   Q knows
      'John doesn't know why he was scolded but Mary knows why.'
      (엄격/이완지시해석 모두 가능)

Takahashi(1994)는 이들 구문이 (19)와 같은 분열구문일 가능성—즉,
대명사 주어와 계사가 생략된 형태—도 고려하나 계사구문에서는 이완
지시해석이 불가능하므로 이를 분열구문으로 볼 수 없다는 주장을 편다.

(19) John-wa   [zibun-ga naze sikarareta   ka] wakatteani ga,
          Top self-Nom why be scolded Q   not-know but
      Mary-wa [sore-ga   naze dearu ka] wakatteiru
      Top   it-Nom why be   Q knows

---

6) 합치된 한국어 번역을 찾지 못한 관계로 편의상 앞으로 sloppy identity reading은
   이완지시해석으로, 그리고 strict identity reading은 엄격지시해석으로 칭하겠다.

'John doesn't know why he was scolded but Mary knows *why it is.*'
(엄격지시해석만 가능)[7]

이상에서 우리는 Takahashi(1994)의 일본어 수문구문 분석을 살펴 보았는데 다음 절에서는 동일한 구문을 Nishiyama et al.(1996)이 어 떤 방식으로 분석하는지 살펴보겠다.

3.2. 분열문 분석(Nishiyama, Whitman, & Yi 1996)

Nishiyama et al.(1996)은 Takahashi(1994)와 달리 한국어와 일 본어에 수문구문이 없다는 입장을 취한다. 이들은 (15)와 같은 구문 도 수문구문이 아니라 pro를 주어로 하는 분열구문의 한 종류이며 다만 분열구문에서 계사가 생략된 상태라고 주장한다.[8] (20)이 바로 이들이 주장하는 (15)의 구조로서 Takahashi(1994)가 앞서 들었던 몇 가지 이유로 인해 채택하지 않았던 구조이다.

(20) Mary-ga nanika-o katta rasii ga, boku-wa [*pro* nani-o (dearu) ka]
wakaranai

이들은 우선 이완지시해석에 근거한 Takahashi(1994)의 증거가 완

---

7) 한국어에서 동일한 상황에서 중의성이 있는지에 대해서는 의견이 엇갈리는 것 같 다. 그러나 저자의 직관에 따르면 일본어의 경우처럼 이 경우에 이완지시해석을 얻기가 힘든 듯하다.

8) Takahashi(1994)는 이 계사가 나타나지 않고 영어와 마찬가지로 의문사와 의문접 속사만 나타나는 구문이 수문구문이고 계사가 나타나는 구문은 분열구문일 가능성 에 대해서 언급했는데 Nishiyama et al.(1996)은 이 구문까지도 계사가 생략된 분열 구문이라고 주장하고 있는 것이다.

전치 못함을 지적한다. 즉, (18)과 같은 예문에서는 이완지시해석이
가능하고 (19)는 그렇지 못하다는 점은 인정하나 실상 (19)에서
*sore-ga*만 제거하면 계사가 있더라도 이완지시해석이 가능해진다는
것이다. 따라서 이는 주어 자리에 *sore-ga*가 나타나는가 아니면 보이
지 않은 pro가 나타나는가의 차이일 뿐이지 수문구문과 분열구문을
가르는 기준은 될 수 없다는 것이 그들의 주장이다. 나아가 그들은 의
문사 이동 후에 지정어-핵 일치가 일어남으로써 생략이 인가된다는
Takahashi(1994)의 주장도 또한 잘못되었다고 주장한다. 그 근거는
바로 의문사가 아닌 것도 잔여성분이 될 수 있다는 사실에 있다. 다음
을 보도록 하자.

(21) Mary-wa dareka-o   soko-de dareka-ni syookaisita rasii ga,

      top someone there   someone introduced seem but

  dare-o   *soko-de*   *dare-ni*   ka wakaranai

  who-Acc there   who-Dat Q don't know

  'It seems that Mary introduced someone to someone there, but
  I don't know who, there, to whom.'

위 (21)에는 세 개의 잔여성분이 나와 있는데 그 중 *sokode*(there, 거기
에)는 의문사가 아니다. 만일 Takahashi(1994)의 주장처럼 CP의 지
정어 자리로의 의문사 이동이 생략을 인가해 준다면 왜 의문사가 아
닌 *sokode*가 CP의 지정어 자리로 가야 하는지에 대해서 설명하기가
힘들다는 것이 Nishiyama et al.(1996)의 주장인 것이다.

  이러한 Nishiyama et al.(1996)의 주장을 뒷받침해 주는 증거는 또
한 Kuwabara(1996)에서도 발견되는데 그의 관찰이 의미있는 것은
의문사가 없는데도 불구하고 문제의 구문이 가능하다는 사실을 처음

으로 발견했기 때문이다. 아래 (22)는 이 점을 잘 보여 준다.

(22) Taroo-wa [CP Naomi-ni   hanataba-o   ageta to] itteita ga,
            Top   Dat bouquet-Acc gave C   said   but

     Ziroo-wa [CP *hon-o*   *to*]   itteita
            Top   book-Acc that said

     'lit. Taroo said that he gave a bouquet to Naomi, but Ziroo said
     that a book.'

또한 반대로 Takahashi(1994)가 맞는다면 의문사가 나타나면 반드시 의문형태소인 ka와 같이 나와야 할 터인데 그렇지 않은 경우가 있음을 보임으로써 이것이 적어도 의문사 이동 후 생략이 일어난 영어의 수문구문과 동일하게 분석되기 힘들다는 것을 강력히 시사해 주고 있다.

(23) Taroo_i-wa [CP pro_i Hanako-ni   nanika-o ageta to] itteita ga,
            Top   Dat sth.-Acc gave C   said but

     boku-wa [Taroo-ga [CP   *nani-o*   *to*] itteita *ka*] oboeteinai
     I Top   Nom   what-Acc C said   Q not-remember

     'lit. Taroo said he gave something to Hanako, but I don't know
     Taroo said *that what.*'

위 문장에서 분명히 가장 심층의 매입문(즉 *[CP nani-o to]*)에서 생략이 일어났다고 보아야 함에도 불구하고 *nani-o*는 의문형태소인 *ka*와 같은 절에서 나타나는 것이 아니라 평서문의 보문자인 *to*와 같은 절에서 나타난다. 이는 다시 말해서 의문사 이동 이후 지정어-핵 일치를 통해 생략이 인가된다는 주장이 더 이상 유지될 수 없음을 뜻한다. 이러한 증거를 토대로 Kuwabara(1996)는 Nishiyama et al.(1996)과 같이 이것이 pro와 계사가 생략된 분열구문이라고 주장을 한다. 즉, 위 (22)와 (23)는 각각 다음의 형태를 지니고 있다는 것이다.

(22') ..., Ziroo-wa [CP *pro* hon-o (*da*) to] itteita

(23') ..., boku-wa [Taroo-ga [CP *pro* nani-o (*da*) to] itteita ka] oboeteinai

그렇다면 이러한 계사구문에 대해서 한국어에서는 어떠한 분석이 있어 왔는지 다음 절부터 살펴보기로 하자.

3.3. 초점이동 분석(J. Kim 1997)

J. Kim(1997)은 Takahashi(1994)와 마찬가지로 계사구문이 가시통사부에서 이동이 일어난 후 음성형태부에서의 삭제를 통해서 생성된다고 주장한다. J. Kim(1997)이 Takahashi(1994)와 다른 점은 Takahashi(1994)의 경우에는 의문사 이동을 가정하므로 지정어-핵 일치가 일어나는 구가 영어에서처럼 CP이지만 J. Kim(1997)에게 있어서는 초점이동을 가정하기 때문에 CP보다 아래 위치한 FocusP의 지정어 자리로 이동한 초점구와 핵이 일치를 보인다는 것이다, J. Kim(1997)에 따르면 (4)는 다음과 같은 과정을 통해 도출된다.

(4) 누군가가 그 다이아몬드 반지를 훔쳐갔다는데, 나는 누군지 모르겠어

(24) a. 출발구조

누군가가 그 다이아몬드 반지를 훔쳐갔다는데, 나는 [CP [FocP [TP [VP *누가 그 다이아몬드 반지를 훔쳐가*] 었] 는지] [+wh]] 모르겠어

b. 초점을 받은 '누가'의 FocP 지정어 자리로의 이동

나는 [CP [FocP *누가* [TP [VP ___ *그 다이아몬드 반지를 훔쳐가*] 었]
는지]] [+wh]] 모르겠어

c. 동일성 조건하에서의 삭제(PF)

나는 [CP [FocP *누가* [TP [VP e] 었] 는지] [+wh]] 모르겠어9)

J. Kim(1997)에게 있어 특기할만한 점은 일반적으로 의문형태소로
분류되는 *지*가 초점자질을 가지고 초점어구의 핵 자리에 나타난다는
주장이다. 즉, 이 형태소가 초점어구의 지정어 자리로 간 *누가*와 지정
어-핵 일치를 겪게 되고 이를 통해서 음성형태부에서의 동사구 삭제
를 인허한다는 것이 그의 주장이다. 논리형태부에서는 *누가*가 CP의
지정어 자리로 이동하여 약 의문자질(weak [+wh]-feature)을 점검받게
된다. 그렇다면 계사인 *이*는 어떻게 나타나는 것일까? 계사 *이*가 처음
부터 어휘부에서 나타날 수 없다는 것은 다음 문장의 비문법성에서
잘 증명된다.

(25) *누군가가 다이아몬드를 훔쳐갔다는데, 누가 그 다이아몬드를 훔쳐
가*이*었는지 모르겠어.

이 문제점을 잘 인식하고 있던 J. Kim(1997)은 계사인 *이*가 동사구
삭제 후 비자립 형태소(bound morpheme)인 시제소가 혼자 남는 것을
방지하게 위해 삽입된다고 보았다. 즉, 영어의 *do*-삽입에 해당하는 *이*
-삽입이 일어난다는 것이다.

---

9) 한 논평자는 이 경우가 동사구 생략인지 IP 생략인지 아니면 둘 다 가능한지에
대해 질문을 제기하고 있는데 J. Kim(1997)에 충실하자면 *이*가 시제소를 살리기
위해 삽입되었으므로 IP 생략이라고 보기는 어려울 듯하다.

이 계사구문이 분열구문이라는 주장에 대한 반증으로 그가 드는 것은 일반 분열구문과 달리 이 구문에서는 다중 잔류어(multiple remnants)가 가능하다는 것이다. 다음의 예문을 보자.

(26) 존이 어제 무언가를 누군가에게 주었다는데, 무엇을 누구에게인지 모르겠어.

(27) a. 존이 어제 메리에게 책을 주었다.
     b. 존이 어제 메리에게 준 것은 책이다.
     c. *존이 어제 준 것은 메리에게 책이다.

(27c)는 분열구문에서는 하나 이상의 요소가 분열의 대상이 될 수 없다는 것을 보여준다. 이에 반해 계사구문에서는 복수의 요소가 나타날 수 있고 이것이 분열구문과 이 계사구문의 차이라고 해도 무방할 듯하다. J. Kim(1997)은 이 복수초점구가 Saito(1993)이나 Sohn(1994)에서 주장된 바와 같이 한 구가 다른 구에 부가됨으로써 생성된다고 설명한다.

이처럼 초점구 이동 분석은 다중 잔류어의 문제에 적절한 설명을 제공해 줄 수 있고, 또 Takahashi(1994)의 의문사구 이동 분석과 달리 (21)과 같은 문장에서 왜 의문사가 아닌 요소도 잔여성분이 될 수 있는가를 설명할 수 있다는 이점이 있다. 그러나 이 초점이동구 분석은 이러한 장점과 더불어 또한 몇 가지 문제점들도 내포하고 있다. 다음 절에 소개되는 박명관(1998)의 분석을 빌어 이 문제점들을 살펴보기로 하자.

3.4. 한국어 분열문으로의 분석(박명관 1998)

박명관(1998)은 Nishiyama et al.(1996)의 일본어 분석을 한국어에 받아들여 이 계사구문이 분열구문이라고 주장하고 있는데 이는 J. Kim(1997)의 초점이동구 분석이 내포하는 문제점들이 분열구문 분석에서는 일어나지 않는다고 보았기 때문이다. 박명관(1998)이 이 구문을 분열구문이라고 보는 중요한 증거의 하나는 Nishiyama et al.(1996)이 지적한 바와 같이 바로 분열구문에 나타나는 계사가 이 구문에도 그대로 나타난다는 점이다. 나아가 박명관(1998)은 Kuwabara (1996)가 일본어에서 지적한 것과 마찬가지로 한국어에서도 지정어-핵 일치가 일어나지 않는 경우에도 이 구문이 가능하다는 증거를 제시하고 있다.

(28) a. 철수는 영희가 지하철에서 가방을 잃어버렸다고 말하지만, 나는 *지하철에서*라고 생각하지 않는다.

   b. 철수는 자기가 영희에게 책을 주었다고 말했지만, 나는 *영희에게*라고 생각하지 않는다.

이 문장들에서 이탤릭체로 쓰여진 요소들은 김정석에 의해 초점어미로 분류된 -*지*가 없는 상황에서도 계사구문을 이룰 수 있다. 이는 다시 말해서 지정어-핵 일치 없이도 계사구문이 가능하다는 것이며 따라서 김정석의 초점이동 분석에 심각한 문제를 초래한다.

마지막으로 박명관(1998)은 김정석이 주장한 바와는 다르게 계사구문에서 뿐만이 아니라 분열구문에서도 두 개의 요소가 분열문의 초점 자리에 나타날 수 있다고 주장한다. 다음의 문장들을 보도록 하자.

(29) a. ?메리에게 돌려준 건 존이 책이었고 빌이 인형이었다.

　　 b. ?존이 돌려준 건 메리한테 책이었고 빌한테 인형이었다.

　　 c. ?존이 돌려준 건 책을 메리한테였고 인형을 빌한테였다.

　　 d. ?존이 돌려준 건 무엇을 누구에게였니?

주어진 문법성 정도는 박명관(1998)의 것으로서 그는 이들 문장들이 그렇게 나쁘지 않다고 주장하는데 필자를 포함한 많은 사람들이 이보다 이 문장들이 훨씬 나쁘다고 느끼고 있어서 현재는 이러한 문장들에 대해 두 종류의 문법성이 제기되어 있는 상태이다. 그러나 확실한 것은 이 예문들과 유사한 계사구문은 이들보다 훨씬 자연스럽다는 것이다.

　 (30) 존이 누군가에게 무언가를 돌려주었다는데, 무엇을 누구에게인지 모르겠어.

따라서 계사구문과 분열구문이 적어도 이 점에 있어서는 차이가 난다고 보는 것이 옳을 듯하다.

　어쨌든 이러한 논의를 바탕으로 박명관(1998)이 제시하는 이 계사구문의 구조는 (31)로서 Nishiyama et al.(1996)이 제시한 구조와 동일하며 이를 (4)에 적용하면 (32)처럼 될 것이다.

　 (31) pro　XP-be-EM　(EM = ending marker)

　 (32) 누군가가 그 다이아몬드 반지를 훔쳐갔다는데, (나는) [cp pro 누구이
　　　 -ㄴ 지] 모르겠어.

이상에서 우리는 계사구문에 대한 두 가지 방식의 분석을 살펴보

았다. Takahashi(1994)와 J. Kim(1997)은 이동 후 삭제 분석을 선택함으로써 이 구문이 전형적인 생략구문의 한 형태라는 입장을 취했고 Nishiyama et al.(1996)과 박명관(1998)은 분열구문 분석을 지지했는데 다음 절에서는 새로운 자료들을 통해 지금까지 관찰되지 않았던 이 구문의 특성들을 점검해 본 후 왜 이 구문이 그러한 특성들을 지니는지에 대해 설명하겠다.

4. 계사구문의 새로운 특성들

이 절의 목적은 현재 논의되는 계사구문이 수문구문이나 초점이동구문이 아니며 또한 전형적인 분열구문과도 차이가 난다는 것을 보이는 것이다. 이 구문이 수문구문이나 초점이동구문이 아니라는 증거는 여러 곳에서 발견된다. 앞서 박명관(1998) 등의 분석에서 제기되었듯이 첫 번째 문제점은 분열구문의 주요한 지표인 계사 -이가 나타난다는 것이다. 이 동사는 잘 알려져 있다시피 명사구나 다른 구에 붙어서 그 구를 서술어로 만들어 주는 역할을 하는 동사이다. 김정석은 이것이 일종의 초점동사로서 초점구의 핵을 차지한다고 분석하지만 왜 하필 -이가 초점구문의 핵으로 기능하는지에 대해 적절한 설명을 제시하지 못하고 있다. 이 점에서 이 구문이 분열문의 일종이라고 보는 Nishiyama et al.(1996)이나 박명관(1998)의 입장은 타당한 것으로 보인다. 두 번째 문제점으로는 Kuwabara(1996)와 박명관(1998)이 이미 지적했듯이 지정어-핵 일치가 일어날 수 없는 상황에서도 이 구문이 허락된다는 점을 들 수 있다. 그러나 이러한 두 가지 문제점들 이외에도 김정석의 분석은 또 다른 중요한 논쟁거리를 내포하고 있다. 만일 이 이라는 동사가 시제형태소를 살리기 위해 삽입이 되었다면 왜 위 (4)의 문장에서 과거시제어미 *었*이 *이* 뒤에서 나타나지 않는 것일까? 논의의 편의를 위해 J. Kim(1997)의 분석 중 일부를 다시 옮겨오기로 하자.

(4) 누군가가 그 다이아몬드 반지를 훔쳐갔다는데, 나는 누군지 모르겠어.

(24c) ...,나는 [$_{CP}$ [$_{FocP}$ 누가 [$_{TP}$ [$_{VP}$ *e*] 었] 는지] [+wh]] 모르겠어

위 (24c)에서 실제로 과거시제형인 *었*에 *이*가 붙었다면 그 결과로 나타나야 할 형태는 *누가* + *이* + *었*이 되어 *누구(가) 이었는지 모른다*가 되어야 하는데 왜 실제 나타나는 형태는 *누구인지*가 되는지 설명하기 어렵다.10)

이와 관련된 또 다른 중요한 문제점은 *누구*에 나타나 있는 격의 문제로서 만일 *누가*라는 주어가 초점구의 지정어 자리로 이동했다가 *이었*과 결합한다면 어떻게 해서 주격 조사인 *가*가 나타나지 못하고 탈락되는가 하는 점이다. 김정석의 분석은 이에 대해서도 적절한 설명을 제공하지 못하는 듯하다.

재미있는 것은 우리가 발견한 이러한 두 가지 문제점이 분열구문의 특성과 관련이 있다는 점이다. 먼저 시제와 관련해서 보면 일반적으로 본래 문장이 과거시제라고 할지라도 분열문의 초점이 되는 부분에서는 현재시제와 결합이 가능하다. 아래의 예문들은 이를 잘 보여준다.

---

10) 한 논평자는 이 경우에 *었* 대신에 영 시제소가 있다고 가정하고 이 시제소 또한 *이* 삽입을 필요로 한다면 *었*이 나타나지 않는 것에 대해서 J. Kim(1997)의 분석도 설명이 가능하다고 지적한다. 이때 영 시제소라는 것의 성격이 무엇인지에 대해 더 생각해 볼 필요가 있지만 적어도 J. Kim(1997)의 분석에서 고려해볼 만한 대안이라고 생각된다.

(33) a. 존이 어제 책을 샀다.

　　 b. 존이 어제 산 것은 책이다/책이었다.

나아가 이 계사구문에서 주격조사가 나타날 수 없다고 하는 점도 이를 분열구문의 특성과 연결하면 잘 설명이 된다. 즉, 본래 분열구문은 주격조사나 목적격 조사를 허락하지 않는데(cf. Jhang 1994) 그 특성이 현재 논의되고 있는 한국어의 계사구문에도 그대로 적용되므로 이를 분열구문의 한 종류라고 할 수 있다는 것이다.

(34) 어제 책을 산 것은 철수(*가)이다.

손근원(2000)에서는 분열구문에서 격조사가 나타날 수 없는 이유를 격조사가 붙은 명사구는 가시통사부에서 격 점검을 받아야 한다는 제약에 기인한다고 설명한다. 즉, 주격조사가 붙은 *철수가*는 가시통사부에서 격을 인가해 줄 인가자가 없기 때문에, 혹은 격 점검이 제대로 일어나지 못하기 때문에 문장을 비문법적으로 만들게 된다는 것이다. 이 분석이 옳다면 우리는 이동을 통한 김정석식의 해석이 더 이상 유지될 수 없다는 결론에 도달한다. 만일 주어인 *철수가*가 이동을 통해서 초점구의 지정어 자리로 갔다면 격을 점검하는 데 아무런 지장이 없었을 것이고 따라서 주격조사가 나타나지 못할 이유가 없기 때문이다.

　이러한 여러 가지 문제점을 내포하기 때문에 김정석의 초점구문 분석이나 Takahashi(1994)의 수문구문 분석이 적어도 계사 *이가* 나타나는 구문에는 그대로 적용되기 어려울 듯하다. 아직 설명되지 않은 계사구문과 수문구문의 유사성으로는 앞에 부정 요소가 선행사로 있을 때나 비명시요소가 선행사로 작용할 때에만 이 구문이 허락된다는 특성이 있지만, 계사구문이 이러한 특성을 지니는 것은 당연한 일로서 계사구문은 그 성격상 앞에 나온 내용에 결핍된 필수적인 정보 또는 선택적인 정보를 부가해 주는 기능을 가지고 있으므로 앞에 이미 명시된 요소를 다시 받을 수 없을 것은 자명한 일이다.

이처럼 수문구문과 계사구문이 공유하는 특징들이 필연적인 연관성을 지니는 것이 아님이 밝혀지고, 나아가 계사구문과 분열구문이 여러 유사성을 지니는 것을 고려하면 박명관(1998)이나 Nishiyama et al.(1996)처럼 이 계사구문을 분열구문으로 처리하는 것이 바람직할 것처럼 보인다. 그러나 그 전에 우리는 과연 이 계사구문이 분열구문과 완전히 동일한 구문인가 하는 점을 살펴 볼 필요가 있다. 결론을 당겨서 말하자면 이 구문은 분열구문과 매우 유사한 성질을 지니기는 하지만 또한 몇 가지 중요한 차이점도 지니기 때문에 이를 분열구문이 아니라 그 상위범주에 해당되는 단순계사구문이라고 보아야 한다는 것이다. 이하에서는 이 구문과 분열구문이 지니는 차이점들을 하나하나 살펴보기로 하자.

이 구문과 분열구문의 첫 번째 차이점은 분열구문의 초점 자리에 나타날 수 있는 요소와 계사구문에 나타날 수 있는 요소 사이에 후치사의 보존 여부에 따른 차이가 있다는 것이다. 보다 자세히 말하면 분열구문에서는 후치사가 대부분의 경우에 잘 보존되어야 하지만 계사구문에서는 그렇지 않다. 아래의 예문들을 보도록 하자.

(35) a. 준섭이가 어떤 여자로부터 선물을 받았다.

b. 준섭이가 선물을 받은 것은 어떤 여자*(로부터)다.

c. 준섭이가 어떤 여자로부터 선물을 받았다는데 나는 어떤 여자(로부터)인지 모른다.

(36) a. 준섭이가 그의 아내를 위해서 꽃을 샀다.

b. 준섭이가 꽃을 산 것은 그의 아내*(를 위해서)이다.

c. 준섭이가 누군가를 위해서 꽃을 샀다는데, 나는 누군지/누구를 위해서인지 모른다.

또한 분열구문에서는 나타날 수 없으나 계사구문에서는 나타날 수 있는 문법적 요소들도 존재하는데 그 대표적인 것들로는 수량 양화사(numeral quantifiers)들과 신체/사물의 일부(inalienable possession), 수식부사, 그리고 이차술어(secondary predicate) 등을 들 수 있다.11)

(37) a. 존이 책을 세 권 샀다.

b. *존이 책을 산 것은 세 권이다.

c. 존이 책을 몇 권 샀다는데 나는 몇 권인지 알고 싶다.

(38) a. 다은이가 소희를 왼쪽 손을 때렸다.

b. *다은이가 소희를 때린 것은 왼쪽 손이다.

c. 다은이가 소희를 한쪽 손을 때렸다는데, 어느 쪽 손인지 알고 싶다.

(39) a. 그곳에서는 사람들이 메리를 미의 여신으로 여긴다.

b. *그곳에서 사람들이 메리를 여기는 것은 미의 여신(으로)다.

c. 그곳에서는 사람들이 메리를 무슨 여신으론가 여긴다는데, 나는 어떤 여신(으로)인지는 잘 모르겠다.

(40) a. 그 조련사가 항상 조심스럽게 동물들을 다룬다.

b. *그 조련사가 항상 동물들을 다루는 것은 아주 조심스럽게이다.

c. 그 조련사가 항상 조심스럽게 동물들을 다룬다고 들었는데, 얼마나 조심스럽게인지는 잘 모르겠다.

---

11) 이 자료들은 손근원(1998)에서 빌려온 것이다.

또 다른 차이는 김정석에 의해서 지적되었듯이 분열구문에서는 초점 자리에 복수의 요소가 나타나는 것이 허용이 되지 않지만 계사구문에서는 허용이 된다는 것도 또 하나의 차이로 볼 수 있다. 그리고 중요성에 있어서 앞서의 차이점들에 전혀 뒤지지 않는 마지막 차이점은 분열구문이 하위범주 제약을 준수하지만 계사구문은 그렇지 않다는 것이다.12)

이처럼 일반 분열구문과 현재의 계사구문 사이에 분명한 차이가 존재하므로 우리는 이들을 단순히 분열구문으로 간주하기가 힘들 듯하다. 그렇다면 도대체 왜 계사구문은 이러한 특징을 지니는 것일까? 다음 절에서는 이에 대한 해답을 찾아보기로 하자.

5. 제안 - 영 대명사 분석

위에서 관찰한 바를 종합하면 계사구문이 분열구문과 유사한 것은 분명한데 다만 계사구문이 계사와 결합하는 요소를 보다 자유로이 취할 수 있다는 것이 중요한 차이점이다. 그렇다면 왜 이러한 차이가 나타나게 되는 것일까? 이에 대해 본 필자는 이것이 영 대명사(pro)가 지닌 성질 때문이라고 주장하고자 한다. 영 대명사는 말 그대로 대명사이기 때문에 실상 그 자리에 *그게/그것이*가 있는 것과 같은 지시 효

---

12) 실상 계사구문이나 분열구문에서도 사람들에 따라 섬제약을 위반할 수 있는가 아닌가에 대한 판단이 상당히 다른 것 같다. 다루는 구문이 관계절 구문인가 동격절 구문인가에 따라서도 차이가 나고 또 분열구문에서 어느 정도 논항-비논항 비대칭성이 존재한다는 보고도 있으며(Hoji 1990), 계사와 결합하는 구가 앞에 선행사로 명시되었는가 그렇지 않은가에 따라서도 또한 문법성에 차이가 나는 것으로 보인다. 이러한 문제, 또는 논점들은 분명히 따로 설명되어져야 하겠지만 여기서 중요한 것은 동일한 상황처럼 보이는 경우에도 분열구문과 계사구문 사이에는 분명한 대조가 존재한다는 사실이다. 이 논문에서의 논의는 이러한 대조를 근거로 진행될 것이다.

과를 지닐 수 있다. 그럼 먼저 이 지시 대명사 *그게/그것이*의 특성부터 살펴보자.13)

(41) A. 존이 누군가가 대통령 사무실을 도청하고 있다는 기사를 읽었대.
  B1. 그게 사실이니?
    의미 1: 존이 누군가가 대통령 사무실을 도청하고 있다는 기사를 읽었다는 게 사실이니?
    의미 2: 누군가가 대통령 사무실을 도청하고 있다는 게 사실이니?
  B2. 그게 누구래?
    의미 1: ??존이 [e] 대통령 사무실을 도청하고 있다는 기사를 읽은 게/사람이 누구래?
    의미 2: 대통령 사무실을 도청하고 있는 게/사람이 누구래?
    의미 3: 그 사람이/그 누군가가 누구래?

먼저 A의 발화에 대해 B1처럼 질문했을 때, 우리는 대명사 *그게(그것+이)*가 가리키는 것이 앞 절 전체일 수도 있고 종속절만을 가리킬 수도 있음을 알 수 있다. 또한 B2와 같이 종속절 주어의 정체에 대해 질문할 시에도 동일한 지시행태가 나타나는데 전체를 선행사로 받는 의미 1은 이 경우에는 허락이 되지 않지만 종속절을 받는 의미 2와 명사 자체를 받는 의미 3은 완벽한 문장을 이룬다. 이때 의미 1이 허락되지 않는 것은 종속절 주어 자리에 있는 운용자(operator)가 섬을 빠져 나와 CP의 지정어 자리까지 이동하는 도중에 하위범주 제약을 어

---

13) 한 논평자는 *그게*의 지시특성에 대한 기술이 직관적 수준에 그치고 있음을 지적한다. 물론 *그게*의 지시특성에 대한 보다 분명한 증거가 있으면 바람직하겠으나 이러한 지시특성에 대한 직관은 한국어 모국어 사용자들이 대부분 공유하고 있는 듯이 여겨지므로 논지의 전개에 영향이 없을 듯하다.

기기 때문인 것으로 보인다(박명관 2000, 손근원 2000 참조). 이처럼 대명사는 앞 절 전체나 문장의 일부(즉, 종속절), 그리고 명사구 등 앞에 나온 문장의 어느 부분이든 자유로이 선행사로 취할 수 있는데 여기서 주장하고자 하는 바는 현재 우리가 논의하고 있는 계사구문의 생략된 대명사도 이 특성을 공유하고 있다는 것이다. 결국 계사구문의 구조에 대한 Nishiyama et al.(1996)과 박명관(1998)의 주장은 실상 올바른 것이었으나 이때 이 영 대명사는 반드시 분열구문에서와 같이 앞에 나온 절만을 가리킬 수 있는 것이 아니라 자유로이 그 지시대상을 택할 수 있다는 것이 두 구문의 차이를 설명할 수 있는 열쇠인 것이다.14)15)

이제 이 영 대명사 또는 생략된 *그게*의 이러한 특성이 계사구문이 일반 분열구문과 달리 섬제약을 준수하지 않는다는 특성을 어떻게 설명하는지 살펴보기로 하자.

(42) a. 그 도둑이 존이 메리에게 준 물건을 훔쳤다.

---

14) 분열구문과 계사구문의 차이가 영 대명사의 자유로운 지시특성에 의거한다는 주장은 손근원(1998)의 주장을 가져온 것이다.

15) '그게'라는 표현은 본문에서 이미 보았듯이 사물과 사람에 공통으로 쓰일 수 있다는 특징을 지닌다. 상황에 따라 약간의 차이는 있지만 (i)과 같이 분열구문의 초점 자리에 공경의 대상이 되는 사람이 올 경우에도 이 표현이 사용될 수 있다. 본래 '것'은 사물에 주로 사용되고 사람, 특히 공경의 대상이 되는 사람에게는 사용할 수 없는데 반해 (아래 (ii)) 이 계사구문에서는 사물/명제나 사람에 공히 사용될 수 있고 공경의 대상이 되는 사람에게까지 사용될 수 있어서 흥미롭다. 이러한 '것'의 용법은 절을 이끄는 핵으로서 사용되는 경우에 주로 허용되는 듯하며 이 경우에도 사실 구어체에서 사용되는 '건(것+은의 축약형)'을 사용하는 것이 훨씬 자연스럽다는 특성이 있다(예 (iii)).

(i) A. 우리 과의 어느 교수님이 이번에 미국에서 열리는 학회에 참석하러 가신대.
   B. pro/(그게) 어느 교수님이야?
(ii) (사진 속에 여러 사람이 나와 있는데 A가 한 사람을 가리키며)
   이 분이/*이것이 내가 좋아하는 교수님이야.
(iii) 내가 좋아하는 건/??것은 김 교수님이야.

b. *그 도둑이 존이 _____ 준 물건을 훔친 것은 메리(에게)였다.

c. ?그 도둑이 존이 누구에겐가 준 물건을 훔쳤다는데, 누구(에게)인지 모르겠다.

우리가 설명해야 할 것은 왜 계사구문인 (42c)가 분열구문인 (42b)보다 더 좋은 문장인가 하는 점이다. 앞서 논의한 대명사의 지시적 특성은 이에 대해 만족할 만한 답을 제공해 준다. (42c)는 아래 (42c')와 같이 나타내질 수 있는데 이때 영 대명사는 이론적으로는 앞의 절 전체를 나타낼 수도 있고 종속절이나 명사만을 가리킬 수도 있으나 앞 절 전체를 지시하는 해석은 허락이 되지 않고 종속절이나 명사구 자체를 지시하는 해석만 허락이 된다.

(42c') 그 도둑이 존이 누구에겐가 준 물건을 훔쳤다는데, pro/(그게) 누구(에게)인지 모르겠다.

즉, (41)의 B2에서 의미 1이 허락되지 않는 것과 같은 이유로 전체 절을 받는 해석은 허락이 되지 않으나 pro의 대명사적 특성 때문에 보다 작은 단위인 불특정 명사 자체를 받거나 종속절의 내용을 받는 일이 가능하기 때문에 이 경우에 섬제약 효과가 나타나지 않는 것이다. 다시 말해서 이 문장에서는 섬제약 효과가 사라지는 것이 아니라 섬제약과 무관한 해석이 존재한다고 보아야 옳을 것이다. 이렇게 보면 표면적으로 섬제약이 관찰되지 않는다는 유사성에도 불구하고 영어의 수문구문과 현재 논의하는 계사구문은 다른 구문임을 알 수 있다. 왜냐하면 영어에서는 한국어에서와 달리 섬을 포함하는 절 전체를 받는 해석도 가능하기 때문이다.

나아가 영 대명사나 생략된 대명사의 설정은 앞서 분열구문 분석에 문제가 되었던 복수초점 요소의 인가문제를 해결해 준다. 이는 (26)의 복수초점구문을 아래 (43)처럼 바꾸어 쓸 수 있기 때문이다.

(26) 존이 어제 무언가를 누군가에게 주었다는데, 나는 무엇을 누구에게 인지 모르겠다.

(43) 존이 어제 무언가를 누군가에게 주었다는데, 나는 pro/그게 (도대체) 무엇을 누구에게인지 모르겠다.

왜 (26)이나 (43)이 허락되는지, 그리고 도대체 이 경우에 pro나 *그 게*가 무엇을 지칭하는지는 명확하지 않지만 적어도 이 구문의 특성이 주어의 대명사성에 기인한다는 것을 우리는 여기서 다시 확인할 수 있다. 또한 분열구문과 이 계사구문이 차이가 난다는 것도 이를 통해 다시 확인이 된다.

영 대명사의 자유로운 지시특성에 주목함으로써 해결되는 문제는 이에 그치지 않는다. 앞서 우리는 분열구문과 달리 계사구문에서는 계사 앞에 나올 수 있는 표현이 훨씬 다양하다는 것을 관찰했다. 논의를 위해 앞서 들었던 예문들을 아래에 다시 소개하겠다.

(37) a. 존이 책을 세 권 샀다.

　　b. *존이 책을 산 것은 세 권이다.

　　c. 존이 책을 몇 권 샀다는데 나는 몇 권인지 알고 싶다.

(38) a. 다은이가 소희를 왼쪽 손을 때렸다.

　　b. *다은이가 소희를 때린 것은 왼쪽 손이다.

　　c. 다은이가 소희를 한쪽 손을 때렸다는데, 어느 쪽 손인지 알고 싶다.

(39) a. 그곳에서는 사람들이 메리를 미의 여신으로 여긴다.

　　b. *그곳에서 사람들이 메리를 여기는 것은 미의 여신(으로)다.

c. 그곳에서는 사람들이 메리를 무슨 여신으론가 여긴다는데, 나는 어떤 여신(으로)인지는 잘 모르겠다.

(40) a. 그 조련사가 항상 조심스럽게 동물들을 다룬다.

b. *그 조련사가 항상 동물들을 다루는 것은 아주 조심스럽게이다.

c. 그 조련사가 항상 조심스럽게 동물들을 다룬다고 들었는데, 얼마나 조심스럽게인지는 잘 모르겠다.

먼저 (37, 38, 39)를 보면 이들 중 각 (c)의 예문은 분열구문인 (b)의 예문들과 달리 정문이다. 만일 대명사가 앞 절 전체만 가리킬 수 있다면 이 문장이 어떻게 정문이 될 수 있는가를 설명할 수 없다. 이는 앞 절 전체를 가리키는 경우에는 그 문장이 분열문인 (b)의 예문들이 비문인 것과 똑같은 이유로 비문이 되기 때문이다. 그렇다면 어떻게 해서 (c)의 예문들은 정문이 되는 것일까? 그것은 바로 이 영 대명사가 명사인 *권*과 손, 그리고 *여신*을 받아 '그 책의 권수'와 '그 손', 그리고 '그 여신'이라는 의미를 지닐 수 있기 때문이다. (40)의 예문에서도 이러한 설명은 가능한데 (40c)의 경우 영 대명사가 가리키는 것은 부사인 *조심스럽게*를 재구조화한 '그 조심스럽다는 것이'의 의미인 것으로 보인다.16) 이처럼 pro의 지시특성은 일반 분열구문과 이 계사구문이 왜 차이가 나는지에 대해서 적절한 설명을 제공하며 따라서 이를 분열구문의 한 종류가 아니라 단순계사구문으로 보고 pro가 어느 것을 지칭하는가에 따라 때로 분열구문과 같은 특성이 나타나기도 하는 구문으로 보는 것이 타당하다 하겠다.

---

16) 또 다른 가능성은 pro가 조심스러움과 연결된 명사인 '정도(degree)'를 추출하여 '그 정도'라는 의미를 지니게 된다고 볼 수도 있을 듯하다. 실상 이는 (40c)에만 국한된 것은 아니어서 (37c)에서도 pro가 가리키는 것이 '권'과 연결된 명사인 '수량'일 수도 있는 것으로 보인다. 즉, '나는 (그 수량이) 몇 권인지 알고 싶다'와 같은 해석을 이 문장이 지니고 있는 것으로 보인다는 것이다.

이제 계사구문과 분열구문의 또 다른 차이, 즉 후치사가 분열구문에서는 반드시 보존되어야 하는데 계사구문에서는 그렇지 않다는 차이에 대해서 앞의 (35, 36) 예문을 다시 보면서 생각해 보도록 하자.17)

(35) a. 준섭이가 어떤 여자로부터 선물을 받았다.

　　 b. 준섭이가 선물을 받은 것은 어떤 여자*(로부터)다.

　　 c. 준섭이가 어떤 여자로부터 선물을 받았다는데 나는 어떤 여자(로부터)인지 모른다.

(36) a. 준섭이가 그의 아내를 위해서 꽃을 샀다.

　　 b. 준섭이가 꽃을 산 것은 그의 아내*(를 위해서)이다.

　　 c. 준섭이가 누군가를 위해서 꽃을 샀다는데, 나는 누군지/누구를 위해서인지 모른다.

이 경우 후치사가 보존될 수도 있고 보존되지 않아도 좋은 이유를 박명관(2000)은 정확히 지적하고 있는데 이는 또 다시 이 영 대명사가 앞 절을 가리킬 수도 있고 명사(구)만을 받을 수도 있다는 특징에 기인한 것이다. 즉, 영 대명사가 앞 절 전체를 받으면 (35b)와 같은 분열구문의 성격을 띠게 되어 후치사가 생략될 수 없게 되나, 영 대명사가 앞의 명사 자체를 받는 경우에는 뒤에 명사구의 성격을 지닌 '어떤 여

---

17) 한 논평자는 (35b)와 (35c)가 최소대립문장이 아님을 문제점으로 지적하고 이어서 문제의 계사구문이 분열구문과는 달리 선행절을 지니고 있어서 이러한 차이가 나므로 이를 반드시 고려해야 한다고 지적한다. 후자의 지적은 올바른 것이며 실상 이 논문의 주된 주장이 바로 (35b)에는 존재하지 않는 이 선행절의 일부(절이든 명사구든)를 pro가 자유로이 받을 수 있기 때문에 전형적인 분열구문인 (35b)와 계사구문 (35c)가 차이가 난다는 것이므로 논평자의 이러한 지적은 아무런 문제를 야기하지 않는 것으로 보인다.

자'나 '그의 아내'가 나타날 수 있기 때문에 후치사가 생략되는 것이 가능한 것이다. 결국 영 대명사의 자유로운 지칭 가능성이 이 경우에도 왜 후치사가 생략되어도 좋고 나타나도 좋은지를 설명하는 열쇠가 되는 것이다.18)19)

요약하자면 이 5장에서의 논의들은 앞서 분열구문과 계사구문의 차이점으로 들었던 여러 가지 특성들이 모두 영 대명사 pro나 생략된 '그것'이라는 대명사의 자유로운 지시특성에 기대어 설명될 수 있

---

18) 영 대명사 또는 생략된 '그것이'가 절을 가리킬 때에 후치사가 생략될 수 없는 이유에 대해서는 손근원(2000)을 참조할 것. 손근원(2000)에서는 후치사가 생략되면 생략을 제어하는 원리인 회복가능성 조건(recoverability condition)이 어겨지게 되어 비문이 된다는 주장을 펴고 있다.

19) 이 논문에서 다루지 않은 주요한 계사구문의 특징은 부정 선행구가 나오지 않는 경우에는 부정 선행구가 나오는 경우와 달리 섬제약이 준수되는 것으로 보인다는 것이다. 지면관계상 이에 대한 자세한 논의는 생략하겠지만 역시 이도 영 대명사의 자유로운 지칭 특성에 의해 설명이 가능한 것으로 보인다. 즉, 부정 선행사가 있는 경우에는 바로 그것을 직접 지칭함으로써 섬제약과 무관한 해석이 가능했지만 부정 선행사가 없는 경우에는 이 가능성이 없어지므로 박명관(2000)이 지적했듯이 섬을 내포하는 절 전체를 지칭하는 도출만이 남게 되어 결국 섬제약 효과를 보이게 된다고 볼 수 있는 것이다. 박명관(2000)은 이 논문에서 주장된 것보다 pro의 지칭 가능성이 더 제한되어야 함을 주장하는데 그에 따르면 pro는 앞 절 전체냐 아니면 선행 영사를 가리키는 두 가지 가능성밖에 가질 수 없다고 한다. 이는 사실 여기서 논의되지 않은 어떤 문제—부정 선행사가 없는 문장의 해석과 관련된—를 해결하는 데 결정적인 역할을 하기 때문에 꼭 받아들이고 싶은 매력적인 제안이지만 그러나 일반적으로 대명사는 이 두 가지 가능성 말고도 적어도 앞 절의 일부, 즉 그 절의 보문절을 가리키는 해석도 가능하기 때문에 문제가 된다. 다음의 문장은 이를 잘 보여준다.

(i) 존이 메리가 통사론을 포기했다고 교수님에게 말했는데 나는 그것이 믿어지지 않는다.
'그것'의 의미: (a) 존이 메리가 통사론을 포기했다고 교수님에게 말한 것.
(b) 메리가 통사론을 포기한 것.

이 문장에서 그것은 (a), (b) 두 의미를 다 지니지만 오히려 여기서는 보문절을 지칭하는 해석이 훨씬 더 강하게 나타나는 듯하다. 따라서 대명사의 한 종류인 영 대명사만이 유독 이러한 해석을 지닐 수 없다는 것은 이상한 일일 것이다. 만일 이것이 사실이라면 이에 대해 적절한 설명이 제공되어져야 할 것으로 믿어지며 이는 차후의 연구에서 밝혀지기를 희망한다.

음을 보여주며 이 계사구문이 분열구문의 한 종류라기보다는 분열구문을 하위에 지니는 단순계사구문임을 지지한다고 볼 수 있다.

6. 결론

이 4장에서는 주어 없는 계사구문이 수문구문도 아니고 분열구문도 아님을 주장하고 이에 해당하는 증거들을 제시했다. 이 구문이 수문구문과 몇 가지 특성을 공유하기는 하나 이는 표면적인 것으로서 실상 내면적으로는 다른 이유에 의해 그러한 특성들을 지니게 되는 것이다. 또한 이 구문이 분열구문과 유사한 양상을 보이는 것이 사실이지만 분열구문의 일종이라기보다는 분열구문을 하위에 내포하는 보다 일반적인 계사구문임을 보이고자 했으며 이에 대한 증거로서 제시된 여러 가지 특성들이 pro의 지시특성을 고찰함으로써 설명될 수 있음을 보였다. 앞으로의 과제는 이 pro의 성질을 보다 정확히 밝혀냄으로써 선행사가 있는 경우와 그렇지 않은 경우에 나타나는 섬 제약 준수여부의 차이 등에 대해 보다 근원적인 설명을 제시하는 일일 것이다.

△▼ 참고문헌 ▼△

박명관(1998), "Sluicing in English and Korean", 한국언어학회 겨울연구회 발표 Handout.

박명관(2000), "Covertness and violation redemption", 한국언어학회 겨울 연구회 발표 Handout.

손근원(1998), "Clefting and sluicing", 한국생성문법학회 정기 연구회 발표 Handout.

손근원(2000), 「분열구문에서의 분열과 결합: 재구성 접근법」, 대한언어학회 봄 정기학술대회발표 Handout.

Chomsky, N. (1964), *Current Issues in Linguistic Theory*, The Hague: Mouton.

Chung, S., W. Ladusaw, & J. McClosky. (1996), "Sluicing and Logical Form", *Natural Language Semantics* 3, 239-282.

Jhang, S. -E. (1994), "Headed nominalizations in Korean' Relative clause's and comparatives", PhD dissertation, Hankuk Publishers.

Heycock, C. & A. Kroch. (1996), "Pseudocleft connectivity: Implications for the LF interface level", *Edinburgh Occasional Papers in Linguistics* 96-1.

Hoji, H. (1990), *Theories of anaphora and aspects of Japanese syntax*, unpublished book, USC.

Kim, I -S. (1997), "Symtactic focus movement and ellipsis: A minimalist approach", PhD dissertation, University of Connecticut.

Kuroda, S. -Y. (1969), "English relativization and certain related problems", in Reibel & Schane (eds.), *Modern Studies in English*, Englewood Cliffs, NJ, Prentice-Hall.

Kuwabara, K. (1996), "Multiple wh-phrases in elliptical clauses and some aspects of clefts with multiple foci", *MITWPL* 29.

Lobeck, A. (1995), *Ellipsis: Functional Heads, Licensing, and Identification*, New York: Oxford University Press.

Nishiyama, K., J. Whitman, & E. -Y. Yi. (1996), "Syntactic movement of overt *wh*-phrases in Japanese and Korean", *JKL* 5, 337-351.

Rosen, C. (1976), "Guess what about", *NELS* 6, 205-211.

Ross, J. R. (1969), "Guess who", *CLS* 5, 252-286.

Saito, M. (1994), "Additional *wh*-effects and the adjunction site theory", *Journal of East Asian Linguistics* 3, 195-240.

Sohn, K. -W. (1994), "Adjunction to argument, free ride, and a minimalist program", *FAJL 1, MIT Working Papers in Linguistics* 24, 315-334.

Takahashi, D. (1994), "Sluicing in Japanese", *JEAL* 3, 241-265.

5. '것' 분열구문의 초점 요소에 대한 기저 생성 분석*

홍용철

1. 서론

'것' 분열구문의 특징은 초점 해석을 지니는 성분이 자신이 소속된 절과 분리되어 나타난다는 것이다. 다음은 '것' 분열구문의 예이다.

(1) 철수가 읽은 것은 이 책이다.

위 예에서 의미역 차원에서 "읽다"의 목적어라고 볼 수 있는 "이 책" 이 "읽다"가 속한 절에서 분리되어 계사인 "이다" 직전에 나타나고 있 다. 이 분리된 요소는 초점 해석을 지닌다. 편의상 이것을 '초점 요소 (focused phrase)'라고 부르겠다. 초점 요소가 분리되기 전에 소속되었 던 절은 한국어의 경우 "것"에 의해 도입되는데 이 절을 편의상 "것' 절'이라고 부르겠다.1)

---

* 이 글은 『생성문법연구』 25권 1호에 게재된 홍용철(2015)를 조금 수정하여 다시 쓴 것이다. 재출판을 허락한 한국생성문법학회에 감사드린다.

1) 초점 요소를 '것' 절 내부에 나타났다가 분리된 것으로 기술했지만 이것은 '분열구문' 이라는 용어를 설명하기 위한 편의상의 기술일 뿐이다. 이와 반대로 이 논문에서

'것' 분열구문에 대한 많은 기존 연구들이 존재한다.2) 이 연구들 대부분의 핵심적인 관심은 이 구문이 보여주는 연결 효과(connectedness effect)이다. 연결 효과는 계사 직전에 나타나는 초점 요소가 '것' 절 내부의 비어있는 자리인 공백(gap)과 연결되어 있는 것처럼 보이는 현상이다. 연결 효과를 보여주는 대표적인 현상은 결속 현상인데, 다음은 이것을 보여주는 예들이다.

(2) a. [철수$_i$가 e 사랑하는 것]은 자기 자신$_i$이다.

b. *[철수$_i$가 e 사랑하는 것]은 그$_i$이다.

c. *[그$_i$가 e 사랑하는 것]은 철수$_i$이다.

위 예들의 문법성은 초점 요소가 '것' 절 속의 비어 있는 자리와 연결되었다고 보았을 때 잘 설명된다. (2a)의 경우 초점 요소 "자기 자신"은 결속이론 (A)에 적용을 받는 대용사로서 계사 직전 위치에 그대로 남아 있으면 자신을 결속하는 선행사가 없어 사실과 달리 비문이길 기대해야 한다. 하지만 '것' 절의 목적어 위치와 연결되어 있다면 선행사 "철수"에 의해 결속되어 결속이론을 만족시킬 수 있다. (2b)와 (2c)에서도 초점 요소 "그"와 "철수"가 각각 '것' 절의 목적어 위치와 연결되어 있다고 보면 결속이론 (B)와 결속이론 (C)의 위반으로 이 문

우리는 초점 요소가 계사 "이다" 직전 위치에 기저 생성됐다고 주장할 것이다. 그리고 "것' 절'이란 용어도 편의상의 용어일 뿐 실제로 우리는 이것을 관계절을 포함하는 명사구로 분석할 것이다.

2) '것' 분열구문을 주제로 다룬 논문들에는 김선웅(2010), 김영희(2000), 박소영(2014a, 2014b), 박철우(2008), 손근원(2000a, 2000b), 이남근(2008), 이정식(2010), 임규홍(1986), 최기용(2011), S.-E. Jhang(1994), J.-M. Jo(2005), B. Kang(2006), J. Kim(2012), K.-S. Kim(1998), Kim & Lee(2008), Kim & Sells(2007, 2013), M.-K. Park(2014a, 2014b), K.-W. Sohn(2001, 2004), H.-J. Yoon(2012), J. Yoon(2002, 2005) 등 매우 많다.

장들의 비문법성을 포착할 수 있다.

'것' 분열구문이 보여주는 연결 효과를 직접적으로 포착할 수 있는 방법은 초점 요소가 '것' 절 내부의 공백 위치로부터 이동했다고 보는 것이다. 이런 분석을 '이동 분석(Movement Analysis)'라고 부르겠다. 이동 분석과 달리 초점 요소가 원래부터 표층 위치인 계사 직전 위치에 기저 생성됐다고 보는 분석도 있다. 이런 분석을 '기저 생성 분석(Base-Generation Analysis)'이라고 부르겠다. 우리는 이 장에서 이동 분석을 부정하고 기저 생성 분석을 지지하는 논거들을 제시할 것이다. 5장의 구성은 다음과 같다. 2절에서는 기존의 이동 분석을 소개하고, 3절에서는 연결 효과를 보이는 현상들과 비연결 효과(anti-connectedness effect)를 보이는 현상들을 다루는데 이 두 부류의 현상들 모두 이동 분석을 부정하고 기저 생성 분석을 지지하는 증거가 된다는 점을 보여줄 것이다. 4절은 이 장의 결론이다.

2. 이동 분석

이 절에서는 초점 요소가 '것' 절 내부의 공백 위치에서 이동했다고 보는 이동 분석 중 J.-M. Jo(2005)과 M.-K. Park(2014a, 2014b)을 살펴보겠다. 다음은 J.-M. Jo이 주장하는 '것' 분열구문 도출 과정의 예이다.

(3) a. $[_{IP} [_{SC}$ pro $[_{CP}$ 영희가 동수에게 선물을 준 것]]이다]

  b. $[IP [_{SC}$ pro $[_{CP}$ 동수에게$_i$ $[_{CP}$ 영희가 t_i 선물을 준 것]]]이다]

  c. $[_{TopP} [_{CP}$ 영희가 t_i 선물을 준 것]$_j$-은 $[_{IP} [_{SC}$ pro $[_{CP}$ 동수에게$_i$ $t_j]]$ 이다]]

-J.-M. Jo(2005: (18))

(3a)는 기저구조인데 계사 "이다"가 소절(small clause)을 보충어로 취한다. 소절 속에서 주어는 문맥을 통해 지시대상이 정해지는 대명사 pro이고 술어는 '것' 절이다. 이 기저구조에서 출발하여 초점 요소가 '것' 절 내부에서 뒤섞기 이동(scrambling)을 한다((3b)). 그 다음 초점 요소를 남겨 두고 '것' 절이 주제어 이동(Topic movement)을 한다((3c)). 그 결과 ['것' 절 - 초점 요소 - 계사]라는 '것' 분열구문 어순이 도출된다.3)

다음은 M.-K. Park(2014a, 2014b)이 주장하는 '것' 분열구문 도출 과정의 예이다.

---

3) Kim & Lee(2008)도 (3)과 유사한 도출 과정을 주장했다. 다음은 이들이 제안한 도출 과정이다.

(i) a. [$_{ToP}$ [$_{FocP}$ [$_{CP}$ 철수 영희를 좋아하는 것]이다]
    b. [$_{ToP}$ [$_{FocP}$ 철수$_i$ [$_{CP}$ t$_i$ 영희를 좋아하는 것]이다]
    c. [$_{ToP}$ [$_{CP}$ t$_i$ 영희를 좋아하는 것]$_j$ [$_{FocP}$ 철수$_i$ t$_j$이다]

이 분석이 설정하는 기저구조는 J.-M. Jo의 분석이 설정하는 기저구조와 다르다. 두 분석 모두에서 계사 "이다"를 1항 술어로 보고 있지만 Kim & Lee(2008)은 "이다"의 논항이 '것' 절이라고 본 반면, J.-M. Jo(2005)는 pro와 '것' 절로 구성된 소절이라고 보고 있다. 하지만 초점 요소가 '것' 절 속에 기저 생성됐고, 이 초점 요소가 '것' 절 직전으로 이동하고, 그 다음 초점 요소만 남겨두고 '것' 절 전체가 주제어 이동(Topic movement)을 한다고 본다는 점에서는 두 분석이 동일하다. 한편, '것' 분열구문에 상응하는 일본어 구문에 대해 (i)와 유사한 기저구조와 도출 과정이 이미 Hiraiwa & Ishihara(2002)에 제시되었다.

초점 요소가 '것' 절 직전으로 이동하는 것에 대해 Kim & Lee(2008)은 초점어 이동(Focus movement)라고 본 반면, J.-M. Jo(2005)는 이 이동을 뒤섞기 이동으로 보았다. J.-M. Jo은 초점 요소가 초점 해석을 지닌다는 사실을 포착하기 위해 초점어 이동을 따로 가정할 필요가 없다고 본다. J.-M. Jo에 따르면 초점 해석은 '것' 절의 주제어 이동에 따른 당연한 결과이다. 이유는 다음과 같다. '것' 절이 주제어 이동을 통해 주제어가 되면 문장의 나머지 부분은 논평(comment)이 된다. '것' 절의 이동으로 남게 되는 요소는 초점 요소가 유일하다. 따라서 논평은 초점 요소만으로 구성된다. 정보 구조(information structure)상 초점 해석은 논평(comment)의 구성 요소에게 주어진다. 따라서 논평의 유일 요소인 초점 요소에게 초점 해석이 주어진다. 초점 요소가 초점 해석을 지니게 되는 것은 이와 같이 정보 구조 차원에서 자연스럽게 포착될 수 있는 사항이므로 이를 위해 초점어 이동을 가정할 필요가 없다는 것이다.

(4) a. [철수가 이 꽃을 받은 것은] [철수가 영희로부터 이 꽃을 받은 것]-이다

　　 b. [철수가 이 꽃을 받은 것은] [[영희로부터ᵢ [철수가 tᵢ 이 꽃을 받은 것]]-이다

　　 c. [철수가 이 꽃을 받은 것은] [[영희로부터ᵢ [~~철수가 tᵢ 이 꽃을 받은 것~~]]-이다

-M.-K. Park(2014a: 8)

기저구조 (4a)에는 '것' 절이 두 개 상정되어 있다.4) 둘째 '것' 절에 초점 요소가 나타난다는 점만 다를 뿐 이 두 '것' 절은 동일한 내용으로 구성되어 있다. 이 기저구조에서 먼저 초점 요소가 둘째 '것' 절 앞으로 이동한다((4b)). 그 결과 초점 요소를 제외한 둘째 '것' 절과 첫째 '것' 절은 동일한 요소들로 구성된다. 마지막으로 PF에서 동일성 조건을 만족시키면서 둘째 '것' 절이 삭제된다((4c)). 그 결과 ['것' 절 - 초점 요소 - 계사]라는 '것' 분열구문 어순이 도출된다.5)

위 두 분석은 공통적으로 초점 요소가 기저구조에서 '것' 절의 공백 위치에 생성된 후 도출 과정에서 '것' 절 밖으로 이동한다고 본다. 이 점을 고려하여 우리는 이 두 분석을 이동 분석이라고 부르겠다. 이동 분석은 초점 요소가 '것' 절의 공백 위치와 연결되어 있는 것처럼 보이는 연결 효과를 직접적으로 포착할 수 있는 방법을 제공해 준다. 가령, 초점 요소가 LF에서 기저 위치인 공백 위치로 재구성(reconstruction) 된다고 보면 앞에서 본 예외적 결속 현상을 간단히 설명할 수 있다. 그

---

4) M.-K. Park(2014a)는 일반적으로 "이다" 계사구문이 주어와 술어의 통사범주가 동일하기를 요구한다고 보고, '것' 분열구문에 대해 두 개의 '것' 절을 상정함으로써 이 동일 통사범주 조건을 만족시키게 된다고 하였다.

5) (4)와 유사한 분석이 박철우(2008: 90)에도 제시되었다.

런데 과연 이동 분석이 가정하듯이 초점 요소가 '것' 절의 공백 위치에서 이동하였을까? 그렇다고 보기 힘든 이유에 대해서는 3절에서 논의할 것이다. 3절로 넘어가기 전에 잠깐 위 두 이동 분석 각각이 독자적으로 안고 있는 문제점을 지적하겠다.

먼저 (3)에 예시된 J.-M. Jo(2005)의 분석은 박소영(2014a)이 지적하였듯이 고유 결속 조건(Proper Binding Condition)을 어긴다는 문제점이 있다.6) (3c)에서 주제어 이동을 한 '것' 절 속의 흔적은 이것의 선행사인 초점 요소에 의해 결속되지 못하고 있어 고유 결속 조건을 어기고 있다. 한편, 고유 결속 조건을 어긴 문장은 다음 (5c)에서 보듯이 한국어에서 완전히 비문법적이다.

(5) a. 철수가 [어머니가 아버지를 사랑한다는 것을] 안다.

b. 아버지를$_i$ [철수가 [어머니가 t_i 사랑한다는 것을] 안다].

c. *[어머니가 t_i 사랑한다는 것을]$_j$ [아버지를$_i$ [철수가 t_j 안다]].

(5c)는 기저구조 (5a)에서부터 종속절 속의 목적어 "아버지를"을 주절 앞으로 뒤섞기 이동을 시킨 후 종속절을 "아버지를" 앞으로 뒤섞기 이동시켜 도출한 결과이다. 그 결과 "아버지를"의 흔적은 선행사에 의해 성분통어되지 못하고 따라서 결속되지 못해 고유 결속 조건을 어긴다. (5c)는 완전히 비문법적인데 고유 결속 조건 말고는 이 문장을 비문법적이도록 만드는 어떤 다른 이유가 없어 보인다. 왜냐하면 한국어는 종속절 속의 목적어나 또는 종속절 자체가 뒤섞기 이동하는 것은 허용하기 때문이다. (5)를 통하여 한국어에서 고유 결속 조건

---

6) 고유 결속 조건은 Fiengo(1977)에 제안된 것으로 '흔적은 결속되어야 한다(Traces must be bound)'는 조건이다.

이 준수되어야 한다는 것을 보았는데, 그렇다면 고유 결속 조건을 어기는 '것' 분열구문에 대한 J.-M. Jo(2005)의 도출 과정 (3)은 배제되어야 한다.

(4)에 예시된 M.-K. Park(2014a, 2014b)의 문제점은 PF에서 삭제된다는 '것' 절이 발음되었을 때 이것이 발음되지 않을 때와 비교하면 현격히 부자연스럽게 들린다는 것이다. 다음 (6a)는 문제의 절이 발음된 경우이고 (6b)는 이 절이 발음되지 않은 경우이다.

(6)   a. ??철수가 이 꽃을 받은 것은 영희로부터 철수가 이 꽃을 받은 것이다.
      b. 철수가 이 꽃을 받은 것은 영희로부터이다.

일반적으로 PF-삭제는 수의적이다. 그렇다면 둘째 '것' 절에 PF-삭제가 적용되어 도출된 (6b)와 PF-삭제가 적용되지 않고 도출된 (6a)는 문법성이 동일하기를 기대해야 한다. 따라서 (6a)가 (6b)보다 훨씬 부자연스럽게 들린다는 사실은 이 PF-삭제 분석에 문제가 된다.[7]

---

7) 혹시 잉여적인(redundant) 요소를 발음했을 경우 문장이 나빠진다고 볼 수 있을는지 모른다. 만약 그렇다면 (6a)의 비문법성이 PF-삭제 분석에 문제가 되지 않을 것이다. 하지만 다음 조각문(fragment)의 예를 보면 잉여적 요소의 발음이 문법성에 영향을 미치는 것 같지 않다.

(i)   A: 누구를 철수가 어제 만났니?
      B: 영희를 ~~철수가 어제 만났어~~.
      B': 영희를 철수가 어제 만났어.

질문 (iA)에 대해 의문사에 상응하는 부분만으로 구성된 조각문으로 대답할 수도 있고 (iB), 질문에 나타난 동일 요소까지 반복하는 완성문으로 대답할 수도 있다 (iB'). 조각문 (iB)는 "영희를"이 이동한 후 남겨진 "철수가 어제 만났어"라는 성분, 즉 질문 (iA)에 나타나는 동일 요소가 PF에서 삭제되어 도출되었다고 보는 것이 일반적이다. 반면, 완성문 (iB')는 PF에서 삭제되는 이 잉여 성분이 삭제되지 않고 그대로 발음된 경우이다. 그런데 완성문 (iB')은 조각문 (iB)만큼 자연스럽다. 적어도 (6a)만큼 부자연스럽지는 않다. 따라서 (6a)의 비문법성은 잉여 요소가 발음되었기

3. 기저 생성 분석

이 절에서 우리는 이동 분석의 주장과 달리 '것' 분열구문의 초점 요소가 계사 직전 위치에 기저 생성됐다는 논거들을 제시할 것이다. 구체적으로, 연결 효과(connectedness effect)를 보이는 현상들과 비연결 효과(anti-connectedness effect)를 보이는 현상들을 살펴보고 이 두 부류의 현상들 모두 이동 분석을 부정하고 기저 생성 분석을 지지하는 증거가 된다는 점을 보여줄 것이다.

3.1. 연결 효과 현상

연결 효과 현상으로 여기서 살펴볼 것은 결속 현상과 범주 불일치 현상이다.

때문이라고 볼 수 없다.

PF-삭제 분석을 유지하면서 (6a)의 비문법성을 포착할 수 있는 다른 한 방법은 (6a)에서 삭제되는 성분이 비합법적인 요소를 포함하고 있어 PF-삭제가 의무적으로 적용되어야 한다고 말하는 것이다. 비합법적인 요소를 포함하는 성분이 PF에서 삭제되면 문법성이 개선되므로(Lasnik 2002), 이 경우 (6a)와 (6b)의 대조적 차이를 설명할 수 있을 것이다. 이것이 가능한 해결안이 될 수 있는지를 알아보기 위해 (6b)의 도출 과정인 (4)를 살펴보자. (4c)에서 삭제되는 부분이 비합법적 요소를 포함하고 있다면 그것은 초점 요소의 흔적일 것이다. M.-K. Park은 초점 요소 이동의 성격에 대해 명시적으로 언급하고 있지 않지만 (4)에 제시된 구조를 감안하면 뒤섞기 이동을 하여 '것' 절에 부가되거나 '것' 절 내부 FocP의 지정어 위치로 이동한다고 보는 것 같다. 그리고 '것' 절 내부에 논항들이 모두 실현된다고 보고 있기 때문에 "것"을 관계절의 선행사가 아니라 보문소로 보는 것 같다. 그렇다면 (4)에서 초점 요소의 이동은 절 내부에서의 이동이므로 적법한 이동이고 따라서 흔적은 적법한 요소이다. 따라서 비합법적 요소를 가정하고 PF에서 삭제가 의무적으로 적용된다고 보는 분석 또한 가능한 해결안이 될 수 없다. 결국 (6a)와 (6b)가 문법성에서 대조적이라는 사실은 PF-삭제 분석에 문제가 된다.

3.1.1. 결속 현상

연결 효과를 보여주는 전형적인 것은 서두에서 보았던 결속 현상이다. 다음은 (2)의 예들을 반복한 것이다.

(7) a. [철수$_i$가 e 사랑하는 것]은 자기 자신$_i$이다.

 b. *[철수$_i$가 e 사랑하는 것]은 그$_i$이다.

 c. *[그$_i$가 e 사랑하는 것]은 철수$_i$이다.

이 예들에서 초점 요소와 이것의 선행사는 서로 성분통어(c-command) 관계에 있지 않음에도 불구하고 마치 두 요소 사이에 결속이론이 적용되는 것처럼 보인다. 이점에서 이 예들이 보여주는 결속 현상은 예외적 결속 현상이다.

초점 요소가 '것' 절의 공백 위치에서 이동했다고 보는 이동 분석은 (7)이 보여주는 예외적 결속 현상을 어렵지 않게 포착할 수 있다. J.-M. Jo(2005)과 M.-K. Park(2014a, 2014b)은 각각 (7a)에 대해 다음과 같이 분석할 것이다.

(8) a. [$_{IP}$ [$_{SC}$ pro [$_{CP}$ 철수가 자기 자신을 사랑한 것]]이다]

 b. [$_{IP}$ [$_{SC}$ pro [$_{CP}$ 자기 자신$_i$ [$_{CP}$ 철수가 t$_i$ 사랑한 것]]]이다]

 c. [$_{TopP}$ [$_{CP}$ 철수가 t$_i$ 사랑한 것]$_j$-은 [$_{IP}$ [$_{SC}$ pro [$_{CP}$ 자기 자신$_i$ t$_j$]]]이다]]

(9) a. [철수가 사랑한 것은] [철수가 자기 자신을 사랑한 것]-이다

 b. [철수가 사랑한 것은] [[자기 자신$_i$ ~~철수가 t$_i$ 사랑한 것~~]]-이다

위 도출 과정들에서 이동한 초점 요소들이 LF에서 원래 자리로 재구성된다면 초점 요소는 이것의 기저 위치인 '것' 절의 공백 위치에 나

타나게 될 것이다. 이 경우 초점 요소 "자기 자신"은 결속 원리 (A)를
만족시킨다. (7b)와 (7c)의 경우는 공백 위치로 재구성된 대명사 "그"
와 지시 표현 "철수"가 각각 결속 원리 (B)와 (C)를 어긴다. 이렇게 하
여 (7a)가 문법적이고 (7b)와 (7c)가 비문법적인 사실이 설명된다.

그런데 '것' 분열구문이 보여주는 예외적 결속 현상은 '것' 분열구문
에만 특이한 현상이 아니다. 다음 예들을 보자.

(10) a. [철수$_i$가 e 사랑하는 사람]은 자기 자신$_i$이다.

b. *[철수$_i$가 e 사랑하는 사람]은 그$_i$이다.

c. *[그$_i$가 e 사랑하는 사람]은 철수$_i$이다.

위 예들은 "것" 대신에 "사람"이 나타난다는 점에서만 (7)의 예들과
다르다. 그리고 이 예들의 문법성은 (7) 예들의 문법성과 동일하다.
즉, (7)에서와 마찬가지로 이 예들에서도 예외적인 결속 현상인 연결
효과가 그대로 유지되고 있다. 이 사실은 '것' 분열구문에 있어 예외적
결속 현상이 더 이상 이동 분석에 위한 증거가 될 수 없음을 의미한
다. 왜 그런지를 보자.

(10)의 예들에서 주어는 관계절을 포함하는 명사구이다. 편의상
(10)의 예들을 '관계절 분열구문'이라고 부르겠다. 문제는 (7)과 (10)
에서 보았듯이 '것' 분열구문의 예들과 관계절 분열구문의 예들이 똑
같이 예외적 결속 현상을 보여준다는 사실을 어떻게 포착할 것인가
이다. 이 두 구문이 동일 구문이고 동일 구조를 지니고 있다면 이 사
실은 간단히 포착될 수 있다. 왜냐하면 동일 구문, 동일 구조라면 당
연히 동일한 결속 현상을 보여줄 것이기 때문이다. 두 구문이 동일 구
문이라면 다음 두 가지 가능성이 열려 있다. 하나는 (7)의 '것' 분열구
문을 관계절 분열구문으로 보는 것이고, 다른 하나는 (10)의 관계절

분열구문을 '것' 분열구문으로 보는 것이다. 우리는 이 두 가능성 중 '것' 분열구문을 관계절 분열구문으로 보는 것이 옳다고 주장할 것이다. 그리고 이동 분석에서는 '것' 분열구문을 관계절 분열구문으로 볼 수 있는 가능성이 배제되어 있는 반면 기저 생성 분석에서는 이 가능성이 허용된다고 주장할 것이다.

이동 분석은 '것' 분열구문의 '것' 절을 명사구가 아니라 절로 간주한다. 이것은 이동 분석의 구조인 (8a)과 (9a)에서 '것' 절 내부에((9a)에서는 둘째 '것' 절 내부에) 초점 요소와 함께 공백 없이 모든 논항이 설정되어 있는 것으로 알 수 있다. 만약 이동 분석이 '것' 절을 관계절을 포함하는 명사구로 보고 있다면 '것' 절 내부에 "것"을 선행사로 취하는 공백을 설정했어야 할 것이다. 실제로 J.-M. Jo(2005)는 (8)에서 보듯이 '것' 절을 CP로 표기하고 있다. '것' 절을 CP 절로 간주한다는 것은 '것' 절의 핵어가 "것"이므로 "것"을 보문소(complementizer)로 본다는 것을 의미한다.[8]

'것' 분열구문의 "것"을 보문소로 간주하는 것은 이동 분석의 핵심 사항이다. 따라서 이동 분석의 처지에서 '것' 분열구문과 관계절 분열구문을 동일 구문이라고 말하기 위해서는 관계절 분열구문을 '것' 분열구문으로 간주해야 한다.[9] 즉, 관계절 분열구문에서 관계절을 포함

---

8) '것' 분열구문의 "것"의 본질이 무엇인가에 대해서는 사람마다 의견이 분분하여 아직까지 어떤 지배적인 의견이 형성되어 있지 않다. Kang(2006)은 본문에서 언급하는 이동 분석에서처럼 보문소로, 박철우(2008)는 보문절의 머리명사로, 이정식(2010)은 명사화 보문소로, 최기용(2011)은 빈 NP를 채우는 것으로, H.-J. Yoon(2012)은 허사(expletive)로 간주한다. 이들의 공통점은 '것' 분열구문의 "것"을 어휘 범주가 아니라 기능 범주로 본다는 것인데, 우리는 이 기능 범주 시각과 달리 '것' 분열구문의 "것"을 관계절의 선행사로, 즉 어휘 범주로 볼 것이다.

9) '것' 분열구문을 관계절 분열구문으로 간주한다면, 즉 '것' 절을 관계절로 간주한다면 "것"을 더 이상 보문소로 분석할 수 없을 것이고 따라서 이동 분석의 핵심 사항을 유지할 수 없게 된다.

하는 명사구가 실제에 있어서는 명사구가 아니라 보문절로 분석되어야 하고, 명사구의 핵어, 즉 관계절 선행사가, 예를 들어, (10)의 예들에서 "사람"이 보문소로 분석되어야 한다.

그러나 (10)의 예들에서 "사람"은 기능 범주인 보문소로 분석될 수 없다. 우선 "사람"은 기능 범주가 아니고 어휘 내용을 지닌 어휘 범주이다. 그리고 "사람"이 보문소가 될 수 있다면 절 내부의 모든 논항이 다 나타나는 것이 허용되어야 하는데 그렇지 못하다. 다음 예들이 보여주듯이 "사람" 직전에 나타나는 절에서는 언제나 논항들 중 하나가 공백이 되어야 한다.

(11) a. *[철수가 자기 자신을 사랑하는] 사람

 b. [철수가 e 사랑하는] 사람

이처럼 '것' 절의 핵어인 "것"을 보문소로 간주하는 이동 분석은 관계절 분열구문을 '것' 분열구문과 동일한 구문으로 취급할 수 없다. 따라서 관계절 분열구문인 (10)의 예들이 보여주는 예외적 결속 현상은 '것' 분열구문에서와는 다른 방식으로 포착해야 한다. 이것은 앞에서도 언급했지만 바람직하지 않다. 결국 '것' 분열구문이 보여주는 예외적 결속 현상은 이동 분석을 지지하는 증거가 아니라 오히려 이동 분석에 문젯거리가 된다.

이제 반대의 가능성, 즉 '것' 분열구문을 관계절 분열구문으로 볼 수 있는 가능성을 살펴보자. '것' 분열구문인 (7)의 예들은 "사람" 대신에 "것"이 사용됐다는 점에서만 관계절 분열구문인 (10)의 예들과 다를 뿐 형식은 (10) 예들의 그것과 동일하다. 특히 "것" 직전 절의 형태가 관계절 형태라는 점은 '것' 분열구문이 관계절 분열구문이라는 것을 강력히 암시한다. 또한 '것' 분열구문의 "것"을 관계절 선행사로 보지 못할 이유가 없어 보인다. 일반적으로 "것"이 지니고 있는 용법 중 (대)명사로서의 용법이 가장 기본적인 용법이라고 말할 수 있는데, "것"은 이 (대)명사 용법으로 관계절 선행사가 될 수 있기 때문이다. 이런 이유로 우리는 '것' 분열구문의 "것"을 관계절 선행사로, 그리고 "것" 앞에 나타나는 절을 이 "것"을 수식하는 관계절이라고 보겠다. 즉, '것' 분열구문이 실제로는 관계절 분열구문이라고 보겠다.10)

'것' 분열구문이 관계절 분열구문이라고 하더라도 초점 요소 이동에 대한 가정을 유지하는 이동 분석을 생각해 볼 수는 없을까? 즉, 초점 요소가 관계절을 포함하는 명사구 밖으로 이동하고 난 후 초점 요소만 남겨두고 이 관계절을 포함하는 명사구가 주제어 이동을 하거나 삭제됐다고 볼 수는 없을까? 이 경우 '것' 절은 관계절을 포함하는 복

---

10) '것' 분열구문이 섬제약(island constraint)을 준수한다는 것이 많은 사람들에 의해 지적되었는데, 이 사실 또한 "것"이 관계절 선행사라는 우리의 주장을 지지하는 또 다른 증거이다. '것' 분열구문이 섬제약을 준수한다는 것을 보여주는 손근원 (2000b: 141)의 다음 예들을 보자.

   (i) a. [승주가 [소희가 e 좋아한다고] 생각하는 것]은 치즈케익이다.
        b. *[다은이가 [소희가 e 사 준 친구]를 싫어하는 것]은 소설책이다.
        c. ??[박 교수가 [e 글짓기 대회에서 일등했다는 소식]을 들은 것]은 현정이다.
        d. *[승주가 [엄마가 e 재운 뒤에] 놀이터에 간 것]은 동생이다.

   사실 위 예들에서 섬제약은 초점 요소와는 무관하게 단지 '것' 절 내부에서만 작용한다. 이것은 다음 예들을 통하여 알 수 있다. 다음 예들은 (i)의 예들에서 '것' 절만 따로 떼어낸 것인데 (i)의 예들과 문법성이 동일하다.

   (ii) a. [승주가 [소희가 e 좋아한다고] 생각하는 것]
        b. *[다은이가 [소희가 e 사 준 친구]를 싫어하는 것]
        c. ??[박 교수가 [e 글짓기 대회에서 일등했다는 소식]을 들은 것]
        d. *[승주가 [엄마가 e 재운 뒤에] 놀이터에 간 것]

   따라서 '것' 분열구문이 섬제약을 준수한다고 말하는 것보다는 '것' 절이 섬제약을 준수한다고 말하는 것이 더 정확한 표현이다. '것' 절이 섬제약을 준수한다는 사실은 '것' 절을 관계절을 포함하는 명사구로 보았을 경우 쉽게 설명될 수 있다. 왜냐하면 한국어에서 관계화 이동은 섬제약을 준수하기 때문이다(홍용철 1996). 결국 '것' 절이 섬제약을 준수한다는 사실은 '것' 절이 관계절을 포함하는 명사구이고 "것"이 관계절 선행사라는 우리의 주장을 지지하는 또 다른 증거이다.

합 명사구이기 때문에 '것' 절 밖으로 초점 요소가 이동할 수 없다는 것이 문제이다. 왜냐하면 이 이동은 복합 명사구 제약(Complex NP Constraint)을 어기기 때문이다. 결국 이 경우도 이동 분석이 주장하듯이 초점 요소를 '것' 절 내부에서부터 이동했다고 볼 수 없다. 초점 요소가 '것' 절, 즉 관계절에서부터 이동한 것이 아니라면 '것' 절과 독립적으로 생성됐다고 보아야 한다. 이것은 바로 기저 생성 분석이 주장하는 것이다.

지금까지의 논의를 요약하면 다음과 같다. '것' 분열구문과 관계절 분열구문이 동일한 예외적 결속 현상을 보여준다는 점에서 이 두 구문을 동일 구문이라고 보는 것이 바람직하다. 두 가지 가능성 중 '것' 분열구문을 관계절 분열구문이라고 보아야 한다. 그렇다면 이동 분석은 유지되지 못하고 기저 생성 분석만이 가능하다. 따라서 예외적 결속 현상은 이동 분석에 대한 증거가 되지 못하고 오히려 기저 생성 분석에 대한 증거가 된다.[11]

---

11) 기저 생성 분석이 예외적 결속 현상을 어떻게 설명할 수 있는지는 잘 모르겠다. 우리의 일차적 관심은 예외적 결속 현상이 이동 분석을 지지하는 증거가 될 수 있는가에 있기 때문에 이에 대한 구체적인 논의는 추후 연구과제로 미루어 두겠다. 여기서는 다만 이 문제에 대해 기저 생성 분석이 추구할 수 있는 대략적인 방향만을 언급하겠다. 기저 생성 분석은 '것' 분열구문을 계사구문의 하나로 취급한다. 구체적으로 우리는 도치 계사구문으로 본다((20)을 참고할 것). 즉, '것' 절과 초점 요소는 술어와 주어의 관계라고 본다. 그리고 '것' 분열구문을 Mikkelsen(2005)이 구분한 계사구문들 중 특정적 계사구문(specificational copular construction)에 속한다고 본다(cf. 김선웅 2010). 특정적 계사구문의 정보 구조적 특성은 주어와 술어 중 한 요소가 변항(variable)을 설정하고 다른 한 요소가 이 변항의 값(value)을 제공하는 기능을 한다는 것이다. '것' 분열구문에서 '것' 절의 "것"은 변항이고 초점 요소는 이 변항의 값이라고 볼 수 있다. 한편, "것"은 관계절 선행사이므로 관계대명사의 흔적인 관계절의 공백과 지표를 공유한다. 결국 초점 요소 - '것' - 관계대명사 - 관계대명사 흔적(= 공백)이라는 연결 고리를 설정할 수 있는데, 이 연결 고리가 초점 요소가 마치 '것' 절 속의 공백 위치에 나타나는 것처럼 해석되는 사실을 포착하기 위한 수단을 제공할 수 있을 것이라고 본다.

3.1.2. 범주 불일치 현상

M.-K. Park(2014a, 2014c)은 한국어에서 일반적으로 계사구문의 주어와 술어는 모두 명사구로서 두 요소 사이에 범주가 일치한다고 본다. 그런데 '것' 분열구문의 경우는 예외적으로 두 요소 사이에 범주가 일치하지 않을 수 있다. 다음 '것' 분열구문의 예들에서 보듯이 초점 요소에는 명사구가 아니라 후치사구 또는 부사절이 나타날 수 있다.

(12) a. [철수가 꽃을 산 것]은 [영희*(를 위해서)]이다.
　　 b. [철수가 나무를 자른 것]은 [톱*(으로)]이다.
(13) a. [철수가 영희를 만난 것]은 [밥을 먹고 나서]이다.
　　 b. [철수가 결석한 것]은 [배가 아파서]이다.

그런데 이 범주 불일치의 경우 초점 요소는 언제나 '것' 절의 구성 성분으로 해석된다. 이런 점에서 범주 불일치(categorial mismatch) 현상은 연결 효과를 보여주는 또 다른 현상이라고 볼 수 있다.12)

이동 분석은 범주 불일치 현상의 경우 초점 요소가 언제나 '것' 절의 성분으로 해석된다는 이 사실을 직접적으로 포착할 수 있다. 이동 분석에 따르면 초점 요소가 '것' 절 앞으로 뒤섞기 이동한 후 '것' 절이 (J.-M. Jo의 경우) 주제어 이동을 하거나 (M.-K. Park의 경우) PF-삭제를 겪는다. 따라서 '것' 절 앞으로 뒤섞기 이동할 수 있는 것이라면 어느 것이나 '것' 분열구문의 초점 요소가 될 수 있다. 뒤섞기 이동을 겪을 수

---

12) M.-K. Park(2014a)의 이동 분석은 이 예외적인 범주 불일치 현상을 겉으로만 그렇게 보일뿐이지 실제로는 범주 일치 조건을 만족시키는 것으로 볼 수 있도록 해준다. 이 이동 분석에 따르면 예를 들어 (12a)가 다음과 같이 분석될 것이다.

　(i) [철수가 꽃을 산 것]은 [[영희를 위해서]ᵢ [철수가 tᵢ 꽃을 산 것]]이다

　위 분석에서 PF-삭제 운용이 적용되기 전에는 주어와 술어가 모두 '것' 절이다. 따라서 주어와 술어 사이에 범주가 일치한다고 볼 수 있다.

있는 것은 명사구뿐만 아니라 후치사구나 부사절 등도 가능하다. 따라서 '것' 분열구문은 초점 요소가 명사구가 아닌 다른 범주가 되는 것을, 즉 범주 불일치를 허용한다. 그리고 이 범주 불일치를 보이는 초점 요소는 뒤섞기 이동을 겪은 '것' 절의 한 성분이므로 당연히 '것' 절의 성분으로 해석된다. 이처럼 이동 분석은 '것' 분열구문에서 초점 요소가 범주 불일치 현상을 보일 수 있다는 사실과 이 초점 요소가 '것' 절의 성분으로 해석된다는 사실 사이의 상관성을 직접적으로 포착할 수 있다.

그런데 과연 범주 불일치 현상은 '것' 분열구문에만 국한된 현상일까? 다음 예들은 그렇지 않다는 것을 보여준다.

(14) a. [우리가 사는 목적]은 [아이들을 잘 키우기 위해서]이다.

　　 b. [철수가 영희를 만난 때]는 [밥을 먹고 나서]이다.

　　 c. [철수가 결석한 이유]는 [배가 아파서]이다.

이 예들은 주어의 핵어인 "목적", "때", "이유"가 명사이고 술어가 후치사구 또는 부사절이므로 분명 범주 일치 조건을 준수하고 있지 않다.13)

---

13) 계사구문에서 주어와 술어 사이에 일치해야 하는 범주를 통사범주가 아니라 의미범주(semantic category)라고 보자. 그렇다면 (14)의 예들이 범주 일치 조건을 만족시킨다고 말할 수 있을 듯하다. 왜냐하면 "아이들을 키우기 위해서"는 목적, "밥을 먹고 나서"는 때, "배가 아파서"는 이유라는 의미범주에 속한다고 볼 수 있을 것이기 때문이다. 하지만 Mikkelsen(2005)이 구분한 계사구문들 중 적어도 서술 계사구문(predicational copular construction)에 대해서는 통사범주 일치 조건뿐만 아니라 의미범주 일치 조건도 설정할 수 없다. 한 예로 "영희가 예쁘다"와 같은 서술 계사구문에서 술어로 형용사가 나타날 수 있는데 이 경우 주어와 술어 사이에 통사범주도 그리고 의미범주도 일치하고 있지 않기 때문이다. 의미범주 일치 조건이 존재한다면 이 조건은 그 이외의 계사구문들, 즉 특정적 계사구문(specificational copular construction), 동일 계사구문(identificational copular construction), 등가 계사구

(14)의 예들은 주어가 관계절을 포함하는 명사구이고 술어가 관계절의 구성 성분처럼 행동한다는 점에서 (10)의 예들과 같다. 즉, (14)의 예들은 관계절 분열구문이다. 앞에서 논의했던 것처럼 관계절 분열구문은 초점 요소가 관계절 내부에서 이동하여 도출됐다고 볼 수 없고, 따라서 관계절 분열구문에 대해서는 이동 분석을 유지할 수 없다. 즉, (14)에서 초점 요소는 관계절 내부에서 이동한 것이 아니라 관계절과 독립적으로 계사 직전에 기저 생성됐다고 보아야 한다. 한편, 앞에서 '것' 분열구문은 관계절 분열구문과 동일한 구문으로 간주되어야 함을 논의했었다. 그렇다면 (12)와 (13)과 같은 '것' 분열구문에서도 범주 불일치 초점 요소는 '것' 절, 즉 관계절 내부에서 이동한 것이 아니라 '것' 절과 독립적으로 생성된 것이라고 보아야 한다. 이것은 곧 기저 생성 분석이 주장하는 것이다.14)

범주 불일치 초점 요소가 '것' 절 내부에서 이동한 것이 아니라는 또 다른 증거가 있다. 다음 (15a)는 M.-K. Park(2001, 2009)이 '주어 없는 분열구문(subjectless cleft construction)'이라고 부른 것이다. 이 예에서 계사 "이다" 직전에 초점 요소만 나타나고 주어가 나타나고 있지 않다. 주어가 발음되지 않지만 M.-K. Park은 주어 자리에 '것' 분열구문의 '것' 절을 지칭하는 pro가 있다고 보았다((15b)). 그 이유는 (15c)가 보여주듯이 발음되지 않는 자리에 '것' 절이 나타날 수 있고 또 (15d)가 보여주듯이 대명사 "그것이" 나타날 수 있기 때문이다.15)

───────────────

문(equative copular construction)에서 적용된다고 해야 하는데 이 구문들에서조차도 의미범주 일치 조건이 설정될 수 있는지는 더 많은 연구가 필요하다.

14) 기저 생성 분석이 범주 불일치 초점 요소가 '것' 절 구성 성분으로 해석된다는 사실을 어떻게 설명할 수 있는가는 우리의 일차적인 관심이 아니기 때문에 이에 대한 본격적인 논의는 추후 연구과제로 미루어 두겠다.

15) M.-K. Park(2001, 2009)은 (15)에서처럼 초점 요소에 후치사가 필수적으로 출현하는 경우 주어 없는 분열구문을 '것' 분열구문으로 보아야 한다고 주장한다. 이 주장의

(15) a. 철수가 꽃을 샀다고 들었는데, [e [누구를 위해서]인지] 모르겠다.

　　 b. ..., pro [누구를 위해서]인지 모르겠다.

　　 c. ..., [철수가 꽃을 산 것이] [누구를 위해서]인지 모르겠다.

　　 d. ..., 그것이 [누구를 위해서]인지 모르겠다.

주어 없는 분열구문에서 주어 위치에 pro 또는 "그것이" 나타나는 경우에 주목하자. 이 경우에도 '것' 분열구문에서와 마찬가지로 범주 불일치 현상이 나타난다. 왜냐하면 주어인 pro 또는 "그것"은 대명사인데 반해 술어인 "누구를 위해서"는 후치사구이기 때문이다. 그런데 (15b, d)에서처럼 pro나 "그것"이 나타나는 경우는 초점 요소 "누구를 위해서"가 pro나 "그것" 내부에서 이동했다고 볼 수 없다. 왜냐하면 pro나 "그것"은 절이 아니기 때문에 내부에 후치사구 초점 요소를 위한 공백이 있을 수 없기 때문이다. 후치사구인 초점 요소가 pro나 "그것" 내부에서 이동했다고 볼 수 없다면 이것은 pro나 "그것"과 독립적으로 생성됐다고 보아야 한다. 이것은 곧 범주 불일치 현상은 이동 분석을 지지하는 증거가 아니라 오히려 기저 생성 분석을 지지하는

논거들 중 하나는 다음과 같다. 우선 (15)에서 초점 요소에 나타나는 후치사는 그 출현이 필수적이다.

(i) 철수가 꽃을 샀다고 들었는데, [e [누구*(를 위해서)]인지] 모르겠다.

그런데 초점 요소에의 후치사의 필수적 출현은 '것' 분열구문의 특징이다. 다음 (iia)가 이것을 보여준다.

(ii) a. 영희가 그 일을 한 것은 누구*(를 위해서)예요?
　　 b. 영희가 누군가를 위해 그 일을 했다고 하던데, (그것이) 누구(를 위해서)인지 모르겠다.

이것은 (iib)와 같은 '보통의' 무주어 분열구문('usual' subjectless cleft construction)에서 후치사의 출현이 수의적이라는 사실과 대조적이다. 요약하면, (15)에서 초점 요소에 나타나는 후치사는 그 출현이 필수적인데 이것은 '것' 분열구문의 특징이기 때문에 (15)를 '것' 분열구문으로 분석되어야 한다는 것이다. 주어 없는 분열구문에서 초점 요소에 후치사구가 필수적으로 출현하는 경우 '것' 분열구문으로 분석되어야 한다는 또 다른 논거들에 대해서는 M.-K. Park(2001, 2009)을 참조할 것.

증거라고 보아야 한다는 것을 의미한다.

　한편, 범주 불일치 현상은 또 다른 차원에서 이동 분석에 문제가 된다. 앞에서도 언급했듯이 이동 분석에 따르면 뒤섞기 이동을 할 수 있는 것은 어떤 것이나 '것' 분열구문의 초점 요소가 될 수 있다. 즉, 이동 분석은 뒤섞기 이동이 가능한, 명사구 이외의 모든 범주가 범주 불일치 현상을 보여줄 것이라고 예측한다. 하지만 이남근(2008)은 '것' 분열구문에서 부사와 '-고' 절이 초점 요소가 될 수 없다고 하였고 손근원(2000a)도 부사가 초점 요소가 될 수 없다고 하였다. 다음은 관련 예들이다.

　(16) a. *철수가 달린 것은 빠르게이다.
　　　 b. *철수가 그림을 그린 것은 서투르게이다.
　(17) a. *철수가 말한 것은 [영희가 영리하다고]이다.
　　　 b. *철수가 주장한 것은 [제주도가 아름답다고]이다.

위 예들의 초점 요소들은 뒤섞기 이동이나 초점어 이동을 하는 데 아무런 문제가 없다.

　(18) a. 빠르게$_i$ 철수가 t_i 달린 것이다.
　　　 b. 서투르게$_i$ 철수가 t_i 그림을 그린 것이다.
　(19) a. [영희가 영리하다고]$_i$ 철수가 t_i 말한 것이다.
　　　 b. [제주도가 아름답다고]$_i$ 철수가 t_i 주장한 것이다.

따라서 (16)과 (17)의 예들이 비문법적이라는 사실은 이동 분석에 문제가 된다.

　부사와 '-고' 절이 초점 요소가 될 수 없다는 사실을 기저 생성 분석은 어떻게 포착할 수 있을까? 우리는 '것' 분열구문이 도치 계사구문 (inverse copular construction)이라는 J. Yoon(2002, 2005)의 주장을 받아 들인다. 다음은 '것' 분열구문의 도출 과정에 대한 J. Yoon의 주장을 예로 나타낸 것이다.

(20) a. [$_{TopP}$ [$_{VP}$ [$_{SC}$ [이 책] [철수가 산 것]]-이다]]

b. [$_{TopP}$ [철수가 산 것]$_i$ [$_{VP}$ [$_{SC}$ [이 책] t_i]-이다]]

(20a)는 기저구조인데 우리는 Heggie(1988)와 Moro(1997)의 주장을 따라서 계사가 소절을 보충어로 취한다고 본다. 이 기저구조에서 주 목해야 할 것은 소절 속에서 초점 요소가 주어이고 '것' 절이 술어라 는 것이다.16) 이 기저구조에서 술어인 '것' 절이 주어인 초점 요소를 건너 주제어 이동을 하여 ['것' 절 - 초점 요소 - 계사]라는 '것' 분열구

---

16) '것'-분열구문에서 '것' 절을 술어라고 보는 J. Yoon의 근거는 이것이 "만"과 같은 특수 조사와 결합할 수 없다는 것이다. 일반적으로 "만"과 같은 특수 조사는 술어 명사와 결합했을 때 매우 어색하게 들린다.

(i) a. 철수는 부자-(*만)-이다.
    b. 부자는 철수-(만)-이다.

그런데 '것' 분열구문에서 '것' 절은 "만"과 결합하지 못하는 반면, 초점 요소는 이것과 결합할 수 있다. 이것이 전자가 술어이고 후자가 주어라는 J.Yoon의 논거이다.

(ii) a. 이 책은 [철수가 산 것]-(*만)-이다.
    b. [철수가 산 것]은 이 책-(만)-이다.

계사구문에서 주어와 술어를 확인해 볼 수 있는 또 다른 수단이 박정섭(2014: 172-173)과 홍용철(2014: 298, 301)에 제시되었는데, 술어는 관계화 이동을 할 수 없다는 것이 그것이다. 이 테스트에서도 초점 요소와 달리 '것' 절은 관계절에 의해 수식될 수 없다.

(iii) a. [철수가 산 것은] 이 책이다.
     b. *이 책인 [철수가 산 것]
     c. [철수가 산 것]인 이 책

즉, 관계화 테스트에서도 "만" 테스트에서와 마찬가지로 '것' 분열구문에서 '것' 절이 술어이고 초점 요소가 주어라는 것을 알 수 있다.

문 어순이 도출된다. '것' 분열구문에 대한 J. Yoon의 이 분석을 우리는 '도치 계사 분석(Inverse Copular Construction Analysis)'이라고 부르겠다. 이 도치 계사 분석은 기저 생성 분석들 중 하나이다.17) 왜냐하면 이 분석은 주어로 간주된 초점 요소가 술어로 간주된 '것' 절과 독립적으로 생성됐다고 보기 때문이다.

도치 계사 분석은 왜 부사와 '-고' 절 같은 요소가 초점 요소가 될 수 없는지를 명쾌하게 설명해 준다. 초점 요소가 주어라는 도치 계사 분석에 따르면 초점 요소는 우선 주어가 될 수 있는 것이어야 한다. 그런데 부사는 주어가 되지 못한다. 따라서 (16)에서처럼 부사가 초점 요소 위치에 나타날 경우 비문이 된다. 다음 예들은 '-고' 절 또한 주어가 되지 못 한다는 것을 보여준다.

(21) a. *[철수가 영희를 때렸다고] 아버지를 화나게 했다.

    b. [철수가 영희를 때린 것이] 아버지를 화나게 했다.

따라서 (17)에서처럼 '-고' 절이 초점 요소 위치에 나타날 경우 비문이 된다.18)

---

17) '것' 분열구문에 대한 기저 생성 분석의 범주에 속하는 연구들에는 J. Yoon(2002, 2005), 이외에 B. Kang(2006), J. Kim(2012), Kim & Sells(2013) 등이 있다. 하지만 이들은 J. Yoon(2002, 2005)와 달리 '것' 분열구문을 도치 계사구문이 아니라 정상 계사구문이라고 본다.

18) 다음 예들에서 나타나는 '-고' 절은 주어처럼 보일 수 있다.

  (i) a. [철수가 영희를 때렸다고] 알려져 있다.
     b. [제주도에 관광객이 늘었다고] 보고되었다.

  위 문장들에서 동사는 수동형이다. 따라서 의미역을 고려했을 때 적어도 기저구조에서는 '-고' 절이 동사의 보충어 위치에 나타난다고 보아야 한다. 문제는 위 문장들에서 '-고' 절이 표층구조에서 주어 위치로 이동했는지 여부이다. 한국어의 경우는 이론적 차원이나 경험적인 차원에서 주어 위치로 이동했다고 보아야 할 확실한 논거가 아직까지 제시된 것 같지 않다. 이론적 차원에서 확대 투사 원리(EPP)가

3.2. 비연결 효과

여기서는 초점 요소가 '것' 절의 공백 위치에 연결되어 있지 않다는 것을 암시하는 비연결 효과(anti-connectedness effects) 현상들이 이동 분석을 부정하고 기저 생성 분석을 지지하는 증거임을 논의한다. 살펴볼 비연결 효과 현상은 부정극어, 격 표지 출현 요소, 그리고 관용 표현의 성분이 초점 요소가 될 수 없다는 사실이다.

3.2.1. 부정극어

'것' 분열구문에서 부정극어(negative polarity item)는 초점 요소가 되지 못 한다. 다음은 이것을 보여주는 예이다.

(22) a. *철수가 만나지 않은 것은 아무도이다.

b. 철수가 아무도 만나지 않은 것이다.

만약 부정극어 초점 요소가 '것' 절의 공백 위치에 나타나는 것과 같은 연결 효과를 지니고 있다면 (22b)가 좋은 문장이듯이 (22a)는 좋은 문장이어야 할 것이다. 그렇지 않다는 것은 부정극어가 공백 위치에 나타나지 않는 효과를 지닌다는 것을 의미하므로 부정극어는 비연결 효과를 보인다고 할 수 있다.

기저 생성 분석은 부정극어의 비연결 효과를 직접적으로 포착할 수 있다. 우리가 채택한 도치 계사 분석은 (22a)를 다음과 같이 분석

언어 보편적 원리인지, 즉 한국어에서도 주어 위치가 언제나 채워져 있어야 하는지 확실하지 않다. 경험적 차원에서도 위 문장들에서 '-고' 절이 주어라는 것을 보여주는 확실한 증거가 아직까지 제시된 것 같지 않다. 그렇다면 어떤 것의 존재에 대한 확실한 증거가 제시되기 전까지는 이것이 존재하지 않는다고 보는 것이 보다 합리적인 판단일 것이다.

할 것이다.

(23) [철수가 만나지 않은 것은]ᵢ [[sc 아무도 tᵢ]-이다]

(23)에서 부정극어 "아무도"는 소절의 주어 자리에 나타나고 있고 '것' 절은 소절의 술어 자리에 있다가 주제어 이동을 하였다. 따라서 부정 극어는 '것' 절 속의 공백 위치와 연결되어 있지 않다. 그 결과 같은 절의 부정 요소에 의해 인허되어야 한다는 부정극어 조건을 만족시 킬 수 없어 비문이 된다고 올바로 예측한다.

　일반적으로 비연결 효과는 이동 분석에 문제가 될 것처럼 보인다. 하지만 '것' 절이 초점 요소를 건너 주제어 이동을 한다고 보는 J.-M. Jo(2005)의 이동 분석에는 부정극어 비연결 효과가 문제되지 않을 수 있다. (22a)에 대해 이 분석이 상정하는 다음 도출 과정을 보자.

(24) a. [IP [sc pro [CP 아무도ᵢ [CP 철수가 tᵢ 만나지 않은 것]]]이다]
　　 b. [TopP [CP 철수가 tᵢ 만나지 않은 것]ⱼ [IP [sc pro [CP 아무도ᵢ tⱼ]]이 다]]

(24b)에서 초점 요소를 건너 주제화 이동을 한 '것' 절 속의 부정 요소 "안"은 가시통사부(Overt Syntax)에서 초점 요소인 부정극어 "아무도"를 인허하지 못 한다. 왜냐하면 (24b)에서 "아무도"는 부정극어가 부정 요소와 동일 절 속에 나타나야 한다는 조건을 만족시키지 못하기 때 문이다. 한편, K.-W. Sohn(1995, 2001)은 부정극어가 부정 요소에 의해 인허되는 층위가 가시통사부라고 주장했다. 따라서 K.-W. Sohn의 주장을 받아들이면 이 이동 분석은 부정극어가 초점 요소가 될 수 없다는 사실을 포착할 수 있다.

반면 박소영(2014a)이 지적하였듯이 PF-삭제를 가정하는 이동 분석에는 부정극어 비연결 효과가 문제가 된다. (22a)에 대해 이 분석이 상정하는 다음 도출 과정을 보자.

(25) [철수가 만나지 않은 것은] [아무도 [철수가 t 만나지 않은 것]]이다.

위 구조에서 부정극어 "아무도"는 '것' 절 내부에서 이동하고 있기 때문에 같은 절의 부정 요소에 의해 인허되어야 한다는 부정극어 조건을 여전히 만족시킨다. 따라서 이 분석은 사실과 달리 부정극어가 초점 요소가 될 수 있을 것이라고 예측한다.

요약하면 기저 생성 분석은 부정극어 비연결 효과 현상을 직접적으로 포착할 수 있다. 이동 분석은 특정 분석에 따라 이 현상을 포착할 수 있는 길이 있기도 하고 없기도 하다. 따라서 이 현상은 기저 생성 분석은 옳고 이동 분석은 옳지 않다는 것을 보여주는 절대적인 증거는 아니다.

3.2.2. 격 표지

'것' 분열구문에서 초점 요소에는 주격 표지나 목적격 표지가 나타날 수 없다.

(26) a. [이 책을 산 것은] 철수-(*가)-이다
    b. [철수가 산 것은] 이 책-(*을)-이다

이 현상은 이동 분석에 문제가 된다. 왜냐하면 어떤 요소가 뒤섞기 이동이나 초점어 이동을 했을 때 격 표지가 그대로 유지되기 때문이다.

(27) a. [철수가ᵢ [tᵢ 이 책을 산 것]]이다

　　b. [이 책을ⱼ [철수가 tⱼ 산 것]이다

이 문제에 대해 M-.K. Park(2014a)은 한국어에서 주격 표지와 목적
격 표지가 계사 "이다" 앞에서 의무적으로 삭제된다는 형태론적 제약
을 가정한다. 이런 형태론적 제약이 주어졌을 때 이동 분석은 초점 요
소에 격 표지가 나타나지 못 하는 사실을 아마 다음과 같이 설명할
것이다. (27)에서 뒤섞기 이동 또는 초점어 이동을 한 초점 요소를 제
외하고 '것' 절이 주제어 이동을 하거나 아니면 PF-삭제를 겪게 되면
격 표지를 지니고 있는 초점 요소와 계사 "이다"가 인접하게 된다. 이
때 계사 "이다" 앞에서 격 표지가 의무적으로 삭제된다는 제약이 적
용된다. 그 결과 초점 요소에는 격 표지가 나타나지 못 한다.

　하지만 부정 계사인 "아니다"가 문제될 경우 격 표지는 이동 분석
에 문제가 된다. "아니다"는 "이다"와 달리 직전 요소에 격 표지가 나
타나는 것을 허용한다. 즉, 방금 언급한 "이다"에게 적용되는 형태론
적 제약이 "아니다"에게는 적용되지 않는다. 그리고 주목해야 할 것
은 "아니다"의 경우 초점 요소에는 언제나 주격 표지만 나타난다는
사실이다.

(28) a. [이 책을 산 것은] 철수가 아니다.

　　b. [철수가 산 것은] 이 책{이, *을} 아니다.

(28b)에서처럼 초점 요소에 목적격 표지가 나타날 수 없는 것은 비연
결 효과이다. 초점 요소가 '것' 절의 공백 위치에 있는 것과 같은 효과
를 보여주는 것이 아니라 오히려 그곳에 없는 것과 같은 효과를 보여
주고 있기 때문이다. 이 비연결 효과는 이동 분석이 설명할 수 없을

뿐만 아니라 더 나아가 이 분석이 옳지 않다는 한 증거이다. 왜냐하면 이동 분석은 (28b)에서 초점 요소 "이 책"에 목적격 표지가 나타나기를 예측한다. 하지만 "이 책"에는 주격 표지만 나타날 수 있다.19)

도치 계사 분석은 이 현상을 잘 포착한다. 이 분석은 초점 요소를 소절 속의 주어 위치에 기저 생성되는 요소로 간주한다는 것을 기억하자. 즉, (28a)의 초점 요소 "철수"나 (28b)의 초점 요소 "이 책" 모두 '것' 절의 공백 위치에서 이동해 온 것이 아니고 소절의 주어 위치에 기저 생성된 주어이다. 따라서 (28a)의 "철수"뿐만 아니라 (28b)의 "이 책"도 주격 표지만 나타날 수 있다고 정확히 예측한다.

3.2.3. 관용 표현

김영희(2000: 78)는 관용 표현(idiom)을 구성하는 한 성분이 초점 요소 위치에 나타날 수 없다는 것을 관찰하였다. 다음은 관련 예들이다.

(29) a. *철수가 대학입시에서 먹은 것은 미역국이다.

　　 b. *철수가 피운 것은 바람이다.

---

19) 박소영(2014a)은 '것' 분열구문에 대해 LF-복사 분석(LF-Copying Analysis)을 주장하는데, 이 분석 또한 부정 계사 "아니다"의 경우 초점 요소에 격 표지가 나타난다는 사실을 설명하지 못 한다. 다음은 '것' 분열구문에 대한 박소영의 도출 과정이다(박소영(2014a)의 (16)).

(i) a. [TopP [CP 영희를 좋아하는 것] [TP [vP [CP 철수 [CP el]]-이다]]]
　 b. [TopP [CP 영희를 좋아하는 것] [TP [vP [CP 철수 [CP 영희를 좋아하는 것]]-이다]]]
(ia)에 보듯이 초점 요소는 기저구조에서 비가시적 대용형식 [CP el]에 부가되어 있다 (LF에서 주제어 구에 기저 생성된 '것' 절이 이 비가시적 대용형식 [CP el]에 복사된다). 박소영(2014a: 주석6)은 홍용철(2004) 또는 Ahn & Cho(2006)이 제시어(dislocated element)가 문장 앞에 기저 생성되어 격 자질을 지니지 않는다고 보았듯이 이 초점 요소 또한 일종의 제시어로서 격 자질을 지니지 않는다고 본다. 이처럼 초점 요소에 격 표지가 나타날 수 있는 가능성을 완전히 배제하는 이 분석은 부정 계사 "아니다"의 경우 초점 요소에 주격 표지가 나타난다는 사실을 설명할 수 없다.

위 예들에서 "미역국을 먹다"와 "바람을 피우다"라는 관용 표현의 구성 성분인 "미역국을"과 "바람을"이 초점 요소 위치에 나타나고 있는데 관용적 의미를 지닐 수 없다는 점에서 비문이다. 이 현상 또한 비연결 효과라고 볼 수 있다. 초점 요소가 '것' 절의 공백 위치에 나타나지 않는 것과 같은 효과를 보여주고 있기 때문이다.

관용 표현을 구성하는 성분은 초점 요소에는 나타나지 못하지만 뒤섞기 이동은 가능하다. 뒤섞기 이동을 한 다음 문장들은 여전히 관용적 의미를 지닐 수 있다.

(30) a. 미역국을$_i$ [철수가 대학입시에서 t_i 먹은 것]이다.
     b. 바람을$_i$ [철수가 t_i 피운 것]이다.

따라서 이동 분석은 관용 표현을 구성하는 성분이 초점 요소에 나타날 수 있기를 잘못 예측한다.

반면 도치 계사 분석은 성분만이 관용 표현이 될 수 있다는 Marantz(1984)의 주장을 받아들이면 이 비연결 효과를 간단히 설명할 수 있다. 도치 계사 분석에 따르면 (29)의 예들에서 "미역국"과 "바람"은 소절의 주어 위치에 생성되고 있어 관용 표현의 또 다른 구성 성분인 "먹다" 또는 "피우다"와 하나의 성분을 구성하지 못 한다. 따라서 기저 생성 분석은 '것' 분열구문에서 관용 표현을 구성하는 한 성분이 초점 요소 위치에 나타날 수 없다는 사실을 정확히 포착한다.

4. 결론

우리는 이 논문에서 '것' 분열구문의 초점 요소가 '것' 절의 공백 위

치에서 이동한 것이 아니라 이것이 나타나는 표층 위치에 기저 생성
됐다는 여러 가지 논거들을 제시했다. 이 논거들과 관련하여 우리가
다룬 현상들은 연결 효과 현상들과 비연결 효과 현상들이다. 얼른 생
각하기에 연결 효과 현상은 초점 요소가 '것' 절의 공백 위치에서 이
동했다고 보는 이동 분석을 지지하고 기저 생성 분석을 부정하는 증
거가 될 것처럼 보인다. 하지만 우리는 예상과 달리 연결 효과를 보이
는 예외적 결속 현상과 범주 불일치 현상이 이동 분석에 불리하고 오
히려 기저 생성 분석을 지지하는 증거가 된다는 점을 보여주었다. 우
리는 비연결 효과를 보이는 부정극어, 격 표지 출현 요소, 관용 표현
도 살펴보았는데, 기대되는 것처럼 이 경우들은 (부정극어 경우만 제외하면)
이동 분석을 부정하고 기저 생성 분석을 지지하는 증거가 된다는 것
을 보여주었다. 또한 우리는 '것' 분열구문에 대해 기저 생성 분석 중
에서도 술어인 '것' 절이 주어인 초점 요소를 건너 주제어 이동했다고
보는 도치 계사 분석을 받아들이는데, 이 도치 계사 분석이 '것' 분열
구문의 여러 특성을 잘 포착할 수 있음을 보여주었다.

△▼ 참고문헌 ▼△

김영희(2000), 「쪼갠문의 기능과 통사」, 『어문학』 69, 65-90.

김선웅(2010), 「특정성과 서술성의 통사론: 영어와 한국어의 ('것'-)분열문을 중심으로」, 『언어학』 18(3), 167-185.

박소영(2014a), 「한국어 분열문의 통사구조와 생략이론」, 『언어학』 68, 35-57.

박소영(2014b), 「'이다'와 한국어 초점구문에 대하여」, 『국어학』 71, 3-32.

박정섭(2014), 「프랑스어와 한국어의 계사구문 연구」, 『프랑스어문교육』 45, 163-190.

박철우(2008), 「국어 분열문의 통사구조」, 『한말연구』 22, 77-96.

손근원(2000a), 「계사구문에 대한 비수문, 비분열 접근법」, 『생성문법연구』 10(2), 267-294.

손근원(2000b), 「분열구문에서의 후치사 생략과 회복가능성 원리」, 『언어학』 8(3), 139-153.

이남근(2008), 「한국어 분열구문의 유형과 특성: HPSG 분석」, 『언어연구』 25(1), 25-38.

이정식(2010), 「순행, 역행 상승: 국어 '것' 내부분열문」, 『언어연구』 25(4), 775-794.

임규홍(1986), 「국어 분열문에 관한 연구」, 『어문학』 48, 155-175.

최기용(2011), 「한국어 균열 구문의 '것': 빈 NP 채우기로서의 '것'」, 『생성문법연구』 21(1), 21-47.

홍용철(1996), 「관계화와 섬 제약」, 『프랑스어문교육』 4, 109-132.

홍용철(2004), 「한국어 격조사 탈락과 격조사 부재」, 『프랑스어문교육』 18, 295-314.

홍용철(2014), 「두 가지 유형의 소위 한국어 동격 구문」, 『생성문법연구』 24(1), 281-306.

홍용철(2015), 「"것" 분열 구문의 초점 요소에 대한 기저 생성 분석」, 『생성문법연구』 25(1), 159-180.

Ah, Hee-Don & Cho Sungeun (2006), "Layered Nominal Structures: Implications for Caseless Nominals", *Korean Journal of Linguistics* 31(2), 165-185.

Fiengo, Robert (1977), "On Trace Theory", *Linguisitc Inquiry* 8, 35-62.

Heggie, Lorie (1998), "The Syntax of Copular Constructions", Ph. D. University of Southern California.

Hiraiwa, Ken & Shinichiro Ishihara (2002), "Missing links: Cleft, sluicing and 'no da' construction in Japanese", In *The proceedings of humit 2001. MIT working papers in linguistics* #43, Tania Ionin, Heejeong Ko, and Andrew Nevins (ed.), Cambridge, MA.: MITWPL, 35-54.

Jhang, Sea-Eun (1994), *Headed nominalizations in Korean: Relative clauses, clefts, and comparatives*. Seoul: Hankwuk Publishers.

Jo, Jung-Min (2005), "Sluicing? It's Just One of Copular Constructions", *The Linguistic Association of Korean Journal* 13(2), 143-167.

Kang, Bosook (2006), "Some peculiarities of Korean Kes cleft constructions", *Studia Linguistica* 60(3), 251-281.

Kim, Jieun (2012), "What Sluicing Comes from in Korean is Pseudo-cleft", *Korean Journal of Linguistics* 37(1), 69-106.

Kim, Ji-yung & Chungmin, Lee (2008), "Why Multiple Clefts are disallowed", In Charles B. Chang and Hannah J. Haynie (ed.), *WCCFL* 26.

Kim, Jong-Bok & Peter Sells (2007), "Some remarks on Korean

nominalizer *kes* and information structure", *Studies in Generative Grammar* 64, 45-72.

Kim, Jong-Bok & Peter Sells (2013), "Interactions between (pseudo-) cleft and copular constructions in Korean". *Linguistic Research* 30(1), 93-139.

Kim, Kwang-sup (1998), *Anti-connectivity*, Doctoral dissertation, Univ. of Maryland. College of Park.

Lasnik, Howard (2002), "On Repair bu Ellipsis", Proceedings of the 2002 LSK International Summer Conference.

Marantz, Alec (1984), *On the Nature of Grammatical Relations(Liguistic Inquiry Monographs)*, MIT Press, Cambridge, Ma.

Mikkelson, Line (2005), *Copular Clauses: Specificational, Predicational and Equation*, Amsterdam: Benjamin.

Moro, Adrea (1997), *The Raising of the Predicates*, Cambridge: Cambridge University Press.

Park, M.-K. (2001), "Subject-less Clefts in Korean: Toward a Deletion Analysis". *Language Research* 37(4), 715-739.

Park, Myung-Kwan (2009), "On Postposition Pied Piping and Standing in Cleft Construction in Korean", *Studies in Mordern Grammar* 57, 43-68.

Park, Myung-Kwan (2014a), "On the Syntax of Multiple Fragments in Korean". *Studies in Mordern Grammar* 79.

Park, Myung-Kwan (2014b), "Copula and 'Sluicing' Constructions in Korean, Chinese, and Japanese", *Korean Journal of Linguistics* 39(3), 427-452.

Park, Myung-Kwan (2014c), "The syntax of 'sluicing'/'fragmenting' in

Korean: Evidence from gthe copular -i- 'be'", *Linguistic Research* 31(1), 103-133.

Sohn, Keun-Won (1995), "Negative Polarity Items, Scope and Economy", Ph. D. dissertation, UConn.

Sohn, Keun-Won (2004), "Kes-clefts, connectedness effects and the implication thereof", *Studies in Generative Grammar* 14, 561-571.

Yoon, Hang-Jin (2012), "Different Types of Kes Constructions in Korean", *Studies in Generative Grammar* 22(3), 557-577.

Yoon, James Hye Suk (2002), "What the Korean copular reveals about the interaction of morphology and syntax", Keynote paper presented at the 24th Japanese-Korean Linguistics Conference, University of California, Santa Barbara.

Yoon, James Hye Suk (2005), "Non-morphological Determination of Nominal Particle Odering in Korean". In L. Heggie and F. Ordonez (ed.), *Clitic and Affix Combinations: Theoretical Perspectives,* John Benjamins, 239-283.

6. 특정성과 서술성의 통사론*
: '것'-분열문을 중심으로

김선웅

6장에서는 한국어 '것'-분열문의 통사적 특성과 의미적 특성을 살펴보고 이러한 특성들에 기초하여 '것'-분열문의 도출을 제안한다. 한국어 '것'-분열문은 영어의 it-분열문과 wh-분열문이 혼재되어 있는 혼합형 분열문으로 보는 것이 타당함을 주장하고, 의미적 속성상 '것'-분열문은 특정성의 분열문으로 보이며 특정성의 분열문으로서 '것'-분열문에서 사용되는 '그것'은 도출상 논항이 아닌 술어로 분석함이 타당함을 밝힌다. 이런 분석을 통하여 결속의 연속성 및 결속 대응 해석의 결속성 등에 대한 일관성 있는 분석이 가능함을 논증한다. 이를 위하여 먼저 영어의 두 가지 분열문의 통사 및 정보 구조적 특징을 검토하고 이에 기초하여 한국어 '것'-분열문의 통사적 성격을 규명한다. 한국어 '것'-분열문의 통사적 특징에 대해서는 국어학 연구 분야에서 다수의 선행연구(임규홍 1986; Jhang 1994; 김영희 2000, 2006; Sohn 2001; Kang 2006; 박철우 2008 등)가 있으나, 이번 장에서 주목하고 있는 특정성과 서술성의 개념적 분류와 이들이 갖는 통사적 특징과

---

* 이 글은 『언어학』 18권에 게재된 김선웅(2001)을 수정하여 다시 쓴 것이다. 재출판을 허락한 대한언어학회에 감사드린다.

의 관계에 대해서는 그다지 깊이 있는 연구가 있어왔다고 보기 어렵다. 6장은 den Dikken(2008, 2009) 등에서 제시하고 있는 분열문의 서술성과 특정성의 통사적 특징을 한국어 '것'-분열문의 분석에 활용하고 궁극적으로 한국어 '것'-분열문은 두 가지 구문의 혼합형으로 분석하는 것이 옳음에 대해 논의한다.

1. 서론

6장은 영어의 두 가지 분열문의 통사 및 정보 구조적 특징을 검토하고 이에 기초하여 한국어 '것'-분열문의 통사적 성격을 규명하는 데 목적이 있다.[1] 구체적으로 이 장에서 (1a)의 한국어 문장은 영어 (1b)에 해당하는 것으로 보아야 한다고 주장한다.

(1)   a. 존이 식당에서 먹은 것은 스파게티였다.

---

1) 6장에서 중점적으로 논의하는 '것'-분열문은 아래 (iia)에 해당하는 구문으로서 이것은 Sohn(2001), Kang(2006) 등에서 '것'-분열문으로 지칭하는 선례를 따른 것이다. Jhang(1994)에서 이 구문은 의사분열문(pseudocleft)으로 분류되고 있으나, 혼합분열문을 주장하는 이 글의 입장에 따르면 한국어에 영어와 같은 의사분열문이 존재하는지는 의문이다. Jhang(1994)에게 '것'-분열문은 (ic)에 소개된 구문으로서 그는 이것은 핵내재 분열문으로 분석하고 있지만, 이 글에서는 이 구문이 분열문의 일종으로 분석이 되어야 하는지에 대해서는 판단을 유보하며 따라서 여기에서는 논의의 대상으로 삼지 않는다.

(i) Jhang(1994)의 분열문 종류
   a. [내가 어제 __ 읽은 것]은 이 책이다.   pseudo-cleft
   b. 이 책이 [내가 어제 __ 읽은 것]이다.   inverted pseudo-cleft
   c. 이 책을 내가 어제 __ 읽은 것이다.   '것'-cleft
(ii) 6장의 견해
   a. [내가 어제 __ 읽은 것]은 이 책이다.   '것'-cleft
   b. 이 책이 [내가 어제 __ 읽은 것]이다.   inverted '것'-cleft
   c. [이 책을 내가 어제 __ 읽은 것]이다.   the thing 구문 (cleft 아님)

b. *It was spaghetti what John ate in the restaurant.

(1b)의 문장은 영어에서는 실제로 사용되지 않는 비문법적인 문장이지만, 통사적으로 아래와 같이 두 가지 구문의 혼합형 분열문(mixed cleft)이라고 이해할 수 있다.2)

(2)　　It was spaghetti that John ate in the restaurant.

+ What John ate in the restaurant is spaghetti.

⇒ It was spaghetti what John ate in the restaurant.

　　한국어 '것'-분열문의 통사적 특징에 대해서는 다수의 선행연구(임규홍 1986; Jhang 1994; 김영희 2000, 2006; Sohn 2001; Kang 2006; 박철우 2008 등)가 있으나, 이 장에서 주목하고 있는 특정성과 서술성의 개념적 분류와 이들이 갖는 통사적 특징과의 관계에 대해서는 그다지 깊이 있는 연구가 있어왔다고 보기 어렵다.3) 이 장은 den Dikken(2008, 2009) 등에서 제시하고 있는 분열문의 서술성과 특정성의 통사적 특징을 한국어 '것'-분열문의 분석에 활용하고 (1a)를 (2)와 같이 혼합형으로 분석하는 것이 옳음에 대해 논의하고자 한다.

---

2) (1b)은 영어에서는 정문으로 인정되지는 않는다. 그러나 본문에서 논의하겠지만, 이것은 한국어 '것'-분열문의 속성을 영어의 분열문과 비교하기 위한 목적으로 의도된 가상의 문장임에 대해 독자의 이해를 구한다.

3) 한국어 분열문의 본격적 연구는 임규홍(1986)에서 이루어졌다고 보는 것이 국어학계의 일반적 견해이며, 이후 S.-E. Jhang(1994), 김영희(2000, 2006), 박철우(2008) 등의 연구 등이 주목할 만하다. 특히 임규홍(1986)과 Jhang(1994)는 분열문의 생산 가능성에 대한 풍부한 자료를 논의하고 있다. 그러나 이 글은 한국어 분열문에 대한 국어학계의 선행연구 전반에 대한 검토를 하고자하는 것이 목적이 아니라, 최근 소개된 den Dikken(2009)와 Reeve(2010)의 연구에 기초하여 논의를 '것'-분열문에 국한하고, 이 구문의 담화정보적 특성과 이에 따른 도출의 가능성을 '그것'의 통사적 특성에 초점을 두어 제안하고 있다.

2. 분열문의 통사와 의미

2.1. 두 가지 분열문

영어에는 분열문(cleft sentence)이라는 구문을 통하여 아래에 주어진 간단한 문장에서 강조하고 싶은 부분을 초점(focus)을 두어 표현할 수 있다.

(3) John ate spaghetti in the restaurant.

영어의 분열문은 형태적으로 두 가지 종류가 있는데 다음의 예문들로 대표된다. 아래에서 밑줄 친 부분은 (3)에서 초점을 갖는 부분을 표시한다.

(4) *Wh*-cleft (Pseudocleft)

    a. What John ate in the restaurant was <u>spaghetti</u>.

    b. What John did in the restaurant was (to) <u>eat spaghetti</u>.

    c. What John did was (to) <u>eat spaghetti in the restaurant</u>.

    d. Who ate spaghetti in the restaurant was <u>John</u>.

(5) *It*-cleft (Cleft)[4]

    a. It was <u>spaghetti</u> that John ate in the restaurant.

    b. It was <u>John</u> who ate spaghetti in the restaurant.

    c. It was <u>in the restaurant</u> that John ate spaghetti.

---

4) *It*-분열문에의 초점으로 동사 혹은 동사구는 사용될 수 없다는 관찰이 있다(Aarts 2008).

    (i) a. *It was (to) eat spaghetti that John did in the restaurant.

전통적으로 (4)의 예문들을 의사분열문(pseudoclefts), (5)의 예문들을 분열문(clefts)이라고 부르지만, 이 장에서는 혼란을 피하기 위해 전자를 *wh*-분열문, 후자를 *it*-분열문이라고 부르기로 한다. 이 두 분열문은 기본 문장의 일부분을 초점으로 표현하는 동일한 기능을 갖는다. (4)와 (5)에서 밑줄 친 부분은 해당 문장에서 초점으로 이해되는 부분이다.

한국어에도 문장의 일정 부분에 초점을 두기 위해 영어와 유사한 분열문을 사용한다.

(6) a. 존이 식당에서 스파게티를 먹었다.

b. 존이 식당에서 먹은 것은 <u>스파게티</u>였다.

c. 식당에서 스파게티를 먹은 것은 <u>존</u>이었다.

d. 존이 스파게티를 먹은 것은 <u>식당에서</u>였다.

한국어에서도 영어와 마찬가지로 위의 밑줄 친 부분이 (6b-d)의 분열 구문을 통하여 초점으로 강조된다. 이것을 편의상 '것'-분열문이라고 부르자. 여기서 한 가지 의문은 한국어의 '것'-분열문은 영어의 *wh*-분열문에 해당하는가 혹은 *it*-분열문에 해당하는가에 관한 것이다. 일견 (6b-d)의 문장들은 (4)의 *wh*-분열문과 통사적으로 같은 것 같지만, 당장 관찰할 수 있듯이 (6b-d)의 문장들에는 (5)에서 보이는 중요한 표현 하나가 존재하지 않는다. 즉, 허사주어 *it*의 출현 여부이다. (6b-d)에는 영어의 *it*에 해당하는 '그것'이 없으니, 이 문장들은 (5)보다는 (4)에 가까울 것으로 판단된다. 그러나 이러한 표면적 판단은 아

---

b. *It was (to) eat spaghetti in the restaurant that John did.

c. *It was (to) run that John did on the street/in the restaurant.

학자에 따라서 위의 예문을 정문으로 받아들이는 경우도 있지만(Reeve 2010), 이 예문들이 비문이라면 이것이 왜 사용될 수 없는지는 또 다른 연구과제가 될 것이다.

래의 문장을 보면 잘못된 것이라는 것을 바로 알 수 있다.

(7) a. ?존이 식당에서 먹은 것은 **그것이** <u>스파게티</u>였다.

b. ?식당에서 스파게티를 먹은 것은 **그것이** <u>존</u>이었다.

c. ?존이 스파게티를 먹은 것은 **그것이** <u>식당에서</u>였다.

(7)에서 보듯이 (6b-d)의 문장에 '그것'이 출현할 수 있는 것으로 보아, 한국어의 '것'-분열문은 영어의 *it*-분열문과의 유사성을 무시할 수는 없을 듯하다.5) 그렇다면 한국어의 '그것'의 통사적 정체는 무엇이고 이것은 영어의 허사 *it*과 같은 기능을 갖는가? 이러한 질문들에 대한 답을 구하기 위해 영어의 두 가지 분열문을 좀 더 구체적으로 비교해보고 한국어의 '것'-분열문과 이것을 비교해 보자.

두 가지 분열문은 통사적인 면에서 몇 가지 알려진 차이가 있다. Sohn(2001)은 이것을 몇 가지 면에서 정리하고 있다. 첫째, 영어의 *wh*-분열문은 전치사구를 초점으로 택하지 않는 반면에 *it*-분열문은 전치사구도 초점이 될 수 있다. 이것을 한국어의 예문과 비교해 보자.

(8) a. *What John bought the books was for Mary.

b. *What John borrowed the book was from Mary.

c. *What John met his present wife was at the park.

(9) a. It was for Mary that John bought the book.

b. It was from Mary that John borrowed the book.

c. It was at the park that John met his present wife.

---

5) (7)의 문장들이 비문에 가까울 정도로 어색하다고 받아들이는 한국어 화자들이 있으나, 본 연구자를 포함하는 많은 또 다른 한국어 화자들은 자연스럽지는 않아도 비문이라고는 느끼지 않는다.

(10) a. 존이 그 책을 산 것은 메리를 위해서였다.

　　b. 존이 그 책을 산 것은 메리로부터였다.

　　c. 존이 현재 아내를 만난 것은 공원에서였다.

(10)의 한국어 '것'-분열문의 초점 위치에 후치사구가 오는 것은 모두 정문으로 인식된다. 이것에 기초하면 한국어 '것'-분열문은 영어의 *it*-분열문과 통사적으로 같은 성격을 갖는다고 볼 수 있다.

　둘째, *wh*-분열문은 의문사를 초점으로 삼기 어려우나 *it*-분열문은 이것이 가능하다.

(11) a. *Who is what John likes?

　　b. Who is it that John likes?

(12) 존이 좋아하는 것은 누구니?

한국어 '것'-분열문 (12)가 문법적인 것은 이 구문의 초점으로 의문사가 사용되는 것에 문제가 없다는 것인데, 이 예를 통하여 또 다시 한국어 '것'-분열문은 영어의 *it*-분열문과 맥을 같이한다고 볼 수 있다.

　셋째, *wh*-분열문은 거의 모든 범주의 요소가 초점으로 사용될 수 있으나, *it*-분열문은 제한적이다.

(13) a. What John is is proud of Mary.

　　b. ??It is proud of Mary that John is.

예를 들어 형용사구 *be proud of Mary*와 같은 표현이 *wh*-의문문에서는 무리 없이 초점으로 사용될 수 있으나, *it*-분열문에서는 (13b)에서 보듯이 비문이 된다. 이것을 한국어 '것'-분열문과 비교하면 아래와 같다.

(14) *존이 하는 것은 메리를 자랑스러워이다.

(14)은 한국인이라면 누구나 비문으로 받아들이게 된다는 면에서 한국어의 '것'-분열문은 영어의 *it*-분열문과 맥을 같이 한다고 볼 수 있다. 넷째, 이차술어구문의 이차술어는 *wh*-분열문의 경우와는 달리 *it*-분열문의 초점으로 사용될 수 있다.

(15) a. It was bright red that she painted the fridge.

b. ?It was raw that John ate his fish.

(16) a. *What she painted the fridge is bright red.

b. *What John ate his fish is raw.

이것을 한국어 '것'-분열문과 비교하면 아래와 같다.6)

(17) a. ??그녀가 냉장고를 칠한 것은 **빨간색**으로였다.

b. ??존이 생선을 먹은 것은 날로였다.

---

6) 일부 한국어 화자들은 (17)의 자료는 꽤 문법성이 좋다고 한다. 또한 부사절과 파생 부사의 경우는 다음 예들에서 보듯 문법성이 다양하게 나타날 수 있다고 지적하고 있다.

(i) a. 그녀가 냉장고를 칠한 것은 빨갛게였다.
   b. *존이 공부를 한 것은 열심히였다.

그러나 이 장에서 인용한 자료의 문법성은 Sohn(2001)에 제시된 것을 인용한 것으로서 저자는 Sohn(2001)의 문법성에 동의한다. 더욱이 박철우(2008), 김영희(2000) 등의 선행연구에 따르면 이와 유사한 문장은 아예 비문으로 판정되어 있다.

(ii) a. *영희가 남자친구 앞에서 군 것은 귀엽게였다. (박철우 2008: 82)
   b. *김사장이 박군을 삼은 것은 사위로였다. (김영희 2000)

이와 같이 부사나 이차술어의 경우 문법성에 대해서 의견의 일치를 보지 못하고 있는 상황인 듯하다.

지금까지의 경우와는 달리 한국어 '것'-분열문들은 영어의 *wh*-분열문처럼 비문들이다. 이 경우 한국어 '것'-분열문은 영어의 *it*-분열문과는 달리 *wh*-분열문과 같은 성격을 갖는 것처럼 보인다. 이와 유사하게 부사도 *wh*-분열문의 경우와 달리 *it*-분열문의 초점이 될 수 있다.

(18) a. It was very reluctantly that he left.

　　 b. *What he left was reluctantly.

(19) ??그가 떠난 것은 억지로였다.

(19)에서 보듯이 부사의 경우도 한국어 '것'-cleft의 비문법성은 영어 *wh*-분열문의 비문법성에 가깝다고 볼 수 있다.

마지막으로, 부정극어(negative polarity item, NPI)는 *wh*-분열문의 초점으로 사용될 수 있으나, *it*-분열문의 초점으로는 사용될 수 없다.

(20) a. What I don't have is any bread.

　　 b. *It is any bread that I don't have.

(21) a. *내가 없는 것은 아무 빵(도)이다.

　　 b. *내가 먹지 않은 것은 아무 음식(도)이다.

(21)에서 확인할 수 있는 것은 또 다시 한국어 '것'-분열문의 통사적 특성이 영어 *it*-분열문의 특성과 맥을 같이하고 있는 듯하다. 그런데 여기서 한 가지 주의할 점은 부정극어가 초점으로 사용되었을 때 문법성은 좀 더 세밀한 분류가 필요하다는 것이다. den Dikken, Meinunger, & Wilder(2000)의 연구에 따르면 영어의 *wh*-분열문은 특정적(specificational) 의미를 갖는 경우, A형(Type A)과 B형(Type B) 두 가지로 분류할 수 있는데 전자는 부정극어의 사용이 불가능하지만

후자의 경우는 가능하다고 한다. 아래의 예문을 보자.

(22) What nobody bought was any wine.

그들에 따르면, 이 문장이 문법적인 것은 A형 *wh*-분열문으로 사용될 때이고 B형 *wh*-분열문일 때는 비문으로 인식된다. 즉, 위의 (20a) 예에서 부정극어의 사용이 허락된다고 본 것은 한 가지 유형만을 고려했을 경우인데, den Dikken et al.(2000)의 하위분류를 받아들이면 결국 부정극어의 속성에 있어서도 한국어 '것'-분열문은 영어의 *it*-분열문과도 *wh*-분열문과도 통사적으로 같은 속성을 보일 수도 있다고 말할 수 있다.

지금까지 논의를 정리하면 한국어 '것'-분열문은 전치사구가 초점이 될 가능성, 초점구를 의문화할 가능성, 술어의 종류 등에서는 *it*-분열문과 맥을 같이 하지만, 이항술어나 부사가 초점이 될 가능성, 부정극어가 초점이 될 가능성 등에 있어서는 *wh*-분열문과 부분적으로 같은 통사적 특성을 보인다. 이것을 간단히 표로 정리하면 다음과 같다.

(23) 분열문의 통사적 특성

분열문의 초점 요소	*Wh*-분열문	*It*-분열문	'것'-분열문
PP	*	ok	ok
의문사	*	ok	ok
술어	ok	*	*
부정극어	ok/*	*	*
이차술어, 부사	*	ok	??

전반적으로 '것'-분열문은 *it*-분열문과 유사한 것으로 보이지만, *wh*-분열문과도 유사한 특성도 보이고 있다. 이러한 관찰을 바탕으로 본

연구는 한국어 '것'-분열문은 *it*-분열문과 *wh*-분열문의 속성을 모두 가지고 있다고 분석한다. 앞서 부정극어 연결성 논의와 관련하여 특정성의 분열문의 경우에 해당한다는 언급이 있었는데, 다음 절에서는 한국어 '것'-분열문은 특정성과 관련하여 어떻게 분석되는 것이 옳은지 논의해 보자.

2.2. 분열문의 서술성과 특정성

den Dikken(2009)의 논의에 따르면 결속이론의 예측과는 달리 다음의 문장은 모두 문법적이다.

(24) a. What John is is important to him.　　　(John = him)

　　 b. What John is is important to himself.　　(John = himself)

(24a)는 서술성(predicational) 분열문, (24b)는 특정성(specificational) 분열문으로 불리는 것으로서 전자는 *important to him* 부분이 주어인 *what John is*의 단순한 술어 역할에 그치고 있는 반면 후자는 *important to himself* 부분이 주어인 *what John is*에서 결하고 있는 내용(변항, variable)을 채워주는 특정한 값(value)에 해당한다. 서술성과 특정성의 구분은 분열문의 논의에서 보다는 계사(copula)구문의 의미적 구분의 논의에서 시작되었다고 볼 수 있다(Higgins 1979).

(25) a. Brian is a clever guy.

　　 b. Brian is the best candidate.

위의 예에서 (25a)는 서술성 계사구문이고 (26b)는 특정성 계사구문

으로서 전자는 단순한 주술관계를 구성하고 있는 반면 후자는 주어
인 *Brian*에 속성에 대한 중요한 정보를 보충해 주고 있다. 이 구분은
it-분열문에서도 확인할 수 있다(den Dikken 2009).

(26) It is an interesting meeting that I went to last night.
    a. The meeting I went to last night was interesting.
    b. I went to the following last night: an interesting meeting.

(26)의 문장은 서술성 혹은 특정성 두 가지의 의미를 갖는다. 전자
(26a)는 어제 참석했던 미팅에 대한 서술에 그치고 있는 반면, 후자
(26b)는 어제 참석했던 미팅에 대한 특정한 정보 즉, '흥미로운 모임이
었다.'는 값을 부여하고 있는 것으로서 특정성 해석으로 이해된다.7)

3. '것'-분열문의 의미와 도출

3.1. 특정성과 서술성

이상의 논의에 입각할 때 한국어 '것'-분열문의 의미적 속성은 구체
적으로 무엇에 해당할까? 이 6장에서는 한국어 '것'-분열문은 특정성을
갖는 경향이 강함을 확인한 후 이러한 관찰에 기초하여 한국어 '것'-분
열문의 통사적 분석안을 제안하고자 한다. 분석에 앞서 우선 '것'-분열
문의 의미해석적인 측면을 특정성과 서술성의 관점에서 고려해보자.

---

7) 이 외에도 도치가능성, *consider* 동사의 소절보문으로 사용되었을 때의 특징 등 다양
한 통사적 현상들이 den Dikken(2006, 2009) 등에 논의되고 있으나 이 장에서는
소개를 생략한다.

(27) 철수가 먹은 것은 스파게티이다.

Nakao & Yoshida(2005)가 일본어 수문구문(sluicing)과 관련하여 지적하듯이 이 문장은 '철수가 먹은 것이 무엇인지'를 밝히는(identifying) 기능에 충실한 것으로 해석된다. 이러한 해석은 단순히 '철수가 먹은 것이 스파게티임'을 기술하는(describing) 것과 대조를 보인다. 즉, 전자의 해석이 특정성이라면 후자의 해석은 서술성인데 (27)의 문장은 특정성의 해석을 갖는 분열문으로 보는 것이 타당하다.

둘째, 초점 DP가 특정성의 wh-분열문에서는 결속 재구효과를 보이지만 서술성의 wh-분열문에서는 결속 재구효과를 보이지 않는다.

(28) a. What John$_i$ treasures most is a book about himself$_i$. (s/*p)

b. What John$_i$ treasures most is a book about him$_i$. (*s/p)

(28a)는 특정성 wh-분열문의 예이고, (28b)는 서술성 wh-분열문의 예인데, (28a)가 서술성의 wh-분열문으로 해석되지 않는 것은 재구된다면 결속이론 (A)가 위반될 것이며, (28b)가 특정성의 wh-분열문으로 해석되지 않는 것은 재구된다면 결속이론 (B)가 위반될 것이기 때문이라는 것이다. 해당 한국어 예문을 고려해 보자.

(29) a. 존$_i$이 미워하는 것은 (그것이) 자기자신$_i$이다.

b. *존$_i$이 미워하는 것이 (그것이) 그$_i$이다.

재귀사인 '자기자신'이 사용된 (29a) 경우는 '존'이 '자기자신'과 동일지시를 갖는 해석이 가능하지만, (29b)의 경우는 대명사 그가 '존'과 동일지시를 갖는 것이 불가능하다. 이와 같이 (29a)에서 결속 재구효

과가 나타나는 것으로 보아 한국어 '것'-분열문의 의미적인 속성은 특정성이라고 보는 것이 타당하다.8)

---

8) Nakao & Yoshida(2005)는 den Dikken(2001)에 기초하여 (i)의 일본어 문장을 수문구문(sluicing construction)이 아니라 특정성 it-분열문으로 분석할 것을 주장한다(cf. Merchant 1998).

(i) John-ga dareka-ni   at-ta   ga, watasi-wa sore-ga dare-ni (da)ka
    J-nom someone-dat meet-pst but I-top   it-nom who-dat (be)Q
    sira-nai.
    know-not
    'John met someone, but I don't know who (it is).'

(i)의 일본어 예문은 수문구문으로 분석하는 학자들도 있지만, $sore$'it'이 사용되고 있는 점, 계사 da'be'가 나타날 수 있는 점 등의 통사적 특징으로 인하여 영어와는 달리 분열문에서 도출된 것으로 보아야 한다는 분석도 타당성이 있다(Abe 2008). 그 외에도 Nakao & Yoshida(2005)는 몇 가지의 증거를 들어 (i)의 구문이 특정성의 wh-분열문을 포함한다는 주장을 한다. 첫째, 특정성의 wh-분열문은 부정문이 불가능한 반면 서술성의 wh-분열문은 부정문이 가능하다.

(ii) a. *What John is isn't important to himself.
     b. What John is isn't important to him.

(iia)의 특정성의 분열문은 비문이지만, (iib)의 서술성의 분열문은 정문이다. 둘째, 특정성의 wh-분열문에서는 계사(copula) be가 계사의 앞에 오는 요소와 일치하는 반면, 서술성의 wh-분열문에서는 계사가 계사의 뒤에 오는 요소와 일치한다고 한다.

(iii) a. What you have bought is fake jewels. (s/*p)
      b. What you have bought are fake jewels. (*s/p)

(iiia)는 계사가 단수형인 is로 사용되어 특정적으로만 해석이 가능하며, (iiib)는 계사가 복수형인 are로 사용되어 계사 뒤의 요소인 $fake$ $jewels$와 일치를 보이고 있는 예로서 이것은 서술적인 해석만 가능하다고 한다. 이상의 논의를 한국어 '것'-분열문에 적용하여 보자.

(iv) a. 존이 만난 것은 (그것이) 자기의 엄마가 아니다.
     b. 어머니가 섬기는 것은 (그것이) 부처님이시다.

한국어 '것'-분열문은 (iva)에서 보듯이 부정문이 가능하며, (ivb)에서 보듯이 영어의 계사의 후행요소에 해당하는 초점 요소와 (존대어) 일치가 가능하다. 이러한 논의에 기초하면 한국어 '것'-분열문은 서술성을 갖는 것으로 보아야할 듯하다. 그러나 (ii)의 자료만을 가지고 결론을 내리는 것은 문제가 있다. 즉, 한국어 '것'-분열문은 서술성의 특징을 보이고 있는 것처럼 보이지만, 주의할 점은 (iia)와 다르게 아래의 (v)가 가능하다는 것이다.

(v) It is not himself that John blamed.

이것은 (ii)의 자료만을 가지고 (iva)와 단순 비교하는 것은 무리가 있다는 것을 의미

셋째, den Dikken(2009)의 연구에 따르면 특정성의 분열문은 도치어순이 되어도 문법성에 변화가 없으나, 서술성의 분열문은 어순이 도치되면 비문이 되고 만다.

(30) a. What Brian is is important to himself/him.
  b. Important to himself is what Brian is.
  c. *Important to him is what Brian is.

이것을 한국어의 경우에 적용하면 다음의 문장의 문법성의 문제가 될 것이다.

(31) 스파게티가 (그것이) 철수가 먹은 것이다(짜장면은 영수가 먹은 것이다).

(31)의 문장은 그 자체로도 문법적이지만, 괄호 부분이 이어진다면 문장의 문법성은 더욱 좋아진다. 이것은 한국어 '것'-분열문이 특정성의 속성을 가지고 있을 가능성을 반영하는 것으로 이해할 수 있다.

지금까지의 논의를 정리하면, 한국어 '것'-분열문은 영어의 it-분열문과 wh-분열문의 특징을 모두 가지고 있으며, 또한 의미적으로 특정성으로 해석되는 것으로 이해된다.[9] 다음 절에서는 이러한 특정성의 혼합형 분열문인 한국어 '것'-분열문의 도출 과정에 대해 생각해 보자.

한다. 또한 (iii)의 자료는 한국어의 경우 계사가 어순상 문장의 끝에 위치한다는 점에서 적절한 진단법으로 활용하기 어렵다. 종합하면, (ii)와 (iii)에 의존한 논의는 성립하기 어렵다고 볼 수 있다.

9) 이것은 Nakao & Yoshida(2005)가 일본어 수문구문을 특정성의 wh-분열문이라고 주장한 분석한 것을 한국어에 그대로 적용할 수 없다는 것을 의미한다.

3.2. 도출

'것'-분열문의 새로운 도출을 제안하기 위하여, 한국어 '것'-분열문에서 '그것'의 통사적 성격 규명이 중요하다. 문제는 '그것'이 논항인가 술어인가 하는 것인데, 이 6장에서는 이것이 다분히 술어적 성격을 가지고 있다고 본다. 한국어 '것'-분열문에서 '그것'은 초점명사구를 직접 지칭할 수도 있고 자유관계절을 지칭할 수도 있다(Park 2001).[10] 이 장에서 주목하는 것은 자유관계절은 변항(variable)을 포함하고 있고 이 변항이 적절한 값을 결하고 있으므로 포화되지 못한(unsaturated) 상태인 것으로 간주할 수 있다는 것이다. Rothstein(1985)의 제안에 따라 어떤 최대투사가 포화되지 못했을 때 이것은 (논항이 아니고) 술어에 해당한다고 본다면 한국어의 '그것'을 술어로 분석하는 것은 타당하다고 볼 수 있다. 한국어 '것'-분열문에서도 '그것'이 나타날 수 있고(2.1.절 논의), 또한 '그것'을 술어로 볼 수 있다면 한국어 '것'-분열문의 도출은 den Dikken(2008, 2009)의 분열문 분석과 맥을 같이 할 수 있다고 본다. 즉, 6장에서 한국어 '것'-분열문은 우선 동사핵의 보충어인 소절은 주어인 '존이 식당에서 먹은 것'과 서술어인 '그것'과 연결소(R)로 구성된다. 소절의 핵인 R은 상위로 이동하여 동사인 계사 '이'를 이룬다. '이'는 계속 상위로 핵이동하면서 시제소인 '었'과 병합하고 다시 상위 핵인 '다'와 만나 '이었다'가 만들어진다. '그것'은 서술어 도치(predicate inversion)를 통해 TP의 지정어 자리로 이동하게 되며(Moro 1997), 소절의 주어인 자유관계절(free relative) '존이 식당에서 먹은 것'은 CP의 지정어 자리를 거쳐 주제절(TopicP, TopP)의 지정어로 자리 잡

---

10) Park(2001)의 분석은 실제로 한국어 수문구문에 대한 분석이지만, 그는 소위 한국어 수문구문이라는 것이 결국은 분열문에 해당한다고 분석하고 있으므로 그의 논의는 '것'-분열문에 대해서도 유효하다고 볼 수 있다.

는다. 여기서 한국어의 속성 상 TP의 지정어 자리에 있는 '그것'은 외현적으로 나타날 수도 있고 그렇지 않을 수도 있다. 구체적인 도출의 예를 들면 (32)와 같다.11)12)

(32) 존이 식당에서 먹은 것은 (그것이) 스파게티였다.

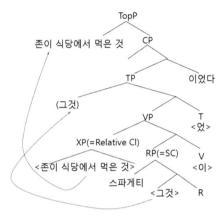

[그림 1] 예문 (32)의 도출

---

11) (32)의 제안은 과잉생산의 문제점이 지적될 수 있다. 즉, 다음과 같은 문장들의 도출을 막을 수 있는가 하는 것이다(문귀선, 개인면담).

(i) a. *스파게티는 존이 식당에서 먹은 것이 그것이었다.
b. *그것은 존이 식당에서 먹은 것이 스파게티였다.
c. *그것은 스파게티가 존이 식당에서 먹은 것이었다.

(ia)의 문장이 이 장에서 제안하는 서술어 도치가 의무적으로 적용되는 것으로 본다면 적절히 제한할 수 있다. 즉, 서술어 도치가 소절 내 요소의 비대칭성을 유도하기 위해 적용되는 것이라면 그것이 제자리에 머무르고 있는 (ia)는 비문임이 설명된다. (ib)와 (ic)는 모두 '그것'의 이동이 '존이 식당에서 먹은 것'과 '스파게티'보다 상위에 머무르고 있어 이러한 도출은 우위성조건(Superiority Condition)의 위반으로 설명될 수 있다. 즉, '그것'이 자신을 성분통어하는 요소들을 넘어 가장 상위의 위치로 이동한 후에는 나머지 이동 후보들의 이동은 모두 부적합한 이동이 될 것이다. 만일 이러한 이동이 일어난 후에 문제가 되는 요소('그것')를 생략할 수 있다면 도출이 보수(repair)될 수 있을 것인데 이러한 예측은 아래의 예문으로 정당화될 수 있다.

(ii) a. 스파게티는 존이 식당에서 먹은 것이었다.
b. 존이 식당에서 먹은 것이 스파게티였다.
c. 스파게티가 존이 식당에서 먹은 것이었다.

den Dikken(2009)는 Moro(1997)의 연구에 기초하여 영어의 *it*-분열문의 *it*은 처음부터 주어가 아니고 소절의 술어로부터 출발한다고 분석한다. 즉, 논항/비논항 구분과 관련하여 특정성 분열문의 *it*은 논항이 아니라 술어적 속성을 갖는다고 보는 것이다. 가장 대표적인 증거의 하나가 통제와 관련한 것인데 관련 예문을 위에서 옮기면 아래와 같다.

(33) *It$_i$ was Ryan who murdered Brian, besides PRO$_i$ being a bad guy.

위 문장에서 표면적인 주어 *it*은 부사절 내의 PRO를 통제하지 못하여 비문이다. *it*이 논항이라면 PRO의 통제자가 될 것으로 예측되지만, 이 문장이 비문인 것으로 보아 이 경우 *it*은 논항적 성격을 결하고 있다고 보아야 한다.13) 이러한 근거에 기초하여 그는 영어 *it*-분열문을 다음과 같이 분석한다. 예를 들어 (34)에 주어진 문장은 (35)에 주어진 도출 과정을 겪는다는 분석이다.

(34) It was Ryan that got me interested in clefts

여기서 ' : '는 영접속사로서 분열문의 초점과 뒤따르는 *that*-절이 관계절로 이어진다는 분석이다. 이 글 관심의 핵심은 *it*이 :P의 주어 자리에 위치한 소절 RP 내에 술어로 기저 생성되었던 *it*이 상위 기능핵 투사인 FP의 지정어 자리로 이동해 나가면서 *it*-분열문의 어순이 완

---

12) 여기서 관계절인 '존이 식당에서 먹은 것' 내부에 대한 분석은 생략한다. 이 부분에 대해서는 Sohn(2000), Bošković & Takahashi(1998), Kang(2006) 등이 제안하는 영 운영자(null operator) 분석을 기본적으로 가정한다.

13) 물론 이러한 견해에 반대되는 주장도 있다. 최근 Reeve(2010)은 자신의 박사논문에서 영어 *it*-분열문의 형식주어 *it*은 지시적인 성격을 갖는 논항이라고 분석하고 있다. 그러나 (32)와 같은 예문은 그의 주장에 문제를 제공하게 될 것이다.

성된다는 분석이다.14)

(35) It was Ryan that got me interested in clefts. ([그림 2])

이것은 den Dikken(2009)의 이러한 분석을 받아들여 한국어 '것'-분열문에 적용한 것으로 이해할 수 있다. 다만, 앞서 논의했듯이 한국어의 경우는 *it*-분열문과 *wh*-분열문이 혼합되어 있는 관계로 *it*을 술어로 간주하는 그의 분석과 *wh*-분열문의 *wh*-구 이하를 자유관계절(free relative)로 보는 그의 분석을 수용하여 다음의 [그림 2]에 제시된 도출 과정을 겪는다고 분석한다.

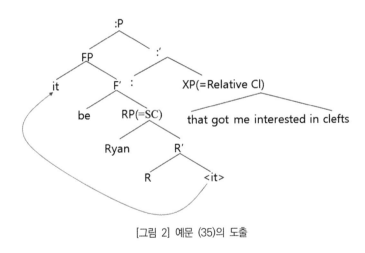

[그림 2] 예문 (35)의 도출

---

14) (34)의 도출에 입각하면 다음과 같은 영어 문장이 생성되는 것은 어떻게 막을 수 있을까?(문귀선 개인면담)

  (i)   *Ryan was it that got me interested in clefts.

즉, (34)에서 *it*의 이동이 없이 그대로 도출되는 경우인데, 이러한 도출은 술어 도치 규칙을 의무적으로 적용되는 것으로 보면 막을 수 있다. 사실 서술어 도치는 대칭적 구조를 비대칭적 구조로 만들어 주는 규칙으로서 Kayne(1994)의 LCA의 입장에서 보면 선형화를 위한 필수적인 규칙으로 볼 수 있다.

wh-구 이하를 자유관계절로 보는 것은 이 부분이 한국어의 '철수가 식당에서 먹은 것'의 의미와 거의 정확히 일치한다고 본다면 이 가정은 큰 문제없이 수용될 수 있다.

3.3. 분석의 결과

(35)와 같은 분석은 결속의 연결성(conncectivity)과 관련하여 효과적인 설명을 가능케 한다. 먼저 영어의 결속연결성에 대해 생각해 보자. 결속이론 A는 분열문에서 연결성을 유지한다. 즉, 아래 (36a)의 문법성이 (36b)에서 그대로 유지되고 있다. (36c)가 비문에 가까운 것은 결속이론과 관계없이 술부(형용사구 혹은 동사구)는 분열문의 초점이 되기 어렵다는 또 다른 제약의 영향인 것으로 이해할 수 있다.15)

(36) Principle A

    a. He$_i$ is <u>angry with himself$_i$</u>.

    b. What he$_i$ is is angry with himself$_i$.

    c. ??It is angry with himself$_i$ that he$_i$ is.

결속이론 C의 경우도 B의 경우도 연속성이 유지되고 있음을 아래의 예문들을 통해 확인할 수 있다.

(37) Principle C

    a. *He$_i$ claimed that John$_i$ was innocent.

    b. *What he$_i$ claimed is that John$_i$ was innocent.

    c. *It was (that) John$_i$ was innocent that he$_i$ claimed.

---

15) 이 장의 각주 1 참조.

(38) Principle B

    a. *John$_i$ is proud of him$_i$.

    b. *What John$_i$ is is proud of him$_i$. (cf. ok a la den Dikken)

    c. ??It is proud of him$_i$ that John$_i$ is.

또한, 결속 대응 해석의 경우는 *wh*-분열문의 경우는 연속성이 유지가 되는 반면, *it*-분열문의 경우는 이것이 유지되지 않고 있다.

(39) Bound anaphora interpretation

    a. Every linguist$_i$ loves his$_i$ first syntax class.

    b. What every linguist$_i$ loves is his$_i$ first syntax class.

    c. *It is his$_i$ first syntax class that every linguist$_i$ loves.

이에 해당하는 한국어 '것'-분열문은 다음과 같은 것들이 될 것이다.

(40) a. 그$_i$가 화가 난 것은 자기$_i$에게이다.

    b. 그$_i$가 주장한 것은 존$_i$이 무죄라고이다.

    c. ??존$_i$이 자랑스러운 것은 그$_i$에게이다.

    d. 모든 언어학자가$_i$ 사랑하는 것은 *그$_i$/자기$_i$의 첫 통사론 수업이다.

    e. *그$_i$/자기$_i$의 첫 통사론 수업은 모든 언어학자$_i$가 사랑하는 것이다.(inverse)

(40a-c)의 예문들은 도출의 기저단계에서 (35)의 구조에서 보듯이 선행사가 대용어를 성분통어할 수 있는 상위 위치에 있기 때문에 결속이론의 연속성이 유지됨을 설명할 수 있다. (40d)와 (40e)의 예문에서 '그'를 쓰면 비문이고 '자기'를 쓰면 정문으로 이해되는 것도 결속대응

관계를 기저단계에서 해석한다고 보면 구조적으로 큰 문제없이 설명이 가능하다. 이상의 근거들은 본 연구의 주장, 즉, 한국어 '것'-분열문은 특정성의 혼합형 분열문(specificational mixed cleft)이라는 내용을 뒷받침한다.

여기서 한 가지, 그간의 문헌연구에서 지금의 제안에 반대되는 증거처럼 보이는 진단(법)에 대해 언급할 필요가 있다. 특정성과 서술성을 구분하는 중요한 근거 중 하나로 den Dikken(2009)에 따르면 전자의 경우는 통제(control)구문이 불가능하지만, 후자의 경우는 이것이 가능하다고 한다. 다음의 예를 보자.

(41) a. *[Who murdered Brian]$_i$ was Ryan, besides PRO$_i$ being a bad guy.

 b. [Who murdered Brian]$_i$ was insane, besides PRO$_i$ being a bad guy.

(42) a. *It$_i$ was Ryan who murdered Brian, besides PRO$_i$ being a bad guy.

 b. It$_i$ was an interesting meeting I went to last night, despite PRO$_i$ being poorly organized.

일반적인 서술성 계사구문인 (41b)의 경우는 정문인 것과는 대조적으로 특정성의 분열문인 (41a)는 비문이다. 이것은 den Dikken(2009)에 따르면, 특정성의 분열문에서 주어구는 PRO를 통제하지 못하는 것으로 이해할 수 있다. *it*-분열문의 경우는 (42)에서 보듯이 특정성의 경우는 *it*이 PRO를 통제하지 못하는 반면에((42a)), 서술성의 경우는 *it*이 PRO를 통제하여 정문이 된다((42b)).16) 한국어의 예를 생각해 보자.

(43) [PRO 익지도 않고] 땅에 떨어진 것은 (그것이) 사과이다.

위의 한국어 문장은 아무런 통제상의 문제가 없는 정문으로 받아들여진다. 이것이 정문이 아니면 (43)의 문장은 서술성의 분열문이 통제에 간여하고 있는 것으로 이해되는 듯이 보인다. 그러나 이 문장이 정문인 것은 PRO의 통제자가 '사과'로 해석되는 경우이지, '그것'이 아닌 것으로 이해된다. 즉, (42)에서처럼 it이 통제자가 될 수 있느냐가 아니고, '그것'이 아닌 '사과'가 통제가가 된다면 (43)의 문장은 (42)과 동일한 상황이라고 볼 수 없다. 오히려 (43)에서 통제자가 '그것' 즉, '땅에 떨어진 것'이라는 내용 전체로 해석한다면 이 문장은 비문으로 판단된다. 이것이 사실이라면 통제의 가능성을 통한 검증을 통해서도 한국어 '것'-분열문은 특정성의 해석을 갖는다고 결론지을 수 있다.

4. 결론

이상의 논의를 통하여 이 장에서는 한국어 '것'-분열문의 통사적 특성과 의미적 특성을 살펴보았고 이러한 특성들에 기초하여 '것'-분열문의 도출을 제안하였다. 구체적으로 한국어 '것'-분열문은 영어의 *it-*

---

16) (42a)를 아래와 같이 고려해 보자.

  (i) *It₁ was Ryan who murdered Bill besides PRO₁ being a bad guy.

     ≒ It was Ryan who murdered Bill besides the fact that it is a bad guy who murdered Bill.

  (i)에서 *it*이 PRO를 통제한다는 것은 (i)의 그 아래의 의역문과 같이 분석될 수 있지만(den Dikken 2009: 각주 6), 분사구인 'poorly organized'가 *it*-분열문의 초점이 될 수 없으므로 (42b)는 이런 의역문을 상정하는 것이 아예 가능하지도 않은 점은 문제이다.

분열문과 *wh*-분열문이 혼재되어 있는 혼합형 분열문으로 보는 것이 타당함을 제안하였다. 또한 의미적 속성상 '것'-분열문은 특정성의 분열문으로 보이며 특정성의 분열문으로서 '것'-분열문에서 사용되는 '그것'은 도출상 논항이 아닌 술어로 분석함이 타당함을 밝혔다. 또한 이런 분석을 통하여 결속의 연속성 및 결속 대응 해석의 결속성 등에 대한 일관성 있는 분석이 가능함을 논증하였다.

△▼ 참고문헌 ▼△

김영희(2000), 「쪼갠문의 기능과 통사」, 『어문학』 69, 65-90.

김영희(2006), 「논항의 판별 기준」, 『한글』 266, 139-167.

박철우(2008), 「국어 분열문의 통사구조」, 『한말연구』 22, 77-96.

임규홍(1986), 「국어 분열문에 관한 연구」, 『어문학』 48, 155-175.

Aarts, Bas (2008), *English Syntax and Argumentation*(3rd ed), New York: Palgrave Macmillan.

Bošković Zeljko & Daiko Takahashi (1998), "Scrambling and Last Resort". *Linguistic Inquiry* 29, 347-366.

den Dikken Marcel, Andre Meinunger, & Chris Wilder (2000), "Pseudoclefts and Ellipsis", *Studia Linguistica* 54, 41-89.

den Dikken Marcel (2001), "Specificational Copular Sentences and Pseudoclefts", Ms. CUNY.

den Dikken Marcel (2006), *Relators and Linkers: The Syntax of Predication, Prediate Inversion, and Copulas*, Cambridge, MA: MIT Press.

den Dikken Marcel (2008), "A Cleft Palette: On the Landscape of Cleft Constructions and Their Syntactic Derivations", Handout for the Cleft Workshop 2008, ZAS, Berlin.

den Dikken Marcel (2009), "Predication and Specification in the Syntax of Cleft Sentences", Ms. CUNY.

Higgins, F. Roger (1979), *The Pseudocleft Construction in English*, New York: Garland.

Jhang, Sea-Eun (1994), "Headed Nominalizations in Korean: Relative Clauses, Clefts, and Comparatives", Doctoral dissertatiion, Simon

Fraser University.

Kayne Richard (1994), *The Antisymmetry of Syntax*, Cambridge, MA: MIT Press.

Merchant Jason (1998), "'Psudosluicing': Elliptical Clefts in Japanese and English", *ZAS Working Papers in Linguistics* 10.

Moro Andrea (1997), *The Raising of Predicates*, Cambridge: Cambridge University Press.

Nakao Chizuru & Masaya Yoshida (200x), "Japanese Sluicing as a Specificational Pseudo-cleft", Ms. University of Maryland, College Park.

Park, Myung-Kwan (2001), "Subject-less Clefts in Korean: Towards a Deletion Analysis", *Language Research* 37(4), 715-739.

Reeve Matthew Reeve (2010), "Clefts", Doctoral dissertation, University College London.

Rothstein Susan (1985), "The Syntactic Forms of Predication", Indiana University Linguistics Club: Bloomington, Indiana.

Sohn, Keun-Won (2000), "Operator Movement and Cleft Constructions", Paper presented in SICOGG 2000.

Sohn, Keun-Won (2001), "*Kes*-clefts, Connectedness Effects, and the Implications Thereof", *Studies in Generative Grammar* 14(4), 561-571.

7. *it*-분열구문에 대한 선택함수분석*

문귀선

7장에서 문귀선은 영어 *it*-분열문에 있어서 핵심 주제인 *it*에 대한 분석을 논한다. 기존의 분석 중 Percus(1997)와 Hedberg(1990, 2000)의 명시적 분석을 먼저 소개한다. Percus에서는 분열절이 IP-부가위치로 외치 이동한다는 분석을, Hedberg는 VP-부가위치에 분열절이 기저 생성되어 it과 분열절이 의미적 관계를 맺고 있다는 점에서는 Percus 분석과 다소 일맥상통한다. Hedberg의 또 다른 분석에서는 분열절이 DP-부가위치에 기저 생성되어 분열구 XP의 수식어(modifier)로 간주함으로써 분열구 XP와 분열절이 관계를 맺는 분석을 제시하고 있다. Delahunty(1981, 1984)와 E. Kiss(1998, 1999)는 it을 의미가 결여된 허사로 간주하고 it과 분열절 사이에 어떠한 의미적 관련성도 존재하지 않으며 it은 단지 EPP를 만족시키기 위해서 삽입된 요소라고 분석하는 입장이다. 이에 Reeve(2010)는 it이 다른 지시대명사로 대체해서 나타날 수 있는 경험적 자료에 의거하여 분열문의 *it* 대명사는 허사가 아니라 지시적 대명사로 분석되어야 함을 제안하면

---

* 이 논문은 2019년 6월 동국대학교에서 개최되었던 분열문 워크샵에서 발표했던 원고를 수정 보완한 것이다. 워크샵에 참석하여 질문과 코멘트를 해주셨던 분들께 감사드린다.

서 Reeve는 기능어 핵 Eq를 도입한 분열문 구조가 종래의 분석에서 어겼던 합성성의 원리를 잘 준수하게 한다고 주장한다.

이에 문귀선은 Reeve가 도입한 기능 범주 핵인 Eq에 대한 정의는 통사구조를 구축해 나가는 과정을 무시하고 있으며, 지시대명사 *it*을 계산과정에서 배제함으로써 Reeve의 분석은 여전히 *it*-분열문의 의미도출이 합성성의 원리를 준수하지 못하는 약점을 지니고 있음을 지적한다. 이러한 Reeve의 *it*-분열문 분석이 지닌 합성성 원리 위반의 문제점을 해결하기 위해서 문귀선은 it이 선택함수(choice function) 기능을 지니고 있음을 제안한다. 따라서 통사적으로 선택함수 f 기능 핵을 설정하고, it으로 실현되고 있는 선택함수는 분열절을 논항으로 취한다는 구조를 제시함으로써 it과 분열절이 의미적 관련성을 맺게 한다는 점에 있어서는 Percus의 분석과 일맥상통한다 하겠다. 이와 동시에 초점 요소인 분열구 해석을 위해서 Rooth(1992)의 초점 해석 이론(theory of focus interpretation)을 도입하고, be 동사를 이항술어로서 be 동사가 취하는 두 개의 논항이 같은 의미치를 지녀야 함을 주장하는 의미규칙을 제시함으로써, *it*-분열문에 대한 의미도출이 통사적 구조를 구축하면서 단계마다 합성성의 원리를 성공적으로 준수할 수 있게 했다. 끝으로, 문귀선이 제안하는 *it*의 선택함수 분석은 *it*-분열 구문의 문법성을 올바르게 예측할 수 있게 하는 이점을 지닌 분석임을 주장한다.

1. 서론

it-분열문 연구의 주된 쟁점은 *it*-분열문을 대명사 *it*, 분열구 XP (Cleft-XP), 분열절(Cleft-clause)의 세 부분으로 나누어서 (1)에서 나열한

4가지 질문에 대한 답을 제시하는 연구에 초점을 맞추고 있다.

(1) *it* - 분열구 XP - 분열절

    (i) *it*의 속성

    (ii) *it*과 분열절의 의미적 통사적 관계

    (iii) 분열구 XP와 분열절과의 관계

    (iv) 분열절의 내부 구조

이번 7장에서는 기존의 분열문 분석에서 제안하고 있는 대명사 *it*의 속성을 먼저 살펴볼 것이다. 특히 Reeve(2010)가 제안하는 *it*-분열문 분석에서는 대명사 *it*을 지시적 대명사로 취급하고 있으며, Eq라는 기능어 핵(head)을 도입함으로써 분열문 구조로부터 의미를 도출함에 있어서 합성성의 원리를 만족시킬 수 있다고 주장하고 있다. 그러나 Reeve의 분석에서 제기되는 문제점을 지적한 후 이에 대한 새로운 방안으로 *it*-분열문의 대명사 *it*은 선택함수의 역할을 하며 분열문의 be 동사는 동등이항술어(Equative two-place predicate)로서 두 개의 논항의 값이 같다는 것을 단언하는 것이 분열문의 특성이라고 논할 것이다.

(2) a. It was JOHN who washed his shirts yesterday.

    => f({x | x washed x's shirts yesterday}) = JOHN

    b. It was GREEN that John's shirts were.

    => f({P | John's shirts wer P}) = GREEN

    c. It was YESTERDAY that John washed his shirts.

    => f({t | John washed his shirts t }) = YESTERDAY

따라서 (2)와 같은 예문들은 분열구 XP의 의미치의 유형은 선택함수
*it*이 선택하는 의미치의 유형과 항상 일치해야 함을 보여주고 있다.

2. 분열대명사 *it*에 대한 분석

2.1. 명시적 분석(Specificational analysis)

Percus(1997)에 의하면 *it*은 의미적으로 분열절(cleft clause)과 연결
된 것으로 (3a) 문장을 (3b)구조로 분석하고 있다.

(3)   a. It was John that Mary saw.

   b.

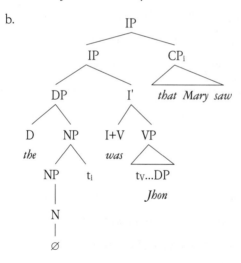

(3b)에서 the가 분열절과 결합하여 DP를 형성했다가 분열절인 *that*
*Mary saw*는 우향 이동하고 the가 표층에서 *it*으로 실현된다는 분석
이다. 다시 말하자면 *it*과 분열절이 비연속성 한정기술구(discontinuous

definite description DP)의 관계를 맺고 있다가 분열절이 IP-부가위치로 이동한다는 분석이다.

이와 같이 명시적 분석에는 Percus와 같이 분열절이 IP-부가위치로 외치 이동한다는 분석과 Hedberg(1990, 2000)의 경우처럼 (4)의 구조가 보여주듯이 분열절이 처음부터 외위치(extraposition)에 기저 생성된다는 분석도 있다.

(4) a. Hedberg(1990)   b. Hedberg(2000)

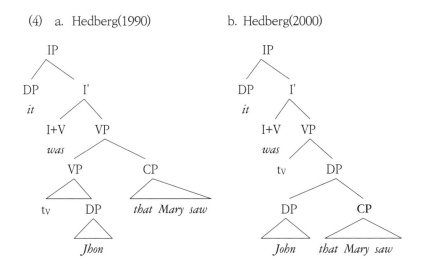

(4a)에서는 VP-부가위치에 분열절이 기저 생성되어 it과 분열절이 의미적으로 관계를 맺고 있는 것으로 분석한다는 점에서 Percus의 분석과 일치한다. 반면에, (4b)의 경우는 분열절이 DP-부가위치에 기저 생성되어 분열구 XP의 수식어(modifier)로 간주함으로써 분열구 XP와 분열절이 관계를 맺고 있는 것을 알 수 있다.1)

---

1) predication 분열문과 specification 분열문의 구분에 대한 자세한 논의는 den Dikken(2006. 2008, 2009)를 참조.

2.2. 허사 분석(Expletive analysis)

분열문의 대명사 *it*을 의미가 결여된 허사로 보는 분석에서는 *it*과 분열절 사이에 어떠한 의미적 관련성도 존재하지 않으며 *it*은 단지 EPP를 만족시키기 위해서 삽입된 요소라고 분석하는 입장이다. 이러한 허사 분석에는 두 가지 접근법이 있다. Delahunty(1981, 1984)는 (5a)와 같은 구조를 제시하고 있다. IP의 주어 자리에 EPP 만족을 위해 *it*을 삽입하고 VP의 Head인 be 동사는 DP와 CP를 보어로 취하는 삼분가지(trinary branch)를 허용하고 있다. 반면에 E. Kiss(1998, 1999)에서는 (5b)와 같이 초점구(FP)를 도입하여 FP의 SPEC에 분열구 XP인 John을, 보어위치에 분열절이 각각 기저 생성되고 있으며 허사 *it*이 EPP를 위하여 IP-SPEC에 삽입되는 구조를 제시하고 있다.

(5) a. Delahunty(1981, 1984)   b. E. Kiss(1998, 1999)

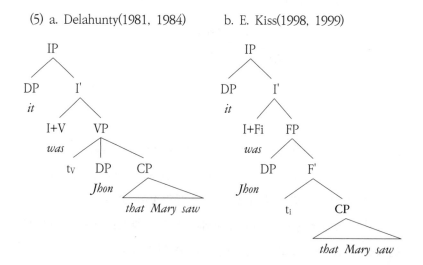

그러나 *it*이 허사가 될 수 없다는 근거를 Reeve(2010)이 보여주고 있다.

2.3. 지시적 대명사 분석(Referential pronoun analysis)

Reeve(2010)에 의하면 분열문의 *it* 대명사는 지시적 대명사로 분석되어야 함을 주장하면서 *it*이 허사가 아님을 지지하는 경험적 증거로 분열문의 대명사 *it*이 (6)과 같은 문장에서는 다른 지시대명사로 대체해서 나타날 수 있음을 보여주고 있다.

(6) a. it/this/that was JOHN that I saw
    b. it/*this/*that seems to me that you're young
    c. it/*this/*that is snowing
    d. it/*this/*that was clear that we were wrong

(6b-d)의 비문법성과는 달리 분열문인 (6a)의 *it*은 *this/that*과 같은 다른 지시사가 나타날 수 있음을 알 수 있다. 이러한 사실은 *it*이 허사 (Bolinger 1972; Ball 1977; Hedberg 1990, 2000; Geurts & van der Sandt 2004) 또는 술어(den Dikken 2009)가 아니라 대명사임을 보여주는 통사적 증거가 될 수 있다고 할 수 있겠다.

(7a)의 비문법성은 의무적으로 통제(obligatorily control)되어야 하는 PRO는 지시적 내용을 지닌 DP에 의하여 통제되어야 함을 보여주고 있다. 왜냐하면 의미가 없는 허사 *it*은 PRO를 통제할 수 없기 때문이다.

(7) a. *it$_i$ is Peter who is coming without PRO$_i$ being a nice man.
    b. *it$_i$ is Peter who is coming without it being a nice man.

(7a)의 비문법성에 대해서 den Dikken(2009)는 *it*이 predicate으로서 PRO의 통제자(controller)가 될 수 없기 때문이라고 주장하고 있다. 이에

대해 Reeve는 (7b)와 같이 통제가 필요하지 않는 대명사 *it*이 나오는 경우에도 (7b)의 문법성이 나빠지는 것은 (7a)의 비문법성은 *it*이 허사이거나 술어(predicate)이기 때문이 아니라 다른 이유에 기인하는 것이라고 주장하고 있다. 나아가서 Reeve는 분열문의 *it*이 PRO의 통제자가 될 수 있다는 점을 (8)의 자료를 통해 보여주고 있다.

(8) a. It_i was THE FURNITURE that annoyed John on Sunday
        [despite PRO_i being THE DECOR the day before]
     b. On Sunday, [what annoyed John]_i was THE FURNITURE
        [despite PRO_i being THE DECOR the day before]

Chomsky(1986)와 Bennis(1986)의 제안을 따라서 Reeve는 지시성(referentiality)에 대한 진단은 통제여부로 결정할 수 있다는 입장이 옳다고 주장하고 있다. 그러므로 (8)의 문장들이 모두 정문으로 판단되는 것은 *it*이 PRO의 통제자로서 지시성을 지니고 있음을 보여주는 증거로서 *it*은 허사가 아니라 지시적 대명사라고 주장한다.

3. Reeve 분석의 문제점

it-분열문의 *it*은 지시적 대명사임을 주장하면서 Reeve는 *it*-분열문은 두 가지 방법, 즉 인상(raising)과 합치(matching)에 의해서 도출된다는 아이디어를 제안한다. 나아가서 그는 동등구문(equative constructions)과 같은 명시적 문장(specificational sentences)이 동등 기능어 핵 Eq(functional head)을 포함하고 있듯이 Eq는 초점 민감어인 *only*나 *even*처럼 be 동사의 보어인 XP2에서도 동일한 관계를 맺고 있음을 제안하고 있다.

(9)의 예문들을 고려해보자.

(9) a. I saw [only [DP JOHN]]

b. I [only [VP saw JOHN]]

c. The only person that I saw was JOHN.

(9a)와는 달리 (9b)에서 *only*는 초점을 받는 요소에 인접해있지 않음에도 불구하고, 즉 그것의 위치와는 상관없이 (9c)와 동일한 해석을 할 수 있음을 보여주고 있다.

Reeve는 이와 같은 구조에 기반한 의미적 접근법(von Stechow 1989; Jacobs 1983; Krifka 2006; among others)을 채택하여 Eq의 의미를 Krifka가 *only*에 대해 제안한 의미를 그대로 적용하여 (10)과 같이 〈초점(focus), 배경(background)〉의 순서쌍으로 정의하고 있다.

(10) Eq⟨ α, β ⟩ =$_{def}$ λX[X= α] where X is a variable of the type of α.

(10)에서 ⟨ α, β ⟩는 ⟨초점, 배경⟩으로서 초점은 분열구-XP, 배경은 분열절에 해당한다. 이를 바탕으로 제시한 Reeve의 명시적 *it*-분열문의 구조는 (11)과 같다.[2)]

---

2) (11)은 합치(matching)에 의해 도출된 구조를 보여주고 있다. (11)의 구조에 의하면, 대명사 *it*은 e-type 의미 유형을 지닌 지시적 DP로서 (11)의 예문에서 의미역(Θ-role) 부과자(assigner)가 아니다.

(11) It was JOHN that Mary hit.

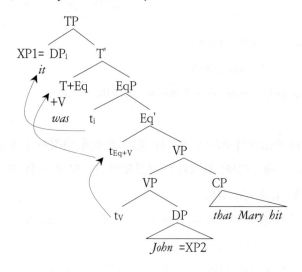

be 동사가 Eq로 핵이동한 후 Eq는 다시 T로 핵이동을 하게 되고 계사 (copula) be는 Eq가 도착한 지점인 T의 자리에서 발음된다. 이로서 Eq 의 어휘화(lexicalisation)은 계사의 이동으로 실현되어지는 셈이다. 그리고 *it*은 약대명사로서 구조적으로 Eq에 의해서 성분-통어(c-commend) 되지 않으므로 초점을 받을 수 없다. 반면에, 분열구 XP는 Eq에 의해 성분-통어되므로 초점이 부여된다. 따라서 XP2는 분열구 XP, 대명사 *it*은 XP1이 된다. Eq 핵은 XP2에 동일성 유형 전환 연산자(*ident* type-shifting operator) 적용을 허용하는 의미적 효과를 가져온다(Partee 1987). (12)의 계산과정이 보여주듯이 동일성 유형 전환 연산자는 XP2를 동일성 술어(identity predicate)로 전환시켜서 XP1의 술어가 되게 한다.3)

---

3) 이오타-운영자 ι는 열린 명제(open proposition)와 결합하여 개체를 지시하는 표현을 내놓게 된다. 이 개체는 그 열린 명제를 만족시킬 수 있는 유일한 개체이어야 한다. 그렇지 않으면 의미해석이 불가능하게 된다. 예를 들면 한정명사구(the

(12) a. It was JOHN that Mary liked.

    b. $Eq(\langle j, \lambda x.like(m, x)\rangle) = \lambda y[\ y = j]$

    c. $\lambda y[\ y = j](\iota x.like'(m, x))$ (by λ-conversion)

      $\iota x.like'(m, x) = j$

    'The unique entity Mary liked was John.'

(10)의 Eq 정의를 분열구 XP가 형용사인 분열문 (13a)에 적용을 하면 (13b-c)와 같은 의미적 계산과정을 보여준다. 이에 해당하는 구조는 (14)와 같다.

(13) a. It was GREEN that her eyes were.

    b. $Eq(\langle \lambda x.green'(x), \lambda P.P(eyes')\rangle)$

      $= \lambda Q.[Q = \lambda x.green'(x)]$ (by (10))

    c. $\lambda Q.[Q = \lambda x.green'(x)](\iota R.R(eyes'))$ (by λ-conversion)

      $\iota R.R(eyes') = \lambda x.green'(x)$

    'The unique property satisfying her eyes is a set of green things.'

---

definite NP) *the man* (with a unique the)는 이오타-운영자 분석에 의하여 다음과 같이 공식화할 수 있다.

NP	iota translation	type
the man	$\iota x[man'(x)]$	e

(14)

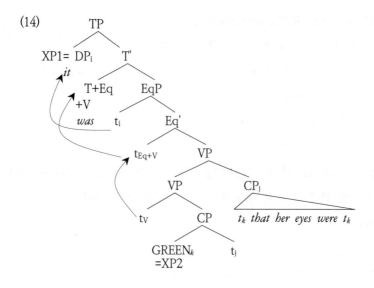

Reeve는 기능어 핵 Eq를 도입한 분열문 구조가 종래의 분석에서 어겼던 합성성의 원리를 잘 준수하게 한다고 주장하고 있지만 우리가 위의 구조에서 볼 수 있듯이 의미를 도출하는 방법이 구조적 합성성의 원리에 일치하지 않고 있음을 알 수 있다. (10)의 정의에 의하면 Eq는 단순히 두 개의 논항을, 즉 분열구 XP를 첫 번째 논항으로 분열절을 두 번째 논항으로 동시에 취하는 것으로 정의하고 있지만 이는 구조를 구축해나가는 그 과정을 무시한 정의로서 여전히 분열문의 의미도출이 합성성의 원리를 준수하지 못하고 있다는 약점을 드러내고 있다: 첫째, *it*을 허사가 아니라 지시적 대명사로 분석하지만 Reeve의 의미도출 과정에서는 *it*에는 어떠한 의미적값(semantic value)을 부여하지 않고 있으며 계산과정에서 배제되고 있음을 알 수 있다. 둘째, 통사적으로는 분열절이 분열구 XP를 수식하고 있지만, 의미적으로는 *it*과 관련이 있는 것으로 간주하고 있으나, *it*과 분열절이 구조상으로 아무런 관계를 맺고 있지 않음을 알 수 있다. 왜냐하면 Eq의 정의에 의하면 두 번째 논항으로 *it*을 취해야 함에도 불구하고 분열절

을 두 번째 논항으로 취함으로써 의미적으로는 *it*이 분열절과 관계를 맺고 있는 것으로 나타나고 있지만, 통사적으로는 분열구 XP와 밀접한 관계를 맺고 있기 때문이다.

4. 선택함수 분석

4.1. 선택함수와 초점

Reeve의 약점을 보완하는 새로운 분석을 제시하기 전에 먼저 선택함수(choice function)와 초점(focus)의 기본적인 개념을 소개한다. 비한정명사구가 섬제약을 준수하지 않고 해석적 측면에서 보여주는 영역의 문제(scope problem)를 해결하기 위해서 Reinhart(1997)는 비한정명사구를 섬의 영역으로부터 이동하지 않더라도, 즉 섬제약 위반 없이 이와 같은 영역문제를 해결할 수 있다는 아이디어를 제안했다. 예를 들면, (15)에서 어느 단계에서 존재양화사 폐쇄(existential closure)가 수행되는지에 따라서 두 가지 해석을 도출할 수 있다.

(15) If some woman comes to the party, John will be glad.

    a. $[\exists f\ [CH(f) \wedge\ come'(f(woman'))]] \rightarrow glad'(j)$

       'John will be glad if there is any possibility to pick a woman who comes to the party'

    b. $\exists f\ [CH(f) \wedge\ [come'(f(woman')) \rightarrow glad'(j)]]$

       'There is a choice function such that John will be glad if the woman it picks comes to the party.'

(15a)는 조건문(the conditional)의 선행절(antecedent) 내에서 존재양화사 폐쇄가 실행되었으므로 비한정명사구 *some woman*의 좁은 영역해석(narrow scope reading)의 도출을 가능하게 하는 공식이다. (15b)에서는 존재양화사 폐쇄가 전체 조건문(the conditional) 밖에서 실행되고 있으므로 이 공식은 비한정명사구의 넓은 영역해석을 나타낸다. 그러나 이 두 가지 공식에서 모두 비한정명사구가 섬영역 밖으로 이동하지 않고 있음을 알 수 있다. 대신에 존재양화사에 의해 폐쇄(closure)되어진 변항함수 f가 그것이 취하는 영역을 보여주고 있다. 이 함수 f는 선택함수로서 (16)과 같이 정의할 수 있다.

(16) 공집합을 의미값으로 갖지 않는 모든 술어 P에 대하여 f(P)가 정의되고 그 값이 P의 외연에 속한다면 그 함수 f는 선택함수이다

(A function f is a choice function (i.e. CH(f) holds) only if for every non-empty predicate P, f(P) is defined and it is in the extension of P (i.e. P(f(P)) holds)).

이해를 돕기 위해서 (15)의 예문을 가지고 선택함수의 메커니즘을 살펴보기로 하자. (15)의 선행절에는 *woman*과 *come* 두 개의 술어가 있다. 선택함수 f는 술어 *woman*의 의미치인 *woman*의 집합으로부터 한 명의 woman을 선택한다. 그리고 다음으로 이렇게 선택함수에 의해 선택된 값(f(woman'))은 다시 술어 *come*의 논항(come'(f(woman')))이 된다 (Moon 2018).

Reeve의 *it*-분열문 분석이 지닌 합성성 원리 위반의 문제점을 보완하기 위해서 선택함수 이외에도 Rooth(1992)가 제안하는 초점 해석 이론(theory of focus interpretation)의 채택을 필요로 한다. Rooth의 초점에 대한 대체의미론(alternative semantics)에 따르면, 한 문장의 초점 의

미치(focus semantic value)는 일반 의미치(ordinary semantic value)로 선택 가능한 것(alternatives)들의 집합이거나 또는 일반 의미치와 잠정적으로 대조가 되는 명제들의 집합이다. 초점 의미론의 예를 (17)이 보여 주고 있다.

(17) a. [[[$_S$ [MARY] likes Sue]]]^F = {like(x, s)|x∈E}, where E is the domain of individuals.

b. [[[$_S$ Mary likes [SUE]]]]^F = {like(m, y)|y∈E}

(17a)에서는 *Mary*가 초점을 받는 요소이다. 따라서 이 문장의 초점 의미치는 Sue를 좋아하는 개체들의 집합이다. 반면에 (17b)에서는 *SUE*가 초점 요소이므로 이 경우의 초점 의미치는 Mary가 좋아하는 개체들의 집합이 된다.

4.2. 선택함수 기능을 지닌 분열구문 대명사 *it*

문장 내 초점 요소를 포함하고 있는 진술(statement)은 일반적으로 문장내의 비초점 내용을 전제(presupposition)로 취함을 보여준다. 예를 들면 (18a)에서 *GERANIUMS*이 초점을 받는 요소이다. 따라서 (18a) 문장은 John이 무엇인가를 재배하고 있음을 전제로 하고 있으며 이에 새로운 정보로서 John이 재배하고 있는 것이 geraniums이 아님을 주장하는 것이다.4) 이와 유사한 분석을 *it*-분열문에도 그대로

---

4) 부정문이 아닌 (i)과 같은 긍정문의 경우에도 'John grew something'을 전제로 하고 있음을 알 수 있다.

(i) John grew GERANIUMS.

(i)에서는 존이 재배하고 있는 것이 geraniums임을 주장하고 있다.

적용할 수 있다. (18b)에서 분열절의 내용은 전제로서 Mary가 본 것이 있고 분열구 XP인 JOHN이 초점 요소로서 {Bill, John, a dog, ⋯}와 같이 개체들의 집합을 의미치(extension, semantic value)로 갖게 된다.

(18) a. John didn't grow GERANIUMS.
    b. It was JOHN that Mary saw.

Reeve의 지시적 대명사 분석과 달리 *it*-분열구문의 대명사 *it*은 선택함수의 기능을 한다고 제안한다. 선택함수인 *it*은 분열절을 논항으로 취하는 (19a)와 같은 구조를 지님을 주장한다.

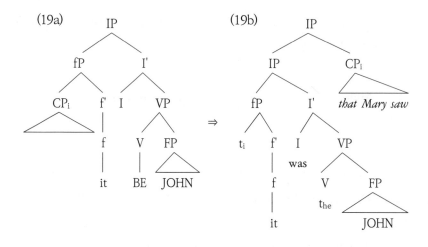

*It*으로 실현되는 선택함수는 술어인 무핵관계절(headless relative clause)을 자신의 논항(argument)으로 취하게 된다. (19a)에서 무핵관계절은 술어로서 Mary가 본 것들의 집합 {Bill, John, a dog, ⋯}을 의미 값으로 나타낸다. 대명사 *it*에 의해 도입된 선택함수는 이 집합을 논항으로 취해서 JOHN을 값으로 선택하게 된다. 여기서 분열절은 PF층위

에서 IP-부가어 위치로 우향 이동(rightward movement)함으로써 (19b)와 같이 올바른 어순이 도출하게 된다.5)

합성성의 원리를 준수하는 의미도출을 위하여 계사 Be에 대한 의미규칙을 (20)과 같이 정의한다(Moon 2013).6)

(20) Be(X, Y) is true iff [[X]]= [[Y]]

(20)에 의하면 be 동사를 두 개 논항을 요구하는 타동사와 같은 이항 술어로 가정한다. 그리고 be 동사가 취하는 두 개의 논항이 같은 의미치를 지녀야 함을 주장하고 있다. (19a) 구조에서 보면, be 동사는 f({x | Mary saw x})와 John을 두 개의 논항으로 취하고 있으면서 f({x | Mary saw x})의 값이 초점을 지닌 JOHN의 값과 같음을 주장하고 있는 것이다. 선택함수가 술어인 {x | Mary saw x}의 집합에서 선택하는 값이 초점을 지닌 JOHN의 대체 의미치인 개체들의 집합에서 JOHN을 선택하는 값이 같을 때 참이 된다고 주장하고 있는 것이 분열문의 의미라고 제안한다.

이와 같이 선택함수에 기반한 분석이 합성성 원리를 준수하고 있을 뿐 아니라 *it*-분열문이 내포하는 의미와 본질적으로 동일한 해석을 도출할 수 있도록 하는 올바른 분석임을 주장한다. (20)의 정의에 의해서 대명사 *it*은 선택함수로서 분열절이 나타내는 외연인 집합으로부터 하나의 값을 선택할 때 초점 요소인 분열구 XP의 대체 의미치로부터 선택하는 값과 동일한 값을 선택 가능하게 하고 있음을 알 수 있다. (21)의 예들을 보자. (21a)에서는 선택함수 f는 자기의 셔츠를

---

5) (19a)의 구조는 좁은 통사부(narrow Syntax)와 의미부(LF 층위)의 구조이다.

6) Be 동사 문장에 대한 상세한 논의는 Declerck & Renaat(1988)을 참고.

어제 세탁한 사람들의 집합(e type인 개체들의 집합)에서 하나의 개체를 선택하는데 그 값이 반드시 초점 요소인 *John*과 같아야 한다는 것이다. (21b)에서는 John의 셔츠의 속성의 집합(⟨e,t⟩ type의 집합) 중에서 선택함수는 green을 선택할 때 참이 됨을 주장하는 것이다. (21c)도 마찬가지로 설명할 수 있다. John이 자신의 셔츠를 세탁한 시간들의 집합에서 선택함수는 Yesterday를 선택해야 할 것이다.

(21) a. It was JOHN who washed his shirts yesterday.

=⟩ f({x | x washed x's shirts yesterday}) = JOHN

b. It was GREEN that John's shirts were.

=⟩ f({P | John's shirts were P}) = GREEN

c. It was YESTERDAY that John washed his shirts.

=⟩ f({t | John washed his shirts t }) = YESTERDAY

(22) *It was WASH HIS SHIRTS that John did yesterday.

=⟩ f({x | John did x}) ≠ WASH HIS SHIRTS

(22)와 같은 분열 문장에서 중심축(pivot)인 분열구 XP에 동사구 범주가 나오는 것을 허용하지 않는 것은 *it* 선택함수가 취하는 논항의 집합은 '존이 한 것'인 개체들의 집합인 e-유형의 집합이다.[7] 그러나 분열구 XP는 동사구로서 초점에 대한 대체의미론에 의하면 ⟨e,t⟩-유형의 집합을 의미값으로 갖게 된다. 따라서 선택함수가 택한 값은 e-유형으로서 분열구 XP와 동일한 값을 가져야 하는 (20)의 정의를 만족

---

[7] (22) 예문에서 'did'는 조동사가 아니라 본동사임을 다음의 예들이 비문인 것으로 알 수 있다.

a. *It is PLAY THE PIANO that John can.
b. *It is WASH HIS SHIRTS that John will.

시키지 못하므로 비문이라는 올바른 예측을 하게 된다.

5. 결론

지금까지 우리는 기존의 분열문 분석에서 여러 학자들이 제안하고 있는 대명사 *it*의 속성 중에서 대명사 *it*을 지시적 대명사로 취급하고 있는 Reeve(2010)가 제안하는 *it*-분열문 분석이 갖는 문제점을 지적했다. 이에 대한 새로운 해결책으로 *it*-분열문의 대명사 *it*은 선택함수의 역할을 하며 분열문의 be 동사는 동등이항술어(Equative two-place predicate)로서 두 개의 논항의 값이 같다는 것을 단언하는 것이 분열문의 특성이라고 논했다. 결론적으로 말하자면, 본 연구에서 제안한 선택함수 분석은 Reeve 분석이 제기하는 합성성 원리의 위반을 극복할 수 있을 뿐 아니라 나아가서 분열구문의 중심축인 분열구 XP에 허용되는 범주와 허용되지 않는 범주를 올바르게 예측할 수 있게 하는 이점을 지닌 분석임을 주장한다.

△▼ 참고문헌 ▼△

Declerck, Renaat (1988), *Studies on copular sentences, clefts and pseudo-clefts*, Leuven: Leuven University Press.

Delahunty, Gerald (1981), *Topics in the syntax and semantics of English cleft sentences*, Doctoral dissertation, University of California, Irvine.

Delahunty, Gerald (1984), "The analysis of English cleft sentences", *Linguistic Analysis* 13, 63-113.

den Dikken, Marcel (2001), "Specificational copular sentences and pseudoclefts". Ms. CUNY.

den Dikken, Marcel (2006), *Relators and linkers: The syntax of predication, predicate inversion, and copulas*, Cambridge, MA: MIT Press.

den Dikken, Marcel (2008), "A cleft palette: On the landscape of cleft constructions and their syntactic derivations", Handout for the Workshop 2008, ZAS, Berlin.

den Dikken, Marcel (2009), "Predication and Specification in the syntax of cleft sentences", Ms. CUNY.

E. Kiss, Katalin (1998), "Identification focus versus information focus", *Language* 74, 245-273.

E. Kiss, Katalin (1999), "The English cleft construction as a focus phrase", In L. Mereu (ed.), *Boundaries of morphology and syntax*, Amsterdam: John Benjamins, 217-229.

Gundel, Jeanette (1977), "Where do cleft sentences come from?", *Language* 53, 543-559.

Hedberg, Nancy (1990), "The discourse function of cleft sentences in

English", Doctoral dissertation, University of Minnesota.

Moon, Gui-Sun (2013), "The Syntax and Semantics of It-clefts", *Studies in Generative Grammar* 23(3), 295-320.

Moon, Gui-Sun (2018), "Choice Functions and Island Evasion Effects in (Non)contrastive Fragments", *Studies in Generative Grammar* 28(4).

Percus, Orin (1997), "Prying open the cleft". In K. Kusumoto (ed.), *Proceedings of NELS* 27, Amherst, MA: GLSA, 337-351.

Reeve, Matthew (2010), "Clefts", Doctoral dissertation, University College London.

Reinhart, Tanya (1997), "Quantifier Scope: How labor is divided between QR and choice functions", *Linguistics and Philosophy* 20, 335-397.

Rooth, Mats (1992), "A theory of focus interpretation", *Natural Language Semantics* 1, 75-116.

8. 한국어 수문문의 기저구조로서의 분열문에 대하여
(On Clefts as a Source of Sluicing in Korean)

박종언

1. 들어가기

1.1. 배경: 수문문의 기저구조는?

Ross(1968) 이후 여러 학자들에 의해 수문문은 (1b)와 같이 wh-잔여성분(wh-remnant)이 적출된 구조를 삭제하여 도출되었다는 주장이 제기되어 왔다(Fiengo & May 1994; Chung et al. 1995; Kim 1997; Merchant 1998, 2001 등).

(1) a. John met someone, but I don't know who.

  b. John met someone, but I don't know who$_i$ [$_{TP}$ ~~John met t$_i$~~].

(2)와 같은 한국어 문장들이 영어의 수문문과 외견상 유사한 유형에 해당된다고 할 수 있다. 기존의 분석 가운데 일부가 음운부 삭제(PF deletion)에 의존하고 있을지라도, (2)번 예문에 대한 지배적인 시각은 영어 수문문과는 상이한 기저구조(source), 즉 유사분열문(pseudo-cleft)으로부터 도출되었다는 것이다(Sohn 2000; Park 2001; J. Kim 2012; 위혜경 2015; Ha 2017 등).

(2) 나는 점심 후에 학생을 만났는데, (그것이) 누구인지 모르겠다.

이러한 유사분열문 분석의 동기는 한국어에서 수문문처럼 보이는 예문이 (3b)와 같이 계사 '이-'를 수반하며, 대명사 주어인 '그것'을 수의적으로 허용한다는 점에서 (3a)와 같은 유사분열문과 유사하기 때문이다.

(3) 분열문과 수문문 간 유사성
    a. [미나가 산 것]은 책이다.
    b. 미나가 무엇인가를 샀는데, 나는 [$_{TP}$ 미아가 산 것]은 무엇인지 모른다.

                                                              -Ha(2017)

  기존 문헌에는 여러 연구자들이 한국어의 수문문에 대해 유사분열문 접근법을 차용해 왔고, 세부적인 내용은 다를지라도 유사분열문 접근법을 수용한 연구들은 생략절(ellipsis clause)의 '주어'를 어떻게 분석하는가에 따라 (4)와 같이 두 그룹으로 나눌 수 있다.1)

---

1) 수문문에서 *wh*-잔여성분이 포함된 절을 '생략절(ellipsis clause)', 생략절의 *wh*-잔여성분에 상응하는 연관어(correlate)가 포함된 절을 '선행절(antecedent clause)'이라고 한다.

(4) a. pro + XP-{격/후치사} + 계사 '이-'

   b. 명사구 '-것' + XP-{격/후치사} + 계사 '이-'

즉, 한 그룹은 (4a)에 제시된 바와 같이 유사분열구문의 주어를 'pro' 혹은 '그게'라고 분석하였으며(Sohn 2000; 위혜경 2015; 일본어에 대해서는 Merchant 1998를 참조), 이러한 입장을 취한 동기는 (5)번 예문처럼 한국어 수문문이 유사분열구문과 달리 왜 후치사(postposition)의 수의적 생략을 허용할 수 있는지를 설명 가능하다는 점에 있다.2)

(5) a. 민호가 선물을 받은 것은 어떤 여자*(로부터)이다.

                                [유사분열문: 후치사 의무적]

   b. 민호가 어떤 여자로부터 선물을 받았는데, 나는 어떤 여자(로부터)
     인지 모른다.

                                [수문문: 후치사 수의적]

또 다른 그룹의 경우는 유사분열문의 주어가 (4b)에 제시된 것과 같이 명사구(NP) 내의 시제소구(TP)에 음성부 삭제가 적용된 '명사구-것'이라고 주장하고 있다(Park 2001; J. Kim 2012; S.-W. Kim 2012; Ha 2017). 그리고 (4a)와 같이 주어가 pro나 '그게'라는 분석을 반대하는 이유에 대해서는, 우선 선행절에 연관어(correlate)가 없는 경우 마치 유사분열문구문과 마찬가지로 후치사의 사용이 의무화되기 때문이

---

2) 엄밀하게 말하자면, Sohn(2000)과 위혜경(2015)이 한국어의 수문문의 기저구조라고 제안한 것은 진정한 의미의 유사분열구문이 아니라 계사구문(copula verb construction)이라고 할 수 있는데, 이는 두 연구 공히 생략절의 주어가 언제나 '명사구-것'이 아닐 수 있으며 pro나 음성적으로 실현된 대명사 '그게'일 수도 있다는 가정에서 기인한다. 그러나 이번 장에서는 논의의 편의상 Sohn과 위혜경의 수문문에 대한 접근법도 편의상 '유사분열문 접근법'의 범주에 속하는 것으로 한다.

라고 설명한다.

(6) 스프라우팅 유형의 수문문에서 의무적 후치사 사용3)

　　a. 존이 창문을 부쉈다고 하는데, 너는 ＿＿ 무엇으로인지 아니?

　　　　　　　　　　　　　　　　　　　　[후치사 수반]

　　b. *존이 창문을 부쉈다고 하던데, 너는 ＿＿ 무엇인지 아니?

　　　　　　　　　　　　　　　　　　　　[후치사 미수반]

　　　　　　　　　　　　　　　-위혜경(2015: (6))에서 인용

pro 분석에 대한 두 번째 반론은 (소위 스프라우팅 유형처럼) 선행절에 연관어가 없는 수문문의 경우 (7)번과 같이 섬 효과(island effects)가 나타난다는 점이다(Park 2001).

(7) 스프라우팅 유형에서의 섬 효과

　　a. 선생님이 [*(어떤 문제인가를) 잘 푼] 학생을 칭찬했다고 하던데,
　　　너는 어떤 문제인지 아니?

　　b. 선생님이 [t 잘 푼] 학생을 칭찬했다고 하던 것이.

　　c. 선생님이 [[어떤 문제인가를]ᵢ 잘 푼 학생을] 칭찬했다고 하던 (바
　　　로 그)것ᵢ이

　　　　　　　　　　　　　　　-위혜경(2015: (7))에서 인용

Park(2001)은 (7a)에서의 생략절의 주어는 공백(gap)을 수반한 (7b)라기보다는 복원 대명사(resumptive pronoun)를 수반하고 있는 (7c)에 가

깝다고 주장한다.

1.2. 핵심내용 미리 보기

8장에서는 한국어의 수문문 상당 구문(sluicing-like constructions)은 계사구문이나 유사분열문 같은 '비동형성(non-isomorphic)' 기저구조를 갖고 있다고 가정하고, 두 가지 다소 상이한 '비동형성 기저구조 접근법(non-isomorphic source approaches)'에 대한 비판적 검토를 주요 목적으로 하고 있다. 특히, 두 가지 비동형성 접근법 중 어떤 것이 수문문에서 연관어 유무와 관련하여 관찰되는 몇 가지 속성들, 즉 (i) 섬제약 둔감성(island insensitivity)과 (ii) 격/후치사(postposition)의 수의성과 관련된 자료에 대해 더 올바른 예측을 하게 해주는 접근법인지를 밝히고자 한다.4)

궁극적으로는 생략절에 pro 주어를 가정한 계사 접근법과 '명사구-것'을 상정한 유사분열문 접근법 중 우월하다고 평가되는 분석조차 문제점이 있음을 밝힌 후, 이 두 접근법을 조합한 '혼합 접근법(hybrid approach)'을 제안하여 해당 문제점을 해결하고자 한다.

2. 두 가지 유사분열문 접근법

2절에서는 1절에서 언급된 수문문에 대한 비동형성 접근법들, 특

---

4) 이 두 접근법 가운데 Sohn(2000)과 위혜경(2015)이 제안한 분석은 진정한 의미의 분열구문이라기보다 계사구문에 가까우나, 이 장에서는 후자에서도 '그것'을 수의적으로 취하고 '이-'가 필연적으로 나타나는 것으로 분석하므로 '유사분열구문 접근법'에 속하는 것으로 가정함을 거듭 밝힌다.

히 유사분열문을 대체 기저구조로 가정하고 있는 '명사구-것' 접근법과 'pro' 접근법에 대해 보다 자세하게 논의를 하고자 한다. 이 두 가지 유사분열문 차용 접근법에 대한 면밀한 검토를 통해, 섬제약 둔감성(island insensitivity)과 격/후치사 수의성이라는 두 가지 현상에 대해 어느 쪽 접근법의 설명이 더 우월한지를 규명할 예정이다.

2.1. 위혜경(2015): 의미 유형 기반 접근법

위혜경(2015)의 경우 Park(2001)보다는 Sohn(2000)의 분석에 기초하여 한국어의 수문문은 유사분열문을 기저구조로 취하고 있다고 제안했다. 특히, 그녀는 선행절에 연관어가 존재하는 병합 유형(merge type)의 수문문의 경우 생략절의 주어가 pro이며 잔여성분(remnant)과 계사인 '이-'가 그 뒤를 이어 나타나는 반면, 일부 스프라우팅 유형(sprouting type) 수문문의 경우는 생략절 주어가 '명사구-것'이라고 주장하였다.

흥미롭게도 위혜경은 한국어 수문문의 잔여성분이 후치사구(PP)나 부사구(AdvP)와 같이 후치사(postposition)가 수반된 범주인지, 명사구 등처럼 그렇지 않은 범주인지에 따라 계사의 의미와 기능이 달라진다고 주장한다. 먼저, 후치사구나 부사구 등은 사건의 속성(property of an event)을 나타낸다는 가정 하에(Parson 1980), 잔여성분이 외현적 후치사를 수반할 때는 사건(event)을 논항으로 취하는 ⟨e,t⟩-유형의 속성(property)을 나타낸다고 주장하였다. 따라서 후치사를 수반하는 잔여성분은 사건을 나타내는 생략절 주어의 술어 역할을 하는 것으로 본다. 그녀에 따르면, 후치사 수반 잔여성분이 있는 경우 생략절은 Higgins(1973, 1979)가 제안한 네 가지 유형의 계사절 가운데 '서술절(predicational clause)'의 기능을 담당하는 반면, 계사는 의미적으로 공허

(semantically vacuous)하다고 주장한다.5)

(8) a. 민호가 누구인가에게 선물을 보냈는데, [　] 누구에게인지 궁금
　　 하다.
　 b. 민호가 누구인가를 위해 선물을 샀는데 [　] 누구를 위해서인지
　　 궁금하다.

-위혜경(2015: (22))

반면, 위혜경은 잔여성분에 후치사가 수반되지 않은 경우, 해당 성분
은 e-유형의 개체(individual)를 지칭하며, 주어 XP 역시도 개체를 의미한
다고 주장한다. 이 경우 수문문은 '등가절(equative clause)'에 해당되는
한편, 계사는 주어와 잔여성분을 자신의 논항으로 취하는 〈e,〈e,t〉〉-유
형의 이항술어(two-place predicate) 기능을 하는 것으로 본다.

(9) 민호가 누구인가에게 선물을 보냈는데 [　] 누구인지 궁금하다.

-위혜경(2015: (23))

위에서 언급을 했듯이 위혜경(2015)은 수문문의 기저구조가 분열
구문이며 특히 생략절의 주어 역할을 담당하는 요소가 pro라고 주장
을 했는데, 이 주장을 뒷받침하기 위한 몇 가지 근거를 제시하고 있
다. 첫 번째 근거로 잔여성분인 XP의 의미 유형과 XP에 표시되는 후
치사 발생 여부 간에 상관성이 있다는 점을 들었다. 가령, 스프라우팅

---

5) Higgins(1973, 1979)에 따르면, 영어에서 계사를 수반한 절은 그 기능에 따라 다음과
　같이 네 가지 유형으로 분류될 수 있다: (i) 등가절(equative clause)(e.g., To love
　is to exalt; Cicero is Tully.); (ii) 서술절(predicational clause)(e.g., Sally is tall.);
　(iii) 식별절(identificational clause)(e.g., That (person) is Jack.); (iv) 명시절
　(specificational clause)(e.g., The president is Jack.).

유형의 수문문처럼 선행절에 *wh*-잔여성분의 연관어에 해당되는 비한정명사구(indefinite NP)가 존재하지 않을 경우 주어인 pro가 개체를 지칭할 수 없고 사건만을 지칭할 수 있다는 것이다. 따라서 만약 잔여성분이 후치사 표시가 된 경우라면 아래 다시 제시된 (6a)와 같이 (e-유형이 아닌) 술어의 기능을 할 수 있는 ⟨e,t⟩-유형이 되고, 그 잔여성분의 주어이자 '사건'을 선행사로 취하는 pro의 술어 기능을 할 수 있어 적법한 문장으로 평가된다.

하지만 만일 잔여성분이 후치사 표시가 되지 않을 경우 아래에 다시 반복된 (6b)와 같이 e-유형이 되며, 이때 계사는 잔여성분과 동일한 e-유형의 논항을 주어로 요구를 요구하게 된다. 그러나 생략절 주어인 e-유형의 pro는 '개체'를 선행사로 취해야 하나 실제 선행절 상에 e-유형이 될 만한 비한정명사구 등이 존재하지 않아 의미 해석이 불가능해지고, 따라서 문장 자체가 비문법적으로 판정된다.

(6) 스프라우팅 유형의 수문문에서 의무적 후치사 사용

　　a. 존이 창문을 부쉈다고 하는데, 너는 ＿＿＿ 무엇으로인지 아니?

　　　　　　　　　　　　　　　　　　　　　　[후치사 수반]

　　b. *존이 창문을 부쉈다고 하던데, 너는 ＿＿＿ 무엇인지 아니?

　　　　　　　　　　　　　　　　　　　　　　[후치사 미수반]

　　　　　　　　　　　　　　　　-위혜경(2015: (6))에서 인용

생략절 주어가 pro라는 주장의 두 번째 근거로 섬제약 효과(island effects)에 있어서 병합 유형의 수문문과 스프라우팅 유형 간의 비대칭성을 제시하고 있다. Sohn(2000)이 관찰한 바처럼 아래 예문 (10)과 같이 병합 유형의 수문문에서는 섬제약 효과가 나타나지 않으며, 이에 대해 그는 생략절 주어인 pro가 연관어인 명사구나 관계절을 선행사로

취할 수 있고, 후자의 경우 섬제약 효과가 무력화된다고 주장한다.

(10) 병합 유형의 수문문에서의 섬 효과 부재

그 도둑이 [메리가 누구인가에게 준] 물건을 훔쳤는데, pro/그게 누구(에게)인지 모르겠다.

-위혜경(2015: (9c'))

위의 섬제약 효과 부재에 관해 위혜경은 주어 영 논항이 pro라는 Sohn의 가정을 받아들이면서 후자의 분석을 의미 유형적 접근법에 따라 재해석을 시도한다. 간략히 말하자면, 주어인 pro나 외현적 대명사는 비한정적 연관어(indefinite correlate)나 '준다'라는 사건(event of giving)을 선행사로 취할 수 있으며, 잔여성분이 후치사를 수반하지 않으면 개체를 의미하게 되므로 역시 '개체'를 나타내는 선행사는 취할 수 있는 반면, 후치사구를 수반하는 잔여성분은 속성을 나타내므로 개체 의미의 선행사는 취할 수 없고 반드시 '사건'을 나타내는 선행사와만 어울릴 수 있다는 것이다.

이에 반하여 이미 언급한 것처럼, Park(2001)은 아래 (11)과 같은 예문((7a)과 동일)에서 보듯 스프라우팅 유형의 수문문의 경우 섬제약 효과가 나타난다는 점을 관찰하고, 이는 생략절에 '명사구-것'이 존재하는데 그 명사구는 (선행절 내의) 관계절에 내포된 비가시적 비한정 연관어(null indefinite antecedent)를 선행사로 취하기 때문에 섬제약 효과가 발생한다고 주장하였다.

(11) 스프라우팅 유형에서의 섬 효과

선생님이 [*(어떤 문제인가를) 잘 푼] 학생을 칭찬했다고 하던데, 너는 어떤 문제인지 아니?

위혜경은 이러한 Park(2001)의 분석은 '명사구-것'이 잔여성분이 후치사구 표시가 되어 있건 아니건 언제나 '개체'만을 지칭하는 것으로 잘못 예측하므로 문제가 있다고 지적을 한다. 반면 위혜경의 의미 유형 접근법에 따르면, (11)과 같이 스프라우팅 유형의 수문문에서 후치사가 발생하지 않은 잔여성분은 '개체'를 주어로 요구하지만, 주어인 pro는 선행절에 비한정 연관어가 존재하지 않는 관계로 절대 '개체'로 해석될 수 없어 비문법적인 것으로 쉽게 설명이 가능하다는 것이다.

이처럼 위혜경(2015)의 의미 유형 기반 접근법은 잔여성분의 후치사 발생 여부와 잔여성분의 의미 해석(즉, 속성 vs. 개체 해석) 간의 상관성은 물론, 병합 유형과 스프라우팅 유형 간의 섬제약 효과에 있어서의 비대칭성을 일관된 방식으로 설명할 수 있다는 이점이 있으나, 문제점이 없다고는 볼 수 없다. 위혜경은 전반부에서는 생략절의 주어가 '명사구-것'이 아닌 'pro'라고 주장한다는 점에서 Park(2001)보다는 Sohn(2000)에 더 가까운 분석이라고 할 수 있다. 그럼에도 위혜경은 논문의 후반부에서는 아래 (12)와 같이 목적어 역할을 하는 핵심 논항이 선행절에 없는 스프라우팅 유형의 수문문은 pro가 아닌 '명사구-것'으로 분석하는 것이 최선이라고 주장한다.

(12) a. 민호가 열심히 썼는데, [ ] 어떤 내용인지 모르겠다.
    b. 민호가 열심히 썼는데, [그게/민호가 쓴 게] 어떤 내용인지 모르겠다. (= (12a)의 기저구조)

    　　　　　　　　　　　　　　　　　　-위혜경(2015: (30a, b))

즉, 잔여성분은 후치사를 수반하지 않은 형태로 보이므로 불가피하게 개체를 지칭하게 되며, 따라서 생략절의 영 주어 역시도 개체를 지칭해야 한다. 그러나 선행절에 외현적인 비한정적 연관어가 없기 때문에 개체 지칭은 불가능하게 된다는 것이다. 위혜경은 이처럼 예견되지 못한 사례를 설명하기 위해, 스프라우팅 유형에서 영 주어는 개체를 지칭할 수 있는 '명사구-것'이어야 한다고 주장하게 된다.

하지만 선행절에 외현적 비한정 연관어가 없음을 감안해 본다면, (12)의 예문에서 어떻게 '명사구-것'이 '개체'로 복원이 가능한지 여전히 분명치 않다. 즉, 여러 장점에도 불구하고 위혜경의 분석에서 스프라우팅 유형에 대한 생략절 주어의 범주에 대해 일관성이 결여된 점이 아쉽고, 이 문제는 어떤 방식으로든 해결이 필요하다고 하겠다.

2.2. Ha(2017)의 회피 접근법

(13a)와 같은 병합 유형과 (13b)와 같은 스프라우팅 유형 간의 섬제약 효과에 있어서의 비대칭성을 설명하기 위해 Ha(2017)는 두 유형의 수문문의 기저구조가 서로 다르다고 주장한다.

(13) a. 병합 유형 수문문에서의 섬제약 효과 부재
　　　선생님이 수업 중에 누군가에게 편지를 쓰고 있던 학생을 혼냈다
　　　고 하던데, 너는 누구에게인지 알고 있니?
　　b. 스프라우팅 유형 수문문에서의 섬제약 효과
　　　*선생님이 수업 중에 편지를 쓰고 있던 학생을 혼냈다고 하던데,
　　　너는 누구에게인지 알고 있니?

-Ha(2017: (6))

Ha(2017)는 Barros(2014) 및 Weir(2014) 등이 제안을 한 소위 '회피 접근법(evasion approach)'을 수용하고, 먼저 (13a)와 같은 병합 유형의 경우 섬제약 효과가 나타나지 않는 이유는 생략 위치(ellipsis site)가 비동

형성 기저구조(non-isomorphic source), 특히 (14)와 같이 주어로 시제소구(TP)가 결여된 '명사구-것'을 취하는 유사분열문 형태의 기저구조를 갖고 있기 때문이라고 주장하였다. 그에 따르면, 비동형성 대체 구조가 병합 유형에서 가용(available)하여 섬제약 효과의 회피가 가능한 이유는 기본적으로 (15)에 제시된 생략 조건인 '논의 중 질문(Question under Discussion, 이하 QuD)'이라는 조건을 충족시키기 때문이라는 것이다.

(14) 병합 사례의 비동형성 기저구조

　　… 너는 (그것-이) 누구에게인지 알고 있니?

-Ha(2017: (32a))

(15) 논의 중 질문(Question under Discussion) (Barros 2014: 105)[6]

　　선행절에서 두드러진 논의 중인 질문(QuD)의 의미는 수문문 적용 질문 자체의 의미에 상응한다.

-Ha(2017: (15))에서 재인용

　반면 이와 대조적으로 (13b)와 같은 스프라우팅 유형의 수문문에서 섬제약 효과가 나타나는 것은 선행절에 연관어가 존재하지 않아 QuD가 준수될 수 없고, 그 결과 시제소구를 수반하지 않는 '명사구-것'을 주어로 취하는 비동형성 기저구조가 허용되지 않기 때문이라고 주장한다. 즉, 스프라우팅 유형에서는 시제소구를 동반하지 않는 '명사구-것'이 주어인 유사분열문이 비동형성 기저구조로 허용되지 않으므로, (16)의 수형도에서 보듯이 생략절의 '명사구-것'에 내포된 시

---

6) Barros(2014)가 제시한 '논의 중 질문' 조건의 정의 원문은 아래와 같다.

(i) The meaning of the QuD made salient by the antecedent is compared to that of the sluiced question itself.

제소구(TP₂)에는 반드시 음운부 삭제가 적용되어야 하며, Kim(2012)의 분석을 따라 뒤이어 '그것'이 상위의 시제소구(TP₁)의 지정어(specifier) 자리로 도치되어야 한다고 분석한다. 그러나 이 도출 과정에서 영 연산자(null operator)가 섬 경계를 가로질러 이동하게 돼 결국 '섬제약 효과'를 야기한다는 것이다.7) 참고로, Ha(2017)는 이렇게 이동한 영 연산자는 때에 따라 형태적으로 '-것'으로 실현될 수 있다고 가정한다. (13b)의 생략절(ellipsis clause)의 자세한 기저구조는 (17)과 같다.

(16)

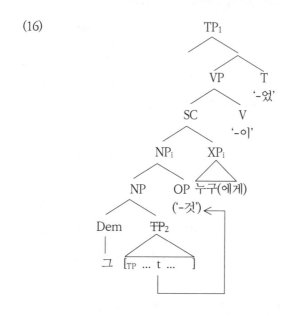

7) 스프라우팅 유형의 수문문의 경우 동형성 조건에 부합하는 유사분열구문을 기저구조로 하고 있다는 Ha(2017)의 분석은 J. Kim(2012)의 한국어 수문문에 대한 동형성 조건을 기반으로 한 분석과 맥을 같이 하고 있으나, 후자가 영 연산자(혹은 외현적 '명사구-것')는 이동을 하지 않고 직접 병합(direct merge)이 되며 삭제된 시제소구 내의 공백(gap)은 pro라고 가정한 점에서 그의 분석과는 차이가 있다. Ha의 지적대로, J. Kim의 '영 연산자 직접 병합 + pro' 분석은 스프라우팅 유형 수문문에서 섬제약 효과가 나타나는 점을 포착하지 못하는 문제점을 안고 있다(Ha 2017: 각주 8번).

(17) 스프라우팅 사례의 기저구조로서의 '명사구-것'

    * … 너는 ⟨선생님어 수업 중에 편지를 쓰고 있던 학생을 혼낸⟩ 누구
에게인지 알고 있니?

-Ha(2017: (32a))

Ha(2017)의 이러한 분석은 섬제약 효과와 관련하여 병합 유형과 스프라우팅 유형 간의 비대칭성을 통사적으로 명확하게 포착할 수 있는 이점이 있으나 잔여성분의 후치사 발생 여부와 해당 성분의 의미 해석의 차이(즉, 개체 vs. 속성 해석) 사이의 상관관계에 대해서는 어떻게 포착할 수 있을지 명확하지 않은 문제점을 안고 있다.

2.3. 쉬어가기

지금까지 유사분열문을 수문문의 비동형 기저구조로 가정하고 있는 두 가지 분석, 특히 위혜경(2015)의 의미 유형 기반 접근법(semantic type approach)과 Ha(2017)의 회피 접근법(evasion approach)을 비교해 보았다. 특히, 잔여성분의 후치사 발생의 수의성과 그 기능 및 의미 유형 간의 상관성, 그리고 병합 유형과 스프라우팅 유형 수문문 간의 섬제약 민감도에 있어서의 비대칭성을 중심으로 논의를 했으며, 각각의 주요 현상과 관련된 두 접근법의 분석 방식은 다음과 같이 요약할 수 있다.

핵심 현상	위혜경(2015)	Ha(2017)
스프라우팅 유형에서 잔여성분에 대한 의무적 후치사 표시	예문 (6): 스프라우팅 유형에서 개체를 나타내는 비한정 연관어가 선행절에 부재하여 pro는 '사건'을 선행사로 취해야 하므로 잔여성분은 개체가 아닌 속성을 나타내는 술어 필요. 따라서 후치사 발생 의무적	관련 예문 없음

병합 유형에서의 섬제약 효과의 부재	예문 (10): 생략절 주어인 pro는 '사건'을 선행사로 취할 수 있어 섬 효과 회피 가능	예문 (13a): QuD가 충족되어 유사분열구문의 주어가 TP 없는 '명사구-것'인 비동형성 기저구조로 사용되어 섬 효과 회피 가능
스프라우팅 유형에서의 섬제약 효과8)	예문 (11): 스프라우팅 유형에서 개체를 나타내는 비한정 연관어가 선행절에 부재하여 pro는 '사건'을 선행사로 취해야 해서 잔여성분이 개체를 나타내는 무후치사구이면 비문	예문 (13b): QuD 위반으로 '명사구-것' 내의 TP는 선행절의 TP와 엄격하게 동형이어야 하며, TP 내부에서 영 연산자 이동 시 섬 경계를 가로질러야 해서 섬 효과 유발

3. 제언: QuD-기반 혼합 접근법

3.1. 주요 가정

지금까지 논의를 했던 바를 기반으로 이 절에서는 위혜경(2015)의 의미 유형 기반 접근법(semantic type approach)과 Ha(2017)의 회피 접근법(evasion approach)을 조합한 대체 분석을 제시하는 데 할애하고자 한다. 우선 이 장에서 제안하고자 하는 분석에 필요한 주요 가정들에 대해 언급하자면, 첫 번째로 한국어의 수문문은 비동형성 기저구조, 특히 ('명사구-것'이나 비외현적) 주어에 뒤이어 잔여성분(remnant)과 계사로 구성된 유사분열문(pseudo-cleft)을 그 기저구조로 하고 있다(e.g., Sohn 2000; Park 2001; J. Kim 2012; 위혜경 2015; Ha 2017 등).

두 번째로, Ha(2017)의 입장을 수용하여 한국어 수문문의 비동형성 기저구조인 유사분열문의 주어로 시제소구(TP)가 결여된 형태를

---

8) 위혜경(2015)은 스프라우팅 유형 수문문에서 섬제약 효과가 나타나는 예로 잔여성분이 후치사를 수반하지 않는 경우(즉, (11))에 해당되는 반면, Ha(2017)의 분석 대상인 예문 (13)은 후치사가 발현된 경우이다. 위혜경의 접근법으로 (13)과 같은 잔여성분에 후치사가 출현한 경우는 어떻게 분석 가능한지 분명치 않은 듯하다.

취할 수 있는 것은 원칙적으로 '논의 중 질문(Question under Discussion, 이하 QuD)'을 지켰을 경우에 한해서만 이용 가능한 것으로 가정한다.9) 반면, 연관어 부재 등으로 QuD가 충족되지 못할 경우 동형성 조건이 부과되는 시제소구(TP)를 포함한 '명사구-것'이 유사분열문의 주어 위치에 와야 하며, 해당 시제소구로부터 영 연산자 적출 후 음운부 삭제를 거쳐야 하는 것으로 가정한다.

세 번째로, Ha(2017)의 분석을 확장하여 생략절(ellipsis clause)의 기저구조인 유사분열문의 주어 위치에 시제소구가 결여된 요소는 맥락(context)에 따라 pro이거나 '명사구-것'일 수 있다고 가정한다. 즉, (i) QuD를 만족시키는 병합 사례의 경우 주어는 pro인 반면, (ii) QuD가 충족되지 못한 스프라우팅 유형의 경우 주어는 시제소구가 결여된 '명사구-것'일 수 있다고 본다.

마지막으로, 위혜경(2015)의 주장을 기반으로 만일 잔여성분이 무후치사이면 그것은 e-유형으로 '개체(individual)'를 나타내는 한편, 주어인 pro 역시 개체를 나타내는 것으로 가정한다. 반면, 후치사 수반 잔여성분의 경우 〈e,t〉-유형의 '속성(property)'을 나타내며, pro나 '명사구-것'은 사태를 의미하는 것으로 간주한다.

3.2. 핵심 자료 다시보기

상술된 주요 가정하에 위혜경(2015)과 Ha(2017)의 주장을 비교하며 다뤘던 세 가지 주요 현상들을 어떻게 재분석할 수 있을지, 기존의 이 두 분석과의 차별점은 무엇인지에 대해 논의하도록 하겠다. 먼저

---

9) 논의 중 질문(Question under Discussion)에 대한 정의는 (15)에 재인용된 Barros(2014)의 것을 수용하도록 한다. 영어 수문문 자료에 대한 QuD 기반 분석과 다양한 적용 사례, 그리고 그 함의점에 대해서는 Barros(2014) 및 Weir(2014)를 참조.

스프라우팅 유형의 수문문에서 후치사 발생이 의무적인 사례를 살펴 보면, 위혜경에 의해 제안되었듯이, 아래 (18b)로 반복된 (6b)와 같이 잔여성분이 후치사를 수반하지 않을 경우엔 e-유형의 개체를 의미하 게 되고, 주어 자리의 논항 역시 개체를 나타내는 것이어야만 한다. 그러나 스프라우팅의 경우 생략절의 (영) 주어는 선행절에는 비한정 연관어(indefinite correlate)가 없으므로 개체를 나타낼 수가 없어 (18b) 는 비문법적인 문장이 된다. 이 장에서는 위혜경의 입장과 조금 달리 (18b)에서 영 주어는 pro가 아니라 시제소구가 내포되지 않으며 선 택적으로 '그-것'으로 실현 가능한 '명사구-것'이라고 분석하고자 하 는데, 그 이유는 QuD가 위배되었을 뿐만 아니라 잔여성분에 후치사 나 격이 표시되지 않았기 때문이라고 보고자 한다.

(18) 스프라우팅 유형(sprouting type)의 수문문에서 의무적 후치사 사용
   a. 존이 창문을 부쉈다고 하는데, 너는 ___ 무엇으로인지 아니?

   [후치사 수반]
   b. *존이 창문을 부쉈다고 하던데, 너는 ___ 무엇인지 아니?

   [후치사 미수반]
   -위혜경(2015: (6))에서 인용

두 번째로, 병합 유형인 수문문의 경우 섬제약 효과가 나타나지 않 는 현상을 어떻게 설명할 수 있는지 살펴보도록 하자. Ha(2017)의 주 장을 따라 이 장에서도 아래 (19a)로 반복된 (13a)와 같은 병합 유형 의 수문문에서는 QuD가 충족되므로 선행절과 동형성이 확보되지 않 은 대체 기저구조가 이용 가능해지는 것으로 가정한다. 이 경우 주어 위치에 시제소를 수반하는 '명사구-것'이 아닌 유사분열문이 대체 기 저구조로 선택될 수 있으나 Ha의 분석과 달리 영 주어는 (19b)처럼

('명사구-것'이 아닌) pro로 보고자 한다. 기본적으로 pro의 속성 상 (개체는 물론) 사건을 지칭할 수 있으므로, 병합 유형에서의 영 주어는 선행절로부터 QuD 조건을 충족시키는 '사건'을 지칭할 수 있어 섬제약 위반을 회피 가능한 것으로 본다.

(19) 병합 유형 수문문에서의 섬제약 효과 부재 (= (13a))

    a. 선생님이 수업 중에 누군가에게 편지를 쓰고 있던 학생을 혼냈다고 하던데, 너는 누구에게인지 알고 있니?

    b. 선생님이 수업 중에 누군가에게 편지를 쓰고 있던 학생을 혼냈다고 하던데, 너는 [pro 누구에게인]지 알고 있니? (pro= event of writing a letter)

세 번째로, 스프라우팅 유형인 아래에 (20a)로 반복된 (13b)와 같은 경우, 역시 Ha와 마찬가지로 선행절에 연관어가 부재하므로 QuD 조건의 충족이 어렵기 때문에 생략절의 주어는 시제소구를 내포하는 '명사구-것'이라고 가정하는데, 이는 위에서 본 첫 번째 사례인 (6)과 같은 스프라우팅 유형에서 생략절의 주어가 시제소구가 내포되지 않은 '명사구-것'인 점과 차이가 있다고 하겠다. 보다 중요하게, (20b)에 제시된 것처럼 '명사구-것'에 내포된 시제소구는 동형성 조건(identity condition)하에 음운부에서 삭제되어야 하나 삭제되기 전 시제소구에서 적출된 영 연산자(null operator)가 이동하며 섬 경계(island boundary)를 가로질러 섬제약 위반 효과가 나타나는 것으로 보고자 한다.

(20) 스프라우팅 유형 수문문에서의 섬제약 효과 (=(13b))

    a. *선생님이 수업 중에 편지를 쓰고 있던 학생을 혼냈다고 하던데, 너는 누구에게인지 알고 있니?

b. 선생님이 수업 중에 편지를 쓰고 있던 학생을 혼냈다고 하던데, 너는 [선생님이 ~~[NP [CP t~~ᵢ 수업 중에 tⱼ 편지를 쓰고 있던] 학생ᵢ]을 혼낸](-것이) 누구j에게인지 알고 있니?

마지막으로, 위혜경(2015)의 분석에서는 아래에 (21a)로 반복된 (12a) 같은 스프라우팅 사례에서 왜 생략절의 주어가 pro가 아닌 '명사구-것'이라고 분석해야 하는가가 명확하지 않음을 지적한 바 있다. 이 문제와 관련하여 이 글에서 제안한 접근법에 따르면, (21a)의 스프라우팅 사례는 QuD를 충족하지 못하는데다 잔존성분에 격이나 후치사가 없어 pro가 생략절의 영 주어로서 선택될 여지를 막기 때문에 '명사구-것'만이 허용 가능한 것으로 손쉽게 설명을 할 수 있다. 엄밀하게는 (21b)의 생략절의 기저구조는 계사구문에 가깝다고 하겠다.

(21) a. 민호가 열심히 썼는데, [ ] 어떤 내용인지 모르겠다. (= (12a))
b. 민호가 열심히 썼는데, [²그게/민호가 쓴 게] 어떤 내용인지 모르겠다. (= (21a)의 기저구조)

-위혜경(2015: (30a, b))

4. 마무리하기

8장에서는 한국어 수문문에 대해 위혜경(2015)의 의미 유형 접근법(sematic type approach)과 Ha(2017)의 회피 접근법(evasion approach)이라는 유사하지만 상이한 접근법을 면밀하게 비교 검토하였다. 두 접근법은 한국어 수문문이 대체 기저구조(alternative source), 즉 계사구문이나 유사분열구문에서 도출된 것이라고 보는 점에서는 공통되나 전자는 생략절의 주어가 pro라고 가정하는 반면 후자는 '명사구-것'이라고 간주한다는 차이점이 있음을 살펴보았다. 특히, 위혜경(2015)의 의미 유형 접근법이 Ha의 회피 접근법과 비교하여 잔여성분의 후치사 발생과 그 의미에 있어서의 상관성, 그리고 섬제약 효과에 있어서의 병합 유형과 스프라우팅 유형 간의 비대칭성을 설명하는 데 있어 근소하지만 보다 더 설명력이 있음이 드러났다. 그럼에도 불구하고 위혜경의 분석조차 문제의 소지가 없지는 않음이 드러나 이 장에서는 두 분석을 조합한 혼합 접근법을 제안하였다.

간단히 요약하면, 수문문의 기저구조는 유사분열구문에 상응하며 QuD를 충족시키는지 여부에 따라 그 주어가 pro일수도 있고 '명사구-것'일 수 있다고 가정하였다. 특히, 선행절에 연관어가 존재하지 않는 스프라우팅 유형의 수문문에서는 QuD가 충족되지 않아 생략절의 주어로 선행절의 그것과 동형인 시제소구(TP)만을 내포한 '명사구-것'이 허용되며, 그 TP로부터 영 연산자의 적출이 적용된 후 음성 삭제가 적용되어야 한다고 제안하였다. 특히, 스프라우팅 유형이면서 잔존성분에 후치사나 격 표시가 되지 않은 경우 유사분열문의 주어를 시제소구도 수반하지 않는 '명사구-것'이라고 제안하였다. 반면, 선행절에 연관구가 존재하는 수문문의 경우에는 QuD가 충족되어 생략절의 주어로 pro가 허용되는 것으로 가정하였다. 이러한 차이에 의거하여 왜 스프라우팅 유형의 수문문에서만 섬제약 효과가 나타나는지를 설명할 수 있었다. 두 번째로 잔존성분의 후치사 실현 여부와 관련하여, 후치사 미실현 시 e-유형의 '개체'를 지칭하며 선행절에 반드시 이에 상응하는 비한정사구가 존재해야 한다는 가정 하에 왜 스프라우팅 유형의 수문문에서만 잔존성분의 후치사 실현이 의무적이어야 하는지를 설명하였다.[10]

---

10) 이 장에서 제시된 수문문에 대한 혼합 접근법은 3장(박소영(2015)을 재출판)의 접근
법과 이론적 분석 면에서는 차이가 있으나 설명하고자 하는 주요 자료에서 유사하
다. 두 접근법의 차이를 간단히 말하자면, 이 장에서는 수문문의 기저구조로 유사분
열문을 가정하고 음성적 삭제(PF-deletion)가 적용되는 것으로 보는 반면, 3장에서
는 '-은 것이다' 초점구문을 기저구조로 가정하고 음성적 삭제가 아닌 LF-복사
(LF-copying)를 차용하고 있다. 지면 관계 상 3장의 분석 대비 본 8장의 혼합 접근법
의 이점이나 한계에 대한 논의는 차후의 연구과제로 남겨두도록 하겠다.

△▼ 참고문헌 ▼△

박소영(2015), 「한국어 수문문에 대한 분열문 분석 재고」, 『언어학』 71, 113-138.

위혜경(2015), 「수문문의 두 가지 의미 유형」, 『언어와 정보』 19(2), 109-125.

Barros, Matthew (2014), "Sluicing and identity in ellipsis", Doctoral Dissertation, Rutgers University.

Ha, Seungwan (2017), "An evasion analysis of Korean sluicing", *Studies in Generative Grammar* 27(1), 61-80.

Higgins, Francis Roger (1973), "The pseudo-cleft construction in English", Doctoral Dissertation, MIT.

Higgins, Francis Roger (1979), *The Pseudo-cleft Construction in English*, Garland Publishing.

Kim, Jeong-Seok (1997), "Syntactic focus movement and ellipsis: A minimalist approach", Doctoral Dissertation, UConn: Storrs.

Kim, Jieun (2012), "What sluicing comes from in Korean is pseudo-cleft", *Korean Journal of Linguistics* 37, 69-106.

Kim, Sun-Woong (2012), "A predicate inversion analysis of kukes in Korean sluicing", *Linguistic Research* 29(1), 217-233.

Merchant, Jason (1998), "Pseudosluicing: Elliptical clefts in Japanese and English", In Artemis Alexiadou, Nanna Fuhrhop, Paul Law, and Ursula Kleinhenz (eds.), *ZAS Working Papers in Linguistics* 10, Berlin: ZAS, 88-112.

Park, Myung-Kwan (2001), "Subject-less clefts in Korean: towards a deletion analysis", *Language Research* 37, 715-739.

Ross (1969), "Guess who?", In Robert I. Binnick, Alice Davison, Georgia M. Green, and Jerry L. Morgan (eds.), *Chicago Linguistics Society*, Chicago, IL: The Chicago Linguistics Society, University of Chicago, 252-286.

Sohn, Keun-Won (2000), "A non-sluicing, non-clefting approach to copula constructions", *Studies in Generative Grammar* 14, 561-571.

Weir, Andrew (2014), "Fragments and clausal ellipsis", Doctoral Dissertation, UMass: Amherst.

9. 조각문과 부가의문문*

안희돈·조성은

이번 장에서 우리는 영어와 한국어에서 조각문에 동반되는 부가의문문(tag question)의 유형을 보고 생략된 절의 구조에 대해 실마리를 찾고자 한다. 부가의문문과 주문(host clause) 사이에 존재하는 동일성 조건이 그 근거인데 이 장에서는 먼저 영어 조각문의 부가의문문을 살펴본다. Barros & Craenenbroeck(2013)에 따르면 조각문의 부가의문문으로 짧은 분열문(잘린 또는 축소된 분열문) 형식의 부가의문문이 선호되고 짧은 분열문 형식이 허용되지 않는 상황에서만 비분열적(non-cleft) 부가의문문이 나타난다. Barros & Craenenbroeck(2013)은 이 현상을 바탕으로 영어의 조각문의 전형적인 기저구조가 짧은 분열문이라고 판단한다.

그런데 이 짧은 분열문이 분열문으로부터 도출되지 않았다는 Mikkelsen(2007)의 주장을 받아들여 우리는 짧은 분열문 형식의 부가의문문을 계사부가의문문(copula tag question)으로 지칭하고 한국어의 명사 조각문에 동반된 부가의문문의 고찰을 통해 조각문의 생략된 구조가 무

---

* 이 글은 『생성문법연구』 28권 1호에 영어로 게재된 논문을 수정하여 다시 쓴 것이다. 재출판을 허락한 한국생성문법학회에 감사드린다.

엇인지 밝혀 나간다. 한국어의 명사 조각문은 격 표시된 조각문(case-marked fragment)과 격 표시 없는 조각문(caseless fragment)으로 구분되는데 Ahn & Cho(2007a-c)는 격 표시된 조각문은 완전절(full clause)로부터 도출되고 격 표시 없는 조각문은 계사구문(copula construction)으로부터 도출된다고 제안한다. 이 견해에 따르면 격 표시 없는 조각문은 계사부가의문문과 함께 나올 수 있을 것이 예측되고 격 표시된 조각문은 계사부가의문문과 함께 나올 수 없을 것으로 예측되는데 면밀한 고찰을 통해 이 예측이 확인된다.

1. 영어의 조각문에 동반된 부가의문문

부가의문문은 앞선 단언(assertion)의 내용에 대해 긍정/부정의 답변을 요구하는 의문문이다. Sailor(2009)에 따르면 부가의문문과 주문(host clause) 사이에 엄밀한 동일성 조건이 적용되는데, 예문 (1-2)에 나타난 문법적 대조는 주문과 부가의문문 사이에 존재하는 동일성 조건에 의해 설명된다.

(1) a. Jack is sleeping, isn't he?
      b. *Jack is sleeping, isn't it?
(2) a. It is Jack, isn't it?
      b. *It is Jack, isn't he?

예문 (1b)와 (2b)가 비문인 이유는 주문의 주어와 부가의문문의 주어가 동일하지 않기 때문이다. 조각문 답변은 그 자체로 단언이므로 부가의문문이 함께 나올 수 있다. 그런데 조각문에 동반되는 부가의문

문에 흥미로운 현상이 관찰된다(Barros & Craenenbroeck 2013: 8).[1]

(3) A: Bill met a member of the Linguistics Department.

B: Yes, Ken Safir, {wasn't it/??didn't he}?

(4) A: Who can Bill talk to?

B: Ken Safir, {isn't it/??can't he}?

(3B)나 (4B)처럼 조각문의 부가의문문은 분열문이 선호되는 것인데, 조각문 답변이 아니고 문장 답변이 사용된 (3'B)/(4'B)와 비교해 볼 때 이는 상당히 놀라운 현상이다(Barros & Craenenbroeck 2013: 8).

(3') A: Bill met a member of the Linguistics Department.

B: Yes, he met Ken Safir, {*wasn't it/didn't he}?

(4') A: Who can Bill talk to?

B: He can talk to Ken Safir, {*isn't it/can't he}?

(3B)/(4B)와 (3'B)/(4'B)의 주문이 단언하는 내용은 (Merchant 2004 등의 분석을 따르면) 동일해야 하는데 왜 이러한 차이가 발생하는지 의문이 생긴다. 다시 말해, 영어 조각문의 부가의문문에는 왜 항상 분열문이 선호되는지 의문이 생긴다.

Barros & Cranenbroeck(2013)에 따르면 조각문의 부가의문문은 보통 분열문이 나타나고 분열문이 허용되지 않는 곳에서만 비분열문적(non-cleft) 부가의문문이 나타난다. 첫 번째로 *too*가 나타나는 경우

---

1) 영어 조각문의 부가의문문으로 분열문이 선호된다는 관찰은 Barros & Craenenbroeck (2013)의 수용성 판단 실험에서 보고된 것이다.

를 살펴보자.

(5) It was a jacket (*too) that Bill bought.

(6) A: Jack likes Sally.

   B: Christine, too, {doesn't he/*isn't it}?

   　　　　　　　　　　　　　　　　　-Barros & Craenenbroeck(2013)

예문 (5)에서처럼 *too*는 분열문에 나타나지 못한다. 따라서 조각문에 *too*가 나타났을 때, 예문 (6)에서 관찰되는 것처럼 동반되는 부가의문문은 비분열문이어야 한다.

두 번째로 (7B)에서처럼 분열문은 Merchant(2001: 122)에서 일부 언급수식('mention some' modification)에 속하는 *for example, for instance*와 함께 나오지 못한다.

(7) A: You should talk to somebody in the legal department for help with that.

   B: Who (*is it), for example?

   　　　　　　　　　　　　　　　　　-Merchant(2001: 122)

조각문이 *for instance*와 함께 나오면 부가의문문은 (8B)에서처럼 비분열문만 가능하다(Barros & Craenenbroeck 2013).

(8) A: Jack likes expensive cars.

   B: Right, for instance, BMWs and Corvetts {doesn't he/*isn't it}?

지금까지 논의한 조각문의 부가의문문 자료들은 Merchant(2001,

2004, 2010)의 조각문 분석에 난제가 될 수 있다.2) 이 분석에 따르면 언어학적(linguistic) 선행사가 있다면 그 선행사에 일치하는 형태가 사용되고 거기에 생략이 일어나는데 이를 '완전절 생략(full clause ellipsis)'이라 한다. 반면 만약 언어학적 선행사가 없다면 생략된 요소를 복구하기 위해 다른 기재가 사용되는데 Merchant(2004, 2010)는 이를 '제한된 생략(limited ellipsis)'이라고 하고 이는 분열문과 유사하다고 제안하고 있다.3)

(9) Individuals as arguments of a manifest property,

    a. ⟨That's⟩ Barbara Partee.

    b. ⟨It's⟩ Rob's mom.

-Merchant(2010: 716)

Merchant(2004)의 제한된 생략은 지시사 *this/that* 또는 지시사적 용법으로 사용되는 대명사, 허사 주어와 계사가 생략된 것이다. 이 견해에 따르면 선행사에 해당되는 언어적 형태가 담화상에 있을 필요가 없고 생략된 부분을 이해하기 위해 지각되는 현저한 존재나 행동이

---

2) 지금까지 예시했던 예들과 반대로 완전절 생략으로 도출하면 통사적 원리를 어기게 되어 분열문 생략으로 강제되는 경우도 있다. Barros & Craenenbroeck(2013: 12)에서 논의된 다음 예를 보면:

  (i) A: She saw Bill and someone from accounting talking.

      B: Yes, Christine, {*didn't she/wasn't it}?

  이 경우는 조각문의 기저가 완전절이 되면 섬제약 위반을 초래하게 되어 섬제약 위반 없이 도출 가능한 기저구조인 (단축) 분열문이 강제되고 따라서 분열문 부가의 문문만 가능하게 된다.

3) 지시사 that은 운율적인 이유로 부가의문문에 나타날 수 없다(Kuroda 1968: 250-251; Declerk 1988: 238). 예문 (9a)와 (9b)는 단축 분열문(truncated clefts) 또는 숨겨지거나 축소된 분열문(hidden or reduced clefts)으로 알려져 있다(Jespersen 1958; Declerck 1988; Büring 1988; Merchant 2001; Mikkelsen 2007 등 참조).

면 충분하다는 것이다.

그런데 흥미롭게도 예문 (3)에는 언어적 형태를 가진 선행사가 나타나는데도 불구하고 분열문적 부가의문문이 선호된다. 이는 Merchant (2001, 2004, 2010)의 분석에서는 예측되지 못하는 결과이다.4) 이 견해에 따르면 가령 (4B)의 주문은 (10)과 같은 구조를 가진다.

(10) [CP Ken Safir$_i$ [Bill can talk to t$_i$]]

(10)에서 주문의 주어에 해당되는 대명사는 he이고 조동사는 can이다. 그러므로 (4B)와 같은 경우에 주문과 부가의문문의 동일성조건에 따라 동반되는 부가의문문은 can't he이어야 하는데 실제 그렇지 않다. 따라서 조각문의 부가의문문으로 분열문이 선호되는 현상은 Merchant(2001, 2004, 2010) 분석에서 풀어야 할 숙제이다.

Barros & Craenenbroeck(2013)은 조각문에 동반되는 부가의문문을 고찰하여 조각문에서 생략된 절의 구조가 무엇인지를 밝힐 실마리를 찾을 수 있다고 주장한다. 이들은 전형적 비대칭성(default

---

4) Merchant(2001: 119-120)는 조각문이 분열문과 다른 속성을 가진다는 것을 보여준다. 조각문은 분열문과 달리 총망라성(exhaustivity)을 강요하지 않는다. 분열문은 일반적으로 진정한 존재적 전제(true existential presupposition)를 가지고 있으나 의문문은 전형적으로 의문을 만족시키는 존재에 대해 대화함축(conversational implicature)을 가지고 있다. 이러한 차이는 다음의 예문들에서 관찰된다(#는 의미적 부적격성을 나타낸다)(Merchant 2001: 120).

  (i) a. What did the burglar take?
       b. Nothing.
       c. #It was nothing that the burglar took.
  (ii) a. What did he do to help you?
       b. Nothing at all.
       c. #It was nothing at all that he did to help us.

  (i)과 (ii)에서 관찰된 바와 같이, 부정양화사는 조각문에 나타날 수 있지만 분열문의 중심축(pivot)에는 나올 수 없다.

non-isomorphism)을 제안한다.

(11) 전형적 비대칭성(Default Non-isomorphism)
    절 생략의 기저구조는 전형적으로 선행절과 대칭적이지 않고 짧은
    분열문과 같이 비대칭적이다(Clausal ellipsis defaults to a non-
    isomorphic ellipsis site containing a short cleft rather than to
    one that is isomorphic to the ellipsis antecedent).

짧은 분열문(잘린 또는 축소된 분열문)은 분열문과 유사하다고 볼 수 있는
데, 예문 (12)에 그 유사성이 드러나 있다.

(12) a. Who went to Hamburg?
    b. That was his father.
    c. That was his father that went to Hamburg.

질문 (12a)의 답으로서 (12b)와 (12c)는 전달하는 바가 같을 수 있다.
그러나 (13)에서와 같이 분열문과 잘린 분열문(truncated cleft) 사이의
흥미로운 대조가 발견된다.

(13) a. Who is it?
    b. It's me.
    c. #It is me that it is.
    d. #It is me that is it.

Mikkelsen(2007)에 따르면 (13a)에 대한 대답으로 정상 분열문은 부
적절하고 잘린 분열문만 가능하다고 한다. 이는 잘린 분열문 (13b)가

분열문으로부터 도출되지 않았다는 것을 보여준다. Mikkelsen(2007)
은 잘린 분열문이 대명사 주어를 가진 특정절(specificational clause)이
라고 제안한다. (14B)와 (15)의 유사성에 주목해 보자.

(14) A: Who can Bill talk to?

　　 B: Ken Safir, {isn't it/??can't he}?

(15) The best baker is Beverly, isn't it?

-Mikkelsen(2007)

Mikkelsen(2007)의 주장을 받아들여 우리는 조각문 (14B)의 생략이
일어나기 전의 구문이 특정계사구문(specificational copula construction)이
라고 제안한다. 이 논리에 따라, 이제 (14B)의 적형 부가의문문을 계
사부가의문문으로 지칭한다.

　이 장에서는 한국어의 두 가지 유형의 부가의문문을 고찰하고자
한다. 한국어의 명사 조각문은 격 표시된 조각문(case-marked fragment)
과 격 표시 없는 조각문(caseless fragment)으로 구분된다. Ahn & Cho
(2007a-c)는 격 표시된 조각문은 완전절(full clause)로부터 도출되고
격 표시 없는 조각문은 계사구문(copula construction)으로부터 도출된다
고 제안한다. 이 견해에 따르면 격 표시 없는 조각문은 계사부가의문
문(copula tag question)과 함께 나올 수 있을 것이 예측되고 격 표시된
조각문은 계사부가의문문과 함께 나올 수 없을 것으로 예측된다. 또
한 이 장은 Barros & Craenenbroeck의 주장처럼 조각문에 동반된
부가의문문의 고찰을 통해 조각문의 생략된 구조가 무엇인지 밝히고
자 한다.

2. 한국어의 조각문에 동반된 부가의문문

이 절에서는 한국어의 부가의문문과 조각문 사이의 상호작용을 고찰한다. 먼저 한국어 명사 조각문의 두 유형을 살펴보자. (16b)는 격 표시된 조각문이고 (16c)는 격 표시 없는 조각문이다.

(16) a. 철수가 누구를 만났니?
　　 b. 영희를.
　　 c. 영희.

Park(2005)와 Ahn & Cho(2005)는 격 표시된 조각문은 Merchant (2004)의 완전절 생략에 의해 도출된다고 보았고 이에 따르면 (16b)는 (17)과 같은 도출 과정을 거친다.

(17) [CP 영희를i [TP 철수가 ti 만났어]]

(17)에서 '영희를'은 CP의 지정어 위치로 이동하고 TP가 생략된다. Ahn & Cho(2017a-c)에서 격 표시 없는 조각문은 계사구문으로부터 도출된다고 본다.5) 계사구문으로부터 도출되는 조각문은 두 가지 유형의 주어를 가지고 있는데, '그거/그게'와 같은 지시사나 공형태의 허사이다.6) (18b)에서처럼 조각문이 지시적이면 계사구문의 주어는

---

5) 격 표시된 조각문과 격 표시 없는 조각문의 의미적 차이가 무엇인지 의문이 생길 수 있다. Ahn & Cho(2017a-c)는 통사적 차이의 결과로 나타나는 의미적 차이에 관해 논의하고 있다.

6) '그거/그게'는 영어의 명시적인 *that* 구문과 유사해 보인다(cf. Mikkelsen 2007):

　(i) a. That was his father.
　　　 b. That might be Adrian.

의미적으로 유사분열문(pseudo-clefts)과 관련 있는 특정적인 지시사 (specificational demonstratives)이다(cf. Park 2014; Yoon 2014). 반면 조각문 이 비지시적(non-referential)이면, 다시 말해 (19b)와 같이 양화적인 요 소(quantificational element), 부정극어(NPIs) 또는 술어적(predicational)이 면 계사구문의 주어는 영허사(null expletive)로 나타나야 한다.7)8)

(18) a. 철수가 누구를 만났니?

   b. 영희.

(19) a. 철수가 학생을 몇 명을 만났니?

   b. 모두.

이 두 유형의 주어는 (20)의 계사구문에 나타난다.

(20) a. 그건 영희야. (의미적으로 "그건 = 철수가 만난 건")

   b. pro 모두야.

잘려진 분열문은 무엇이 문맥상으로 현저한 속성을 가지고 있는지 명시한다.
7) Ahn & Cho(2017b-c)는 부정극어 조각문의 생략 전 문장이 명시적인 주어가 함께 나올 수 없음을 보여준다.
   (i) a. 철수가 어제 누구를 만났니?
      b. 아무도.
      c. ?아무도야.
      d. *그건 아무도야.
   대명사 주어가 나타난 (id)가 비적형(ill-formed)인 것을 보면 (ib)의 주어는 대명사 주어가 아니고 공허사야만 한다는 가정이 합리적으로 보인다.
8) 격 표시 없는 조각문은 여러 면에서 유사분열문(pseudocleft)과 다른 점을 보인다. 각주 4에 제시된 것처럼 몇몇 부정극어는 조각문 답변으로 사용될 수 있는데, 유사 분열문에는 이러한 부정극어가 나타날 수 없다. 그러나 이 부정극어들은 짧은 계사 구문에는 나타날 수 있다. 따라서 부정극어 조각문은 Ahn & Cho(2017a-c)에서 제안한 대로 계사구문에서 이동과 삭제에 의해 도출된다고 볼 수 있다.

(18b)와 (19b)는 (21)과 같은 구조를 가진다.

(21)

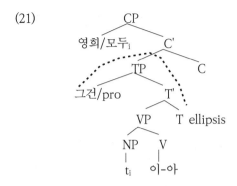

(21)에서 격조사 없는 명사구가 이동한 후 TP가 삭제되고 이후 조각
문이 도출되게 된다.9)

이제, 격 표시된 조각문이 어떤 형태의 부가의문문과 함께 나타나
는지 살펴보자. 우리는 여기서 (22b)의 '그러지 않았니'는 일반적인
부가의문문이고 (22c)의 '아니니'는 (분열문적 부가의문문과 유사한) 계사부
가의문문으로 가정하겠다.10)

(22) a. 철수가 누구를 만났니?

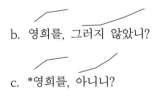

　　 b. 영희를, 그러지 않았니?

　　 c. *영희를, 아니니?

---

9) Merchant(2004: 675)는 조각문에 관여된 이동은 초점이동과 유사한 속성을 가진다
　고 제안한다.

10) '그러-'는 '그러하-'의 축약형이고 '그렇게 되게 하-'와 같은 의미를 지닌다. '그러하-'가
　오직 동작(dynamic) 동사를 대치할 수 있기 때문에, '그러하-'는 상태(stative) 동사와
　관련된 짧은 계사구문에서 도출된 격 표시 없는 조각문과 함께 나올 수 없다고 본다.

(22)에서 보듯이 오직 일반적인 부가의문문만이 격 표시된 조각문과 함께 사용된다.11) Merchant(2004)식 이동 삭제 분석을 취하면, (22b)의 격 표시된 조각문은 (23)과 같은 구조를 가진다.

(23) [[영희를ᵢ [철수가 tᵢ 만났어]] [그러지 않았니]]

(22b)의 부가의문문이 생략이 일어나기 전의 주문과 동형이므로 (22b)는 적형으로 올바르게 예측된다. (22c)가 적형이 아닌 것은 주문이 계사구문으로부터 도출된 것이 아니므로 계사부가의문문이 사용될 수 없기 때문이다. 격 표시된 조각문이 계사구문에 나올 수 없다는 것은 (24b)에서 경험적인 증거를 찾을 수 있다.

(24) a. 철수가 누구를 만났니?
　　 b. *영희를이야.

(22b)의 격 표시된 조각문의 기저구조는 (25b)와 같은데, 이 역시 계사부가의문문이 사용될 수 없고 일반적인 부가의문문이 사용된다.

(25) a. 철수가 누구를 만났니?

　　 b. 철수가 영희를 만났어, 그러지 않았니?

---

11) (22b-c)의 문법적 대조를 위해서는 쉼표억양(comma intonation)으로 이들 문장을 판정하는 것이 중요하다. 쉼표억양이란 문장이 끝나지 않았음을 의미하며 문장이 끝나면 "문장억양(utterance intonation)"이 주어지는데 쉼표억양과는 달리 문장억양은 2-3-1로 끝이 내려간다(쉼표억양은 1-2-3). 만일 (22bc)의 조각문에 문장억양이 주어지면 (22bc)는 단일 발화(utterance)가 아닌 두 개의 발화가 되어 계사부가의문문과 일반적 (비계사)부가의문문이 모두 가능해진다.

c. *철수가 영희를 만났어, 아니니?[12]

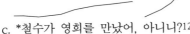

이제 격 표시 없는 조각문과 어떠한 부가의문문이 나타나는지 고찰해 보자.[13]

(26) a. 철수가 누구를 만났니?

b. *영희, 그러지 않았니?

c. 영희, 아니니?

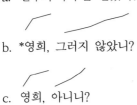

(26b-c)에 제시된 격 표시 없는 조각문은 (27)에서처럼 계사구문으로부터 도출된다.

(27) [영희ᵢ [그건 tᵢ-이-야]]

이러한 구조를 설정하면, (26b-c)에 관찰되는, 부가의문문과 관련된

---

12) 초점 강세가 부가의문문이 적형인지 아닌지 결정하는데 중요한 역할을 하기도 한다. (25c)처럼 '영희를'에 초점 강세가 주어지지 않으면 계사부가의문문은 가능하지 않다. 반면 (i)에서처럼 '영희를'에 초점 강세가 주어지면 사정이 달라진다.

(i) 철수가 **영희를** 만났어, 아니니?

즉 주문이 계사구문이 아니더라도 '영희를'이 초점 강세를 받으면 계사부가의문문이 적형이 되는데 이와 유사한 현상은 아래 영어에서도 관찰된다.

(ii) NICK drove us home that night, wasn't it? (Sailor 2009: 37)

13) 여기서 어떤 부가의문문이 적형인지 판단하기 위해 쉼표 고저 억양(comma pitch tour)이 중요하다.

문법적 대조가 두 가지 유형의 부가의문문의 속성과 연결되어 잘 설명된다. 즉 일반적인 부가의문문과 함께 나올 수 없고 계사부가의문문과만 가능한 것이 자연스럽게 설명된다. 또한, 생략이 일어나지 않은 계사구문이 그대로 발화될 때 (28b)와 격 표시 없는 조각문 (26b)의 부가의문문이 모두 계사부가의문문인 것도 자연스럽게 설명된다.

(28) a. 철이가 누구를 만났니?
    b. 그건 영희야, 아니니?

조각문이 계사구문이 아닌 구문으로부터 도출되는 다른 경우도 살펴보자.

(29) a. 철이가 뭐라고 말했니?
    b. 영희를 만났다고.

Ahn & Cho(2017c: 337)는 (29b)와 절 조각답변은 (30)의 구조로부터 도출되었다고 제안한다.[14]

(30) [*pro* 영희를 만났다고]$_i$ 철이가 t$_i$ 말했어.

---

14) Ahn & Cho(2017c: fn. 24)는 (29b)가 계사구문에서 도출된 것이 아니고 격 표시된 조각문과 유사한 방식으로 도출된다고 제안한다. Jeong(1999)의 제안에 따라 Ahn & Cho(2017c)는 COMP '-고'가 대격조사와 유사한 기능을 한다고 가정한다. 구체적으로 살펴보면, '-고'와 '-를'은 같은 형상(configuration)에서 인허된다. 이 형상은 V와 관련이 있는데 Jeong(1999: 48)은 '-고'가 N의 보충어나 주어 자리에서는 인허되지 않는다는 것을 보여 준다.

(i) a. *[수가 이겼다고] 조의 믿음   (명사의 보충어)
    b. *[수가 이겼다고] 모두를 놀라게 했다. (주어)

즉 (30)이 적형이므로 (29b)가 적형인 것이 잘 예측된다. 질문 (29a)의 대답으로 (31)이 좋지 않은 것은 (29b)가 계사구문으로부터 도출될 수 없기 때문이다.

(31) *영희를 만났다고야.

(29b)의 조각문이 어떤 부가의문문과 함께 나오는지 살펴보자(여기서 재삼 강조하지만 적절한 쉼표억양(comma intonation)이 무엇보다 적형성 판단을 하는데 중요하다).

(32) a. 철이가 뭐라고 말했니?
　　 b. 영희를 만났다고, 그러지 않았니?
　　 c. *영희를 만났다고, 아니니?

계사가 아닌 부가의문문이 이 조각문과 잘 어울린다. 이는 (33b)에서 보듯이 전체문장이 발화될 때도 그런데 (29b)의 조각문이 완전한 문장 (30)에서 도출되었다는 증거이다.

(33) a. 철이가 뭐라고 말했니?
　　 b. 철이가 영희를 만났다고 말했어, 그러지 않았니?

이제 조각문이 완전절 생략과 제한된 생략, 이 두 개의 다른 과정에 의해 모두 도출될 수 있는 경우를 살펴보자. Ahn & Cho(2017c)에 따르면, (34b)의 후치사구(PP) 조각문이 이러한 경우에 해당하는데 (35a-b)에서처럼 두 가지 다른 도출방식에 의해 나올 수 있다.

(34) a. 영희가 어디서 노래를 불렀니?

    b. 공원에서.

(35) a. [공원에서$_i$ [영희가 t$_i$ ~~노래를 불렀어~~]]

    b. [공원에서$_i$ [~~크건 t$_i$-이-어~~]]

그 이유는 (36)과 같은 두 개의 문장 답변이 모두 다 질문 (34a)의 답변으로 가능하기 때문이다.

(36) a. 영희가 공원에서 노래를 불렀어.

    b. (그건) 공원에서야.

이렇게 두 개의 문장 답변이 모두 가능하기 때문에 (37)에서처럼 두 가지 유형의 부가의문문 모두 가능할 것이라고 올바로 예측된다.

(37) a. 영희가 어디서 노래를 불렀니?

    b. 공원에서, 그러지 않았니?

    c. 공원에서, 아니니?

이번 절에서는 조각문에 동반되는 부가의문문의 유형을 고찰해 보면 조각문의 생략된 구조가 무엇인지 알 수 있다는 것이 입증되었다. 보다 구체적으로 한국어의 두 종류 조각문은 오직 동형(isomorphic)의 부가의 문문만을 허용하는 것으로 관찰되었다. 격 표시 있는 조각문은 일반적인 부가의문문을 동반하고 격 표시 없는 조각문은 계사부가의문문만을 동반할 수 있기 때문이다. 이러한 현상은 격 표시 있는 조각문은 완전절 구조로부터 도출되고 격 표시 없는 조각문은 계사구문으로부터 도출된다는 Ahn & Cho(2017a-c)의 주장에 추가적인 근거를 제시한다.

3. 영어의 동격 관계절과 조각문

Griffiths & De Vries(2013: 335)는 동격 관계대명사절(appositive relative clauses: ARCs)이 조각문에 동반될 수 있음을 주장한다.

(38) a. John stole [Mary's computer], which crashes all the time.

b. [John stole Mary's computer], which got him arrested.

(38a)에서 동격 관계대명사절은 Mary's computer라는 DP 지주 (anchor)와 의미적으로 연결되어 있다. 반면에, (38b)에서 동격 관계대 명사절은 전체 절과 연결되어 있다. 흥미롭게도 동격 관계대명사절이 조각문과 함께 나올 때, (39B)에서 보듯이 DP 지주와 연결되는 해석 이 가능하지 않다. 동격 관계대명사절 which crashes all the time이 목적어 명사구 Mary's computer와 연결된 해석이 불가능하며, 따라 서 (39B)가 적형이 아니다.

(39) A: Who stole Mary's computer?

B: #John, which crashes all the time.

B': John, which got him arrested.

B": John, which is awful.

-Griffiths & de Vries(2013: 335)

Griffiths & De Vries(2013)은 동격 관계대명사와 그 지주가 기능 범 주 Par에 의해 (40)에 제시된 것과 같이 연결된다고 본다.

(40) [$_{ParP}$ [$_{XP}$ *anchor*] [$_{Par'}$ Par *ARC*]]

이들의 분석에 따르면 (39)의 조각문은 Merchant의 완전절 생략에 의해 도출된다고 보는데, 이에 따르면 (39B)는 (41)과 같은 구조를 가진다.

(41) *[CP John$_i$ [⟨t$_i$ stole [ParP [Mary's computer]⟩ [Par' Par [ARC which crashes all the time]]]]]

Griffiths & De Vries(2013)은 (41)에서 삭제되는 것이 구성소를 이루지 못해, (39B)가 비문이라고 설명한다.

그러나 조각문이 전형적으로 계사구문으로부터 도출될 수 있다고 보면, (39)에 제시된 현상은 더 쉽게 설명이 된다. 즉 (42B)가 비문이기 때문에 (39B)가 적형이 아니라고 설명할 수 있다.15)

(42) A: Who stole Mary's computer?

B: #It's John, which crashes all the time.

B': It's John, which got him arrested.

B": It's John, which is awful.

여기서 새롭게 조명된 전형적 비대칭성 (11)(여기서 (43)에 재기술)으로 (39)에 제시된 문법적 대조현상에 대해 Griffiths & De Vries(2013)

---

15) 이 장의 분석은 (iiB-B")와 같이 (iB-B")이 적형인 것도 자연스럽게 설명할 수 있다.

(i) A: What did John steal?
B: Mary's computer, which crashes all the time.
B': Mary's computer, which got him arrested.
B": Mary's computer, which is awful.　(Griffiths & de Vries 2013: 335)
(ii) A: What did John steal?
B: It's Mary's computer, which crashes all the time.
B': It's Mary's computer, which got him arrested.
B": It's Mary's computer, which is awful.

가 제안한 복잡한 구조에 의존할 필요 없이 위 현상들을 자연스럽게 설명할 수 있다.

(43) 전형적 비대칭성(Default Non-isomorphism)
절 생략의 기저구조는 전형적으로 선행절과 대칭적이지 않고 짧은 분열문과 같이 비대칭적이다.

한편 (43)이 절 생략구문에 대한 보편적인 지침으로서의 얼마나 유효한지에 대해 의문이 생긴다. 이 지침이 영어와 같이, 형태적으로 격이 표시되지 않는 언어들에서만 관련성을 지니고 한국어와 같이 격이 표시되지 않는 언어에서는 직접적 설명력이 없어 보인다. Craenenbroeck (2010)에 의해 언급된 것처럼, 생략된 구조를 탐지하는 하나의 명시적인 방법은 그것이 나타난 곳의 형태를 살피는 것이다. 그 한 예로 한국어의 조각문의 격 표시는 그 조각문이 계사구문이 아니고 완전절로부터 도출되었다는 것을 보여준다. 그러나 영어와 같은 언어에서 명사 조각문은 형태적인 격 표시를 나타내지 않으므로 이로부터 생략된 부분에 대한 실마리를 명시적으로 찾을 수 없다. (43)에 제안된 것처럼 영어와 같은 격 표시가 형태적으로 드러나지 않은 언어에서는 짧은 분열문이 조각문의 전형적인 기저형태라고 가정해 볼 수 있다 (cf. Barros 2017).16) 그러나 이러한 전형적인 선택은 조각문이 두 개의

---

16) Barros(2017)는 수문구문(sluicing)에 나타나는 남은 부분(remnants)과 그 상관어구 (correlates) 사이에 관찰되는 격일치 요구조건이 표층적이라는(surfacy) 주장에 대해 실증적인 증거를 제시한다. Barros(2017)는 상관어구에 격이 표시되는 언어들(예를 들어, 독일어, 러시아어, 그리스어)에서 남은 부분은 상관어구와 격이 일치해야 하나, 격이 표시되지 않는 언어들(가령, 포르투갈어, 영어, 스페인어)에서 추상격(abstract Case)은 일치할 필요가 없다고 주장한다. 격이 표시되지 않는 이 언어들에 나타나는, 생략과 관련된, 중요한 결과가 형태가 일치하지 않는 수문(non-isomorphic sluice), 다시 말해, 계사구문의 생략이라고 보았다.

문장 기저구조를 가질 수 있을 때 가능한 선택이다. 만약, 조각문이 분열문(또는 계사구문)을 기저구조로 가질 수 없다면, 이 전형적인 선택지인 분열문 또는 계사구문이 나타날 수 없다. (44B)와 (45B)가 바로 그런 경우이다.

(44) A: Jack likes Sally.

    B: Christine, too.

    B': *It's Christine, too.

    B'': Jack likes Christine, too.

(45) A: Jack likes expensive cars.

    B: Right, for instance, BMWs and Corvetts.

    B': *Right, for instance, it's BMWs and Corvetts.

    B'': Right, for instance, Jack likes BMWs and Corvetts.

(44B)와 (45B)의 기저구조는 단축 분열문이 될 수 없고, 동형의 (isomorphic) 완전절 구조가 기저구조이며 이는 (46B)와 (47B)의 부가 의문문에서 확인될 수 있다.

(46) A: Jack likes Sally.

    B: Christine, too, {doesn't he/*isn't it}?

(47) A: Jack likes expensive cars.

    B: Right, for instance, BMWs and Corvetts {doesn't he/*isn't it}?

4. 영어와 한국어의 차이?

이 장에서 고찰한 내용을 요약하면 다음과 같다. 영어와 한국어에서 조각문에 동반되는 부가의문문의 유형을 보고 생략된 절의 구조에 대해 실마리를 찾고 언제 어떤 환경에서 계사구문이 조각문의 원천으로 사용되는지에 대해 알 수 있었다.

영어의 경우는 조각문의 격 표지 유무의 표시가 명시적으로 나타나지 않는 반면에 한국어의 조각문은 격 표지 유무 여부로 두 종류의 조각문이 생성될 수 있다. 영어 조각문의 경우는 부가의문문과 관련해서는 격이 없는 조각문이 격이 있는 조각문을 우선하는 효과를 보이고 있다((43)의 전형적 비대칭성 원리 참조). 이것은 마치 통사 원리를 적용할 때 격이 없는 조각문이 격이 있는 조각문을 막는(blocking) 효과이다. 한국어의 경우는 두 종류의 조각문의 존재가 격의 유무로 명시적으로 표시되기 때문에 한 종류가 다른 종류를 우선하지 않고 각기 독립적인 구조와 원리를 적용받게 된다. 형태적 격 표시 여부와 전형적 비대칭성 원리의 상관성 등은 보편문법 및 언어학적 매개변인과 관련하여 향후 흥미로운 연구과제가 될 것 같다.

△▼ 참고문헌 ▼△

안희돈(2012), 『조각문 연구: 영어와 한국어를 중심으로』, 한국문화사.

Ahn, Hee-Don & Sungeun Cho (2005), "On scope asymmetries in fragments", *Studies in Generative Grammar* 15, 661-678.

Ahn, Hee-Don & Sungeun Cho (2007), "Subject-object asymmetries of morphological case realization", *Language and Information* 11, 53-76.

Ahn, Hee-Don & Sungeun Cho (2017a), "A bi-clausal analysis of multiple fragments", *Studies in Generative Grammar* 27, 197-220.

Ahn, Hee-Don & Sungeun Cho (2017b), "On caseless fragments and some implications", *Language Research* 53, 247-286.

Ahn, Hee-Don & Sungeun Cho (2017c), "A hybrid ellipsis analysis of two types of fragments in Korean", *Linguistic Research* 34, 313-362.

Ahn, Hee-Don & Sungeun Cho (2018), "Notes on fragments with tag questions in English and Korean", *Studies in Generative Grammar* 28, 213-231.

Barros, Matt (2017), "Syntactic identity in ellipsis, and deviations therefrom: The case of copula clauses in sluicing", Ms. Yale University.

Barros, Matt & Jeroen van Craenenbroeck (2013), "Tag questions and ellipsis", DGfS 2013 Workshop *Parentheses and ellipsis: cross-linguistic and theoretical perspectives*, Potsdam, Germany, 13-15 March.

Büring, Daniel (1998), "Identity, modality and the candidate behind the wall", *Proceedings of SALT* VIII, 36-54.

Choi, Youngju & James Yoon (2009), "Fragments with or without articulated constituents at LF", *NELS* 29, 177-188.

Craenenbroeck, Jeroen Van (2010), "Invisible last resort, a note on clefts as the underlying source for sluicing", *Lingua* 120, 1714-1726.

Craenenbroeck, Jeroen Van (2012), "Ellipsis, identity, and accommodation", Ms. KU Leuven HUBrussel.

Declerck, Renaat (1983), "'It's Mr. Y' or 'He is Mr. Y'?", *Lingua* 59, 209-246.

Griffiths, James & Mark de Vries (2013), "The syntactic integration of appositives: evidence from fragments and ellipsis", *Linguistic Inquiry* 44, 332-344.

Jespersen, Otto (1958), *A Modern English Grammar on Historial Principles* Volume III (syntax), London: Allen & Unwin.

Jeong, Yongkil (1999), "Comp -*ko* and case markers", *Studies in Generative Grammar* 9, 39-87.

Kuroda, Sige-Yuki (1968), "English relativization and certain related problems", *Language* 44, 244-266.

Merchant, Jason (2001), *The Syntax of Silence: Sluicing, Islands, and the Theory of Ellipsis*, Oxford and New York: Oxford University Press.

Merchant, Jason (2004), "Fragments and ellipsis", *Linguistics and Philosophy* 27, 661-738.

Merchant, Jason (2010), "Three kinds of ellipsis", In Francois Recanati, Isidora Stojanovic, Neftali Villanueva (eds.), *Context-Dependence, Perspective, and Relativity*, Walter de Gruyter: Berlin, 141-192.

Mikkensen, Line (2007), "On so-called truncated clefts", In L. Geist and B. Rothstein (eds.), *Kopulaverben and Kopulasäze. Intersprachliche und*

Intrasprachliche Aspekle, Tübingen: Niemeyer, 47-68.

Park, Bum-Sik (2005), "Island-insensitive fragment answers in Korean", In J. Alderete, Han C.-H., and A. Kochetov (eds.), *Proceedings of the 24th west coast conference on formal linguistics*, Somerville, MA: Cascadilla, 317-325.

Park, Myung-Kwan (2014), "Pre/postposition stranding under sluicing and the identity condition on ellipsis", *Studies in Modern Grammar* 78, 1-19.

Sailor, Craig (2009), "Tagged for deletion: a typological approach to VP ellipsis in tag questions", Master's thesis.

Yoon, Junghyoe (2012), "Case drop in Korean - Its empirical and theoretical investigation", Ph.D. dissertation, Indiana University.

Yoon, Junghyoe (2014), "Bare fragment answers as elliptical pseudoclefts", *Studies in Generative Grammar* 24, 365-384.

제2부
분열문의 의미론

10. 소위 강조구문과 "것"의 의미들

염재일

10장은 염재일이 『언어와 정보』(2014) 18권 2호에 실린 글을 재출판하는 것이라는 점을 먼저 밝힌다. 국어에서의 분열문은 다른 언어에서도 나타나는 구문으로 국어에서의 분열문과 다른 언어에서의 분열문의 공통점은 이미 다른 언어에 대한 분열문의 연구에서 많이 포착되었다고 할 수 있다. 오히려 다른 점을 통해서 다른 언어의 분열문 연구에서 관찰되었지만 설명하는 못하거나 설득력이 떨어지는 부분에 대한 답을 찾는 것이 가장 의미 있는 연구가 될 것이다. 물론 다른 점 중에서 국어만의 독특한 특징은 분열문 연구에 추가적인 단서가 되지 않을 것이다. 따라서 이런 결론을 위해서는 다른 언어에서의 분열문과 비교가 필요할 것이다.

국어에서 분열문의 특징은 사람을 나타내는 경우에도 비인격체를 나타내는 "것"을 사용한다는 점이다. 그리고 영어에서도 계사 구분에서 인격체이지만 비인격체를 나타내는 대명사를 사용하는 경우가 있다. 따라서 분열문에서 인격체이지만 비인격체를 나타내는 표현을 사용하는 것은 매우 중요한 단서가 된다. 단, 이것을 설명하는 데 있어서 우선 주의하여야 할 것은 이 구문을 위한 특별한 가정을 한다면 국어가 제공하는 단서를 포기하는 것과 같다. 오히려 국어 체계 내에서 일관성을 유지하면서 이 관찰을 설명할 때 오히려 다른 언어에서의 분열문의 연구에서 포착하지 못하는 부분을 포착하게 해준다는 것이다.

이 장에서는 '것'-구가 사람을 나타내야 할 경우에는 복수가 되지 않는다는 점과 사람을 나타내어야 하는 경우 두 '것'-구가 연접되지 않는다는 점을 보여주고, 분열문이 아닌 경우에도 사람을 나타내지만 의미적으로 추상적인 의미적 개체(semantic entities), 즉 종류(kinds)나 개인개념(individual concepts)을 나타내야 할 경우에는 "것"을 사용할 수 있다는 점을 들어, 국어의 분열문에서 '것'-구는 객체(object)를 나타내지 않고 개념(individual concepts 혹은 kinds)을 나타낸다고 주장한다. 이것을 형식적으로 나타내면 국어 분열문에서의 '것'-구 내에서의 빈자리는 추상적인 것을 나타낸다고 가정하는 것이 필요하다. 여기서는 가능세계에 대하여 추상화하는 것이다.

분열문의 관찰에서 조금 복잡할 수 있는 것은 분열문의 형태를 지녔으나 '것'-구가 사람을 나타내지 않을 경우, '것'-구가 복수형이 될 수도 있고, 두 '것'-구의 연접도 가능한데, 이런 경우는 사실 분열문이 아니다. 겉으로 보기에는 분열문과 비슷하여 구분하기 어려운데, 그 이유는 분열문에 쓰이는 계사, 즉 "-이"가 두 가지 용법으로 쓰일 수 있기 때문이다. 분열문에서는 계사가 두 구가 가리키는 개체의 동일성을 주장하는 의미로 사용되지만, 분열문처럼 보이지만 분열문이 아닌 경우 계사는 의미가 없이 문법적인 기능을 위하여 사용될 뿐이다. 만약 분열문과 같아 보이지만 '것'-구가 복수형이 되는 경우, 계사는 사실은 의미가 없이 함께 쓰인 명사구가 술어로 쓰인 경우이다.

10장은 지면상의 이유로 두 가지 점에서 미완성인데 분열문으로 오인하는 또 다른 구문으로 계사와 함께 후치사구가 사용되는 경우가 있는데 이것은 '것'-구가 상황을 나타내고 후치사구가 그 상황을 서술하는 구문으로 계사는 의미 없이 쓰이는 경우이다. 그 단서는 후치사구가 항상 '것'-구의 최상위절이 나타내는 상황과 관계가 있다는 것이다. 또한 분열문은 연결성 효과(connectivity effects)를 보이는데 이 중에서도 결속이론을 어기는 것 같은 효과를 보이기도 한다. 이것을 설명하기 위해서는 '것'-구가 가능세계뿐만 아니라 할당함수(assignments)에 대해서도 추상화(abstraction)를 하여야 한다. 이런 부분에 대해서는 동일 저자의 다른 글을 참고하기 바란다.

1. 들어가기

"것"의 기본적인 특징으로는 혼자 사용될 수 없고 항상 어떤 명사 수식어구의 수식을 받아야 한다. 그 수식어구는 일반적으로 관계절로 간주된다. 그런데 '것'-구 중에서 소위 말하는 강조구문에 쓰이는 것은 다른 구문에 쓰이는 것과 의미적으로 다른 특징들을 보이고 있다. 그 특이한 특징들 때문에 강조구문을 별도의 구문으로 가정하고 그 특징들을 설명하려는 여러 시도가 있었지만 만족스러운 분석을 내놓지 못하고 있다. 여기서는 그 특이한 특징 중에 하나를 중심으로 그에 대한 설명을 제시하고자 한다. 즉, 일반적으로 "것"은 사람을 나타내는 경우에는 사용되지 않는데, 소위 강조구문에서는 "것"이 사람을 나타내는 경우에도 사용된다고 관찰되어 왔다. 이 경우에도 "것"은 비인격체를 나타내는 여러 의미 중에 하나라는 점을 밝히고자 한다.

강조구문에서 계사 앞에 오는 것이 명사구인 것과 후치사구인 것이 있는데 이를 구분하여 예를 들면 다음과 같다.

(1) a. 미나가 만난 것은 인호이었다.

  b. 미나가 되고 싶은 것은 의사이다.

  c. 미나가 만난 것은 의사이었다.

(2) a. 미나가 인호를 만난 것은 역에서였다.

  b. 미나가 인호를 만난 것은 어제였다.

  c. 미나가 인호를 만난 것은 어제 역에서였다.

그런데 강조구문에 대응되는 구조 중에서 주어와 계사(linking verb)구에 있는 명사구가 뒤바뀐 구조도 가능한데 이것을 역강조구문이라고하자. Jhang(1995), Kang(2006) 등에서 지적하였듯이 역강조구문이허용되는 것이 있고 그렇지 않은 것이 있다.

(3) a. ??인호는 미나가 만난 것이다.

  b. 의사는 미나가 되고 싶은 것이다.

  c. ??의사는 미나가 만난 것이다.

(4) a. *역에서는 미나가 인호를 만난 것이다.

  b. *어제는 미나가 인호를 만난 것이다.

  c. *어제 역에서는 미나가 인호를 만난 것이다.

강조구문에서는 후치사구가 주어가 될 수 없다는 구조적 제약에 때문에 (2)에 있는 문장들은 역강조구문이 허용되지 않는다. 그런데 명사구가 강조된 강조구문은 (3b)처럼 역강조구문을 허용하는 것도 있고 (3a, c)처럼 그렇지 않은 것도 있다.

  그런데 강조구문에 대응되는 역강조구문이 허용되는 데는 강조되는 표현이 사람을 나타내는지가 중요한 요소이다. 다음은 계사 앞의 명사구가 사람이 아닌 예들인데, 이들은 모두 역강조구문을 허용한다.

(5) 미나가 산 것은 가방이다.

가방은 미나가 산 것이다.

(6) 미나가 푼 것은 이 문제이다.

이 문제는 미나가 푼 것이다.

이것은 역강조구문에서는 "것"이 인격체를 나타낼 수 없다는 것을 보여주는데, 가리키는 대상을 무생물로 취급함으로써 모욕감을 주려는 것이 아니라면 "것"은 인격체를 나타내는 말에 사용해서는 안 된다. 그렇다면, 예외적으로 강조구문에서만 (1)에서처럼 "것"이 인격체를 나타낼 수 있다고 할 수 있다. 그러나 이것을 인정한다고 하더라도 (3b)에서처럼, "것"이 사람을 나타내는 경우에도 역강조구문이 허용되는 것을 보면 강조구문에서 사용되는 "것"이 단순히 사람을 나타내는 것이 아니라는 것을 보여준다. 그리고 그것은 구조와 관계되는 것이 아니라 의미에 관계된다는 것을 알 수 있다.

의미에 의존하는 것이라면, 강조구문의 "것"은 다른 구문에서 가질 수 없는 의미를 가지는 것을 의미한다고 할 수도 있을 것이다. 따라서 다음과 같은 두 가설을 세울 수 있을 것이다.

(7) 가설 1: 강조구문에서의 "것"은 인격체를 나타낼 수 있지만, 다른 구문에서의 "것"은 인격체를 나타내지 못한다.

가설 2: 모든 구문에서 "것"은 인격체를 나타내지 않는다.

이 두 가설 중에서 가설 2가 가장 이상적인 상황일 것이다. 이 장에서는 가설 2가 유지될 수 있음을 보이면서 인격체를 나타내는 것으로 보이는 것이 실제로 추상적인 개념을 가리킨다는 것을 보이고자 한다.

10장은 다음의 순서로 진행된다. 2절에서는 강조구문에서 '것'-구가 한정성을 가진다는 것을 논의한다. 이것은 계사 앞에 오는 구가 술어가 아닌 경우 강조구문이 동일성 문장이라는 주장의 기초가 된다. 3절은 10장의 주요 주장을 담는데, 우선 계사 앞에 후치사구가 올 경우 '것'-구는 상황을 나타낸다는 것을 보인다. 그리고 계사 앞에 오는 구가 '것'-구 내에서 논항 자리를 채울 표현이라면 '것'-구는 논항이 채울 수 있는 빈자리에 근거한 관계절에 의해서 수식을 받는 것이고 이것이 계사 앞에 나타나는 구와 연계되어 마치 계사 앞 구가 '것'-구 안의 빈자리를 채우는 것 같은 의미를 가진다고 주장한다. 계사 앞 구가 인격체를 나타내는 것 같은 경우 일반명사로 이루어진 명사구이면 종류를 나타내고 고유명사이면 개체개념을 나타낸다고 주장한다. 4절에서는 역강조구문이 왜 강조구문과는 다른 특징을 보이는가를 설명한다. 5절에서 이 글의 논의를 정리한다.

2. 한정성

관계절이 무언가의 특성을 나타내면 '것'은 이 특성을 받아서 무언가를 가리켜야 한다. 한편, "것"은 그것이 가리키는 범위를 제한하는 역할도 한다. 그러나 한정성은 특성을 나타내는 것과는 독립적으로 구문 특성에 의하여 결정된다고 할 수 있다. 국어에서 결정사나 지시사(demonstrative)가 없는 일반명사구(bare NP)가 가리킬 수 있는 것은 한정적일 수도 있고 비한정적일 수도 있다. 일반적으로 '것'-구도 일반명사구와 마찬가지로 중의적으로 해석될 수 있다.

(8) a. 인호가 뭔가를 샀는데, 인호가 산 것은 매우 가벼웠다.

  b. 먹을 것이 없다. 인호가 새로 산 것이 있는데, 그것은 마시는 것뿐이야.

(8a)는 앞에 이미 소개된 것을 다시 언급하는 것이므로 한정적으로 해석되는 것이고, (8b)는 '것'-구가 새로운 것을 소개하고 있으므로 비한정적으로 사용되었다고 할 수 있다.

'것'-구는 일반명사구와 마찬가지로 비선택적 결속(unselective binding)도 가능하다.

(9) a. 인호는 보통/항상 미나가 주는 것을 거절해.
     b. 인호는 미나가 주는 것마다 거절해.

위 예는 '것'-구가 임의로 "보통/항상"이나 "-마다"에 의하여 결속되는 것을 확인할 수 있다. 이것은 우리말에서 무결정사/무지시사 일반명사구가 해석되는 방식과 동일하다. 따라서 "것"은 일반명사로 보는 것이 옳다.

이와 같은 다양한 해석 이면에 각 형태소의 기본 의미가 있고 이것이 문법에서 허용하는 과정을 거쳐 그와 같은 해석들을 가지게 된다. 국어에서의 일반명사의 기본 의미는 종류를 나타내는 것으로 가정한다. 그리고 종류가 통사적 위치에 따라서 특성으로 이해되기도 한다. 종류와 특성 사이의 의미의 변화에 대해서는 Chierchia(1998)에서 심도 있게 논의하고 있다. (10)에 그의 기본적인 생각이 주어져 있다.

(10) a. 한 종류 k와 임의의 세계 w에 대하여 술어 P_k는 다음과 같이 정의된다.

$P_k = \lambda w \lambda x [x \leq k(w)]$

$k(w)$: k 종류에 속하는 w에서의 모든 개체의 합

$x \leq k(w)$: x는 개체 합 $k(w)$의 부분

b. 한 특성(술어) P와 임의의 세계 w에 대하여 종류 k_P는 다음과 같이 정의된다.

$k_P = \lambda w \iota x [P(w)(x) \land \neg \exists x'[x \leq x' \land P(w)(x')]]$

(단, k_P는 종류로서 확립됨.)

종류는 모든 세계에 대하여 그 종류에 속하는 개체들 모두의 합으로 표시되고, 특성은 각 세계에 대하여 그 특성을 가지는 개체들과 그 합들의 집합으로 나타낼 수 있다. 특성을 나타내는 개체들의 합은 복수 명사의 의미를 반영하기 위한 것이다. 종류를 나타내는 표현은 일종의 "개념"으로서 어떤 특정한 세계에 국한되지 않는 추상적인 존재이지만, 특성은 특정한 세계를 정하면 그 세계에서 그 특성을 가지는 구체적인 개체들에 대하여 적용되는 표현이라고 할 수 있다.[1]

일단 특성이 되면 Partee(1986)에서 제안하듯이 다음의 두 과정 중에 하나를 겪으면서 결과적으로 한정적으로 해석되거나 비한정적으로 해석되는 것이다.

(11) a. ι-operation: P → $\lambda w \iota x[Pw(x)]$ ($\langle e,t \rangle \rightarrow e$)

　　 b. ∃-operation: P → $\lambda w \lambda Q \exists x[Pw(x) \land Qw(x)]$

　　　　　　　　　　　　　　　　　($\langle e,t \rangle \rightarrow \langle \langle e,t \rangle, t \rangle$)

그래서 (11a) 과정을 겪으면 특정한 상황이 주어지면 그 상황에서 P라는 특성을 지닌 개체들 전체를 가리키는 것이다. 이것이 한정적 의미이다. (11b)의 과정을 겪으면 주어진 상황에서 P의 특성을 지닌 것이 정해지지 않은 상황에서 그 특성을 지닌 것이 있다고 존재만을 주

---

1) 물론 실제로 종류들을 논항으로 취하는 술어들도 있지만, 여기에서의 기본 논의를 이런 경우에 확대하는 것은 어렵지 않을 것이다.

장하는 비한정적 해석이 이루어지는 것이다.

이것을 '것'-구에 적용해보자. 우선 관계절은 특성의 의미 유형을 가진다. 그리고 관계절은 "것"을 수식하면서 명사구를 형성한다. "것"은 명사이므로 원래 종류를 나타내야 하지만 관계절에 의하여 수식되는 자리에 오면 특성을 나타내는 술어가 된다. 그런데 "것"이 일반명사와 다른 점이 있다. 부가어 없이 독립적으로는 사용될 수 없다는 점과 가리키는 것이 인격체가 아니라는 전제를 유발한다는 점이다.[2] 따라서 α 라는 관계절에 의하여 수식되는 '것'-구의 의미가 다음과 같아지는 것으로 가정한다.

(12) $[\![\,\alpha\; 것\,]\!]$ = $\lambda w\lambda x$: x는 비인격체$[[\![\,\alpha\,]\!]^w(x)]$

여기서 "x는 비인격체"라고 한 부분은 전제 부분으로 인격체이면 정의되지 않는다는 것을 의미한다. 따라서 '것'-구의 의미는 특성의 의미 유형을 가지며, 통사적 위치에 따라서 (11)에 주어진 두 과정을 겪을 수 있다. 이 두 과정은 선택적이므로 명사구를 한정명사구와 비한정명사구로 만든다. 따라서 '것'-구가 가질 수 있는 의미는 네 가지(A,

---

2) 또한, 일반명사와 달리 적시되지 않은 어떤 것이 의미 합성과정에서 추가되는 의미는 생기지 않는 것 같다. 이것은 다음과 같이 부가어절에 공백이 없는 어떤 것을 가리키는 의미도 가지지 않는다.

(i) a. 인호가 만난 이유
    b. 고기가 타는 냄새

(i)에서 이유나 냄새를 나타낼만한 것이 명사부가어절 자체에서는 나타나지 않으므로 명사의 의미와 합성되는 과정에서 추가되는 의미가 생긴다. 그런데 (ii)에서처럼 명사부가어절이 "것"과 합쳐지면 이런 의미가 생기지 않는다.

(ii) a. 인호가 만난 것
     b. 고기가 타는 것

이것은 "것"이 특별한 의미가 없어서 명사부가어절의 의미와 합성되는 과정에서 추가되는 의미가 없기 때문이라 할 수 있을 것이다.

Ba, Bbi, Bbii)이다.

   (13) '것'-구의 의미: A. 종류 (개념) - 논항

                 B. 특성

                  a. 술어

                  b. 논항

                    i. 한정적 명사구

                    ii. 비한정적 명사구

여기서 종류는 개념에 속하며 문장에서 종류로 사용되는 것은 항상 논항으로 사용되는데, 이것은 더 이상 개체를 나타내지 않는 경우에 사용된다. 특성이 된 후에야 술어나 논항으로 사용되면서 그 종류에 속하는 개체들을 나타낸다. (Ba)에서처럼 술어로 쓰일 때는 개체들에 대하여 서술하는 것으로 쓰이고, 논항의 자리에 나타나면 어떤 술어가 나타내는 상황에 개체로서 참여자가 되는 경우에 사용된다. 이 경우 한정적으로 사용되기도 하고 비한정적으로 사용되기도 한다.

   강조구문에서의 '것'-구는 이 중에서 항상 전제를 유발하는 한정명사구로만 사용된다. 국어에서 명사구의 한정성 표지가 꼭 필요한 것이 아니므로 맥락을 통하여 확인해볼 수 있다.

   (14) A: 인호가 누구를 {만나냐?, 만났냐}?

      B: 인호가 {만나는, 만난} 것은 미나야.

   (15)   ??인호는 그곳에 일찍 갔어. 인호가 그곳에 왜 갔는지 몰랐어. 그

          런데, 인호가 만난 것은 미나였어.

(14)에서 인호가 누군가를 만난다는 내용이 이미 소개된 후에 이것을

강조구문의 전제 부분에 사용되면 문장이 자연스럽다. 반면에, (15)에서는 강조구문의 전제에 해당하는 내용이 "인호가 그곳에 왜 갔는지 몰랐어"와 같은 표현에 의하여 부정되면 부자연스러워진다. 이것은 강조구문에서 주어에 해당하는 '것'-구의 내용이 전제될 경우에만 사용되는 것을 보여준다. 즉, 강조구문에서의 '것'-구는 이미 청자가 아는 어떤 대상을 가리키는 경우에만 사용된다.

　일반적으로 강조구문에서 주어인 '것'-구는 전제를 유발하는 한정적 표현이라고 하였는데, 한정적 명사구도 초점을 받을 수 있다. 다시 말하면 한정성과 초점은 별개일 수 있다. 다음에서 A의 질문에 B가 대답을 하고 C는 B의 대답을 정정하는 것이다.

(16) A: 미나가 누구야?

　　 B: [인호를 도와준 게]$_F$ 미나야.

　　 C: 아니야. [[진아를]$_F$ 도와준 게] 미나야.

(16)에서 B의 발화는 주어에 초점이 주어지는 상황이다. 그럼에도 이 발화가 자연스러우려면 이 발화가 자연스러울 때는 A가 인호를 도와준 사람이 누구인지 알아야 한다. 그리고 이를 부정하는 C의 발화에서도 "진아를"에 강세가 주어지면서 "진아를 도와준 게"가 초점구를 형성한다고 할 수 있다. 따라서 "강조"구문이라고 하지만, 계사가 이루는 동사구가 항상 초점을 받아야 하는 것은 아니다. 오히려 주어가 만드는 전제 부분이 초점을 받을 수 있는데, 그럼에도 '것'-구가 가리키는 바는 청자가 알 수 있어야 자연스럽다. 따라서 한결같이 변함이 없는 것은 '것'-구의 한정성이다.

3. 강조구문에서의 "것"의 의미

3.1. 부가어 전치사구 강조

일반적인 가정은 강조구문들은 기본적으로 다음과 같은 구조를 가지는 것으로 생각한다.

(17) 변형패턴: [A C B]다 ⇒ [A --- B](으)ㄴ 것은 C이다.

이 구문은 사람에 따라서 준강조구문(pseudocleft)이라고 하기도 하는데, '것'-구의 다양한 용법에 비추어 강조구문에 쓰이는 "것"이 다른 구문에 쓰이는 "것"과 완전히 다르다고 하기 어렵다. 강조구문의 '것'-구가 관계절의 공백에 해당하는 것을 가리킨다는 점에서 다른 관계절과 동일한 것 같다.

그런데 강조구문이 부가어를 강조할 때는 다소 다른 특성을 보인다. 일반적으로 강조구문에서 논항이 계사 앞에 오면 "것"을 일반명사로 바꿀 수 있다. (1a)와 (1c)에서 "것"은 "사람"으로 바꿀 수 있다. 반면에, Hiraiwa & Ishihara(2002)가 일본어에서 지적하였듯이, 계사 앞에 후치사구가 오면 "것"을 일반명사로 바꿀 수 없다.

(18) 미나가 인호를 만난 {것, ??장소}은/는 역에서였다.

"것" 대신에 일반명사 "장소"로 바꾸면 문장이 이상하다.

그리고 부가어가 강조될 때는 부가어가 항상 관계절의 최상위절과 연관된다는 것이 특징이다.

(19) ??미나가 인호를 만났다고 생각되는 것은 역에서였다.

"역에서"는 생각되는 장소는 아니고 종속절의 동사인 만남의 장소로 이해되어야 하는데, 그 연관이 허락되지 않으므로 문장이 이상한 것이다. 이것은 논항이 강조되는 문장과 구분된다.

(20) [e 인호를 만났다고 생각되는] 것은 미나였다.
    [미나가 e 풀었다고 생각되는] 것은 이 문제이었다.

여기서는 '것'-구가 가리키는 것은 관계절 속의 종속절의 공백과 관련이 있다. 따라서 부가어가 강조될 때 '것'-구가 가리키는 것은 논항이 강조될 때와 다르다.

여기서 후치사구가 계사 앞에 나타나는 경우 '것'-구가 무엇을 가리키는가에 대한 한 가지 단서는, 빠진 논항이 없는 경우 '것'-구는 최상위절이 기술하는 상황이나 사실을 나타내는 것에서 찾을 수 있다.

(21) ??미나가 인호를 만났다고 생각되는 것을 보았다.

"보다"는 지각 가능한 사건을 목적어로 가져야 하는데, 생각되는 것은 지각이 가능하지 않고 만나는 것이 지각이 가능한데, 이 문장이 이상한 것은 '것'-구가 최상위절이 나타내는 상황이 되어야 하기 때문이다.

또 다른 단서는 Koizumi(2000), Hiraiwa & Ishihara(2002), Cho et al.(2008)가 지적하듯이, (2c)에서처럼 부가어가 여러 개가 강조되는 것도 가능하다. 만약 '것'-구가 가리키는 것이 관계절의 공백에 의한 것이라면 한 개만이 강조되어야 할 것이다. 이것은 논항이 강조될 때 하나만 강조되는 것으로 확인될 수 있다.

(22) *[e e 만난] 것은 미나 인호이었다.

그리고 '것'-구가 가리키는 것이 논항 공백과 연관될 때는 통사적 섬 제약을 받지 않는 것 같다.

(23) a. [인호가 e_i 던진_i] 공이 가장 멀리 갔다.
    b. [[e_i e_i 던진_i] 공이 가장 멀리 간_i] 것은 인호이었다.

(23a)에서 "인호가"는 관계절 속에 있었는데, (23b)에서 이것이 강조 구문의 계사 앞에 나타났다. 작은 관계절 "[e_i e_i 던진_i]"에 공백이 두 개이고 하나는 작은 관계절과, 다른 하나는 더 큰 관계절과 연관 지어 해석된다. 그리고 주어냐 목적어냐는 중요하지 않은 것을 알 수 있다. Na & Huck(1993)에서 지적하였듯이 국어나 일본어에서는 관계절이 섬제약을 받지 않는다.3)

이와 같이 논항이 강조될 때는 강조되는 구가 관계절 깊숙이 파묻혀 있을 수 있고 또한 한 개만 강조되는 것과 비교해서 둘 이상의 부가어가 강조되기도 하고 최상위절과만 관계가 있는 것은 관계절 내의 공백에 의한 것이 아니라는 것을 의미한다.

세 번째 단서는, 부가어가 강조될 때 실제로 사건이 일어나지 않은 경우에도 가능하다는 점이다.

(24) 아무도 점심을 먹지 않은 것은 어제였다.

여기서 "어제"는 점심을 먹는 사건이 없었던 상황이 있었던 시간을

---

3) 일본어에서도 같은 관찰이 이루어지고 있다. Hiraiwa & Ishihara(2002) 참조.

나타낸다. 이것은 '것'-구가 나타내는 것이 동사가 가지는 의미역과는 무관할 수 있다는 것을 나타낸다. 이것은 부가어가 종속절의 어떤 의미역을 가지는 논항이 아니고 또한 동사가 나타내는 사건과 직접적으로 관련이 없다는 것을 보이며, 이것이 또한 최상위절이 나타내는 상황과 같은 성격을 가지고 있다.

(25) 아무도 점심을 먹지 않는 것을 보았다.

이 문장의 의미는 점심을 먹는 사건이 없는 것을 본 것이다. 사건이 없으므로 부정의 영역 밖에서는 먹는 사건과 관계되는 것은 쓰일 수 없다. 따라서 (24)에서 "어제"는 "먹다"의 의미역과도 관계없고 그러한 사건과도 관계가 없다. 단지 그 먹는 사건이 없는 상황과 관계가 있는 것이다.

이상의 논의를 보면 부가어가 강조되는 것 같은 구문에서 '것'-구는 공백이 있는 관계절에서 그 공백에 의하여 가리키는바가 결정되는 것이 아니라 오히려 '것'-구 안의 최상위절이 나타내는 상황을 가리킨다고 할 수 있다. 따라서 강조구문에서의 '것'-구의 첫째 의미는 상황이다.

(26) 강조구문에서의 '것'-구의 의미 1: 최상위절이 나타내는 상황

그리고 계사 앞에 나타나는 후치사구의 후치사는 그 상황과 후치사 다음의 명사구 사이의 관계를 알려주는 것이다. 이하에서는 논항이 강조되는 강조구문에서의 '것'-구의 의미들을 살펴보겠다.

3.2. 공백과 계사구의 연계

앞에서 말했듯이 강조구문이 논항을 강조할 경우 '것'-구 속의 관계절 깊숙이 파묻혀 있던 논항을 강조할 수 있다. 따라서 강조구문의 분석에서 최우선적인 과제는 어떻게 '것'-구에 있는 공백과 계사 "이다" 앞에 있는 구 사이에 관계를 맺는가를 설명하는 것이다. 통사적 설명 중에 많은 것이 이동 분석인데, 앞에서 보았지만, 강조구문에서 공백과 "것"을 수식하는 관계절 사이에 섬제약을 받지 않는다는 것을 보았다. 이점은 이동 분석에 대해서는 큰 문제가 될 것이다. 더욱이 이것이 '것'-구의 관계절을 넘어 계사 앞으로 이동하였다는 것은 생각할 수 없는 과정이다. 섬제약을 받지 않으면서 강조구문의 관계절이 공백과 연관 지어 해석되려면 이 둘을 연결하는 결속관계를 가정할 수 있다. 이 장은 "것"의 의미에 관심이 있으므로 결속관계가 왜 적절한지에 대한 논의는 하지 않겠다.

결속관계를 가정하면 강조구문은 대략적으로 다음과 같은 관계를 가지는 것으로 가정할 수 있을 것이다.

(27) [[A e_i C]{은, 는}$_i$ 것{은, 이}] B-이다.

그리고 관계절 "[A e_i C]{은, 는}$_i$"은 다음과 같이 해석될 수 있다.

(28) $[\![$ [A e_i C]{은, 는}$_i$ $]\!]^{w,g}$ = λx . $[\![$ [A e_i C] $]\!]^{w,g[x/i]}$

즉, 관계절은 공백에 들어가서 관계절의 나머지와 합쳐 관계절을 참으로 만드는 개체들의 집합 혹은 그에 상응하는 특성을 나타내는 함수로 정의될 수 있다. 관계절이나 강조구문의 공백에 해당하는 것과 관계절을 만드는 어미 "은/는"이 공지표(co-index)를 가지는 것으로 가정하고 "은/는"은 그 내부 절에서 공백 자리를 채워서 절을 참으로 만드는 개체들의 집합으로 만드는, 그래서 특성을 나타내는 것으로 가정한다.

여기서 공백과 관계절의 어미 "은/는" 사이의 의존관계를 결속으로 보는 것은 이 사이에 섬제약을 받지 않기 때문이다.

(29) [[e_i e_j 던진$_j$] 공이 가장 멀리 간$_i$] 것은 인호이었다. (= (23b))

여기서 e_j는 작은 관계절과 연계되는 공백이고 e_i는 큰 관계절과 연계되는 공백이다. 작은 관계절이 섬을 형성하는데, 큰 관계절은 이 섬을 넘어 연계되므로 통사적 이동에 의하여 형성되는 구조가 아니다. 따라서 결속의 관계로 보는 것이다.

결속을 위해서는 관계절을 형성하는 관형형 어미 "은/는"이 공백을 성분제어해야 하는데, 관형형 어미를 보문사라고 가정하면 보문사는 자연스럽게 절의 나머지 속에 있는 것을 성분제어하게 된다.4)

(30)

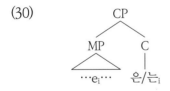

---

4) 좀 더 상세히 구분하면 관형형 어미는 '상+시제+서법+보문사'의 결합으로 볼 수 있고, 따라서 AspP, TP, MP, CP를 차례로 형성하는 것으로 가정할 수 있다. 단지 많은 요소들이 영형이라고 가정한다. 예를 들어, "(으)ㄴ"은 상, 시제, 서법이 모두 영형이고 '(으)ㄴ' 자체는 보문사로 간주할 수 있고, "는"의 "ㄴ"은 미완성을 나타낸다고 할 수 있다. 실제로 관형형 어미의 형태는 술어의 상적 특성에 따라 달라지는데 이 장의 논의에 크게 관계되지 않으므로 여기서는 자세한 논의는 하지 않는다. 양정석(2008)에서 다양한 제안을 논의하므로 참조할 수 있으나 여기서도 여전히 상세한 구분은 하지 않는다.

"것"이 비인격체라는 전제를 제외하면 의미적으로 기여하는 바가 없으므로 관계절의 의미가 "것"의 의미와 결합을 하여도 관계절의 의미와 다르지 않으므로 '것'-구의 기본 의미는 관계절이 나타내는 특성이 될 것이다. 이것이 (11a)의 과정을 거치면서 한정성의 의미를 가지게 되고 이것이 계사구의 의미와 결합하는 것이다.

그런데 계사는 다음의 두 가지 의미를 가진다고 할 수 있다.

(31) 〖 -이 〗 = (i) $\lambda w \lambda P \lambda x[P(w)(x)]$; (ii) $\lambda X \lambda Y[X =_{id} Y]$

즉, 뒤에 술어가 오면 (i)의 의미로 해석되면 계사는 아무 의미적 기여 없이 그 앞에 오는 술어의 의미대로 해석된다. 그러나 만약 계사구가 술어가 아니면 (ii)에서처럼 동일성 관계로 해석된다. Sharvit(1999)가 지적하듯이 동일성 문장에서는 X와 Y에 대한 의미적 제약이 없다. X와 Y는 어떤 의미 유형이 되어도 좋다. 계사 앞에 후치사구가 오면 항상 (i)의 의미로 해석되지만, 계사 앞에 논항에 해당하는 표현이 오면 (i)과 (ii) 두 의미로 사용된다. 논항의 예들은 앞으로 논의된다.

3.3. 복수표지의 불허와 종류

논항을 강조하는 강조구문의 "것"이 특히 다른 구문과 비교되는 점은 "것"이 일반적으로 비인격체를 가리킬 때만 사용되지만, 강조구문에서는 '것'-구가 사람을 나타내는 경우에도 사용될 수 있다고 지적되어 왔다. 그런데 아래 예들을 보면 '것'-구가 사람을 나타내는 것 같은 경우 지금까지 논의되면서 고려되지 않은 제약이 있는 것 같다.

(32) ??인호가 만난 것들은 의사이었다.

이것은 "것"이 사람이 아닌 경우와 대조된다.

(33) 인호가 산 것들은 가방이었다.

그리고 "것"을 인격체를 가리키는 "사람"으로 바꾸면 복수표지가 사용될 수 있다.

(34) 인호가 만난 사람들은 의사이었다.

따라서 "들"의 사용은 가리키는 것이 인격체라는 것을 분명히 하는 특징이 있고 이것이 "것"과 양립하지 않게 하는 것이다. 그러면, 복수표지를 사용하지 않은 "것"은 인격체가 아닌 어떤 것을 가리킨다고 가정할 수 있다. 그러면 '것'-구는 무엇을 가리키는 것인가?

Kang(2006)은 "것"이 인격체를 가리키는 것처럼 보이는 것은 "것"이 보문사이기 때문이라고 주장하나 이것은 "것"의 구조적 특성을 무시한 편의적인 분석이라고 할 수 있다. 그러면 "것"이 단수형으로 쓰이면 비인격체 조건을 거스르지 않지만, 복수형이 되면 비인격체 조건을 거스르는 이유는 무엇인가? 이것은 '것'-구가 단수형일 때와 복수형일 때 가리키는 것이 다르다는 것을 의미한다. 그리고 이것을 짐작하게 하는 예는 (3c)에서처럼 역강조구문에서도 사람을 가리킬 수 있는 경우일 것이다. 이 예의 특징은 "되다"라는 술어는 구체적인 개체를 나타내는 명사와 쓰이는 것이 아니라 종류를 나타내는 명사와 쓰이는 것이 일반적이다.

종류를 나타내는 명사는 쉽게 술어로 쓰일 수 있다. Chierchia (1998)에 의하면 국어뿐만 아니라 일본어, 중국어 등에서도 명사의 기본 의미가 종류이고 이로부터 술어의 의미가 무비용으로 도출되는 것으로 가정한다. (2c)의 예로 설명하면, "의사"가 사람을 나타내기는 하지만, 사람 개개인을 나타내는 것이 아니라 의사라는 부류(종류)를 뜻하는 말이고 이것이 (10a)에 제시된 과정을 거치면서 술어로 전환되어 사용될 때는 "것"을 사용하여도 사람을 나타내는 이유로 문장이 이상해지지 않는다. 이것은 사람을 나타내는 표현도 구체적인 개개인 인격체를 나타내는 것이 아니면 "것"을 허용하는 것을 의미한다.

그런데 이런 경우에도 "들"을 사용하면 이상해진다.

(35) a. ??인호와 진호가 되고 싶은 것들은 의사이다.
　　 b. ??그들이 되고 싶은 것들은 의사(들)이다.

이것은 직업으로서 종류가 그 종류에 속하는 개체가 복수라고 해서 복수표지를 붙여서 나타내지는 않는다는 것을 보여주는 것이다. 즉, 국어에서는 복수표지를 사용해서 종류를 나타내지 않는다. 그래서 이런 경우에는 "것" 대신에 일반명사를 사용하여도 마찬가지이다.

(36) ?그들이 되고 싶은 직업들은 의사이다.

단지, "것"을 사용하는 것보다 덜 이상한 것은 일반명사를 사용할 경우 비인격체 조건을 어기지는 않기 때문이다.

이것은 국어에서 종류를 나타내는 표현은 복수를 만들지 않는 것과 관계가 있다.

(37) a. 벨은 {전화기를, ??전화기들을} 발명했다.
　　 b. {감자는, ??감자들은} 앤디스 지역에서 전래되었다.

여기서 "들"을 사용하면 종류 전체를 가리키는 것이 아니라 혹시라도 종류를 나타내야 한다면 하위종류를 나타내는 것으로 이해된다. 따라서 (35)와 (36)에서 '것'-구가 사람으로 이루어진 종류를 나타내는 경우 "들"을 사용하지 못하는 것은 국어의 일반적인 특성에 기인한다.

이것을 다른 인격체를 나타내는 표현이 계사 앞에 나타나는 경우에도 적용할 수 있을 것이다. 즉, '것'-구가 인격체를 가리키는 것 같은 (1c) 예문에서 실제로 '것'-구는 종류를 나타내는 것으로 가정할 수 있을 것이다. 그리고 (32)에서처럼 복수가 되면 복수형은 종류 전체를 나타내는 용법이 없으므로 개체들의 복수를 나타내야 할 것이다. 그리고 계사 앞 "의사"는 그 개체들에 대한 술어로 해석되어야 할 것이다. 그런데 "것"이 인격체 개개인을 나타내므로 비인격체 조건을 어겨서 문장이 이상한 것이다. 이것을 뒷받침하는 증거는 정말로 "의사"가 술어로 쓰이게 해보는 것인데, Higgins(1973)에 의하면 술어로 쓰이면 다른 술어와 연접이 가능하다고 주장한다. 이것을 적용하여 술어 연접이 이루어지면 문장이 마찬가지로 이상해지는 것을 볼 수 있다.

(38) ??인호가 만난 것은 의사이고 나이가 많았다.

여기서 "나이가 많았다"는 술어는 주어가 종류가 아닌 개체를 서술하는 표현인데, 이렇게 술어를 더하면 "것"이 비인격체 제약을 어기는 것이 느껴진다. 따라서 원래의 문장에서 '것'-구가 가리키는 것은 개체가 아니라 종류라고 할 수 있을 것이다. 이것을 보면 '것'-구가 인격체를 가리키는 것 같은 경우 실제로는 인격체를 가리키는 것이 아니라는 증거가 될 수 있다.

이것을 정리하면, (33)에서처럼 계사 앞의 구가 사람을 가리키는 표현이 아니면 '것'-구는 개체를 나타낼 수 있고 계사 앞 구는 그 개체들에 대한 술어로 해석된다. 반면에 (32)에서처럼 계사 앞 구가 사람을 나타내는 경우에는 이것이 종류를 나타내는 것이며, '것'-구와 계사 앞 구가 가리키는 것과 동일성 문장으로 해석되는 것이다. 따라서 '것'-구는 개체를 나타낼 수도 있고 종류를 나타낼 수도 있는 것이다.

(39) a. 강조구문에서의 '것'-구의 의미 2: '것'-구 내의 공백에 대응되는 개체 (계사구가 술어인 경우)

　　 b. 강조구문에서의 '것'-구의 의미 3: '것'-구 내의 공백에 대응되는 종류 (계사구가 술어가 아닌 경우)

그런데 만약 (1c)에서 '것'-구가 가리키는 것이 종류라면 오히려 문제는 '것'-구 내의 술어가 "만나다"이므로 종류가 아닌 개체를 취하는 동사인데 이 조건을 어떻게 만족시키는가이다. 이것은 Chierchia (1998)가 제안하였듯이 종류가 개체술어와 만나면 국부적으로 개체가 소개되는 방식으로 해결된다. 그래서 (1c)의 의미는 다음과 같은 과정을 거친다.

(40) $\iota x_k[\text{met}(e,\text{inho},x_k\ (w))] =_{id} \text{doctor}$

　　 $\Rightarrow \iota x_k \exists x[x \leq x_k(w) \wedge \text{met}(e,\text{inho},x)] =_{id} \text{doctor}_k$

그래서 x는 w에서의 전체 복수합개체 $x_k(w)$의 일부인 x가 도입되고 인호는 그 x를 만난 것이다. 그리고 계사 앞의 구가 사람이 아닌 것을 가리키는 경우에 적용하면 이들 문장은 두 가지 의미가 있다고 할 수 있다. 그래서 (33)은 다음의 두 가지로 해석될 수 있다.

(41) a. $\iota x_k \exists x[x \leq x_k(w^*) \wedge$ bought$(w^*)(e,inho,x)]$ = bag$_k$ (bag$_k$는 종류
   로서의 가방, w^*는 실제세계)

   b. bag$(w^*)(\iota x[$bought$(w^*)(e,inho,x)])$

여기서 첫 의미는 인격체가 강조되는 경우와 마찬가지로 "가방"이 종
류로 해석되고 '것'-구도 종류를 나타내며 둘이 동일시되는 문장으로
이해되는 것이다. 둘째 의미는 "가방"이 술어로 사용되어 주어는 개
체를 나타내고 그 개체에 대하여 서술하는 것이다. "가방"이 술어이
므로 '것'-구가 (33)에서처럼 복수도 가능하고 (42)에서처럼 다른 술
어와 연접이 가능한 것이다.

(42) 인호가 산 것은 가방이었고 매우 비싸보였다.

3.4. 개체개념의 강조

지금까지 계사와 결합하는 것이 종류를 나타낼 수 있고 술어로도
사용될 수 있는 일반명사구가 오는 경우를 설명하였다. 그런데 강조
구문에는 계사 앞에 종류가 아닌 개체를 나타내는 것으로 보이는 고
유명사구가 올 수 있고 개체가 사람인 경우에도 "것"이 사용된다.

(43) 인호가 만난 것은 미나였다.

여기서 "것"이 정말로 개체를 나타낸다면 강조구문에서 "것"이 비인
격체를 가리켜야 한다는 제약에 대한 예외적인 구문임을 받아들여야
할 것이다. 그러나 여기서도 단순히 개체만을 가리켜야 하는 것은 아
닌 것 같다. 다음의 문장에서 "키다리 아저씨"는 단순히 어떤 특정한

사람을 나타내는 것만은 아니다.

(44) 미나가 만난 것은 키다리 아저씨였다.

실제 세계에서 "키다리 아저씨"는 어떤 특정한 사람이겠지만, 그 사람이 미나에게 어떤 사람인가는 그 사람이 누구인가만으로는 포착되지 않는다. 여기서 "키다리 아저씨"는 개체개념(individual concept)이어야 한다. 따라서 이 문장의 의미는 다음과 같이 정의되어야 할 것이다.

(45) $\iota d[\text{met}(w^*)(e,\text{mina},d(w^*))] =_{id} \text{daddy\_long\_legs}$

여기서 d는 개체개념을 값으로 가지는 변수인데, d(w)는 그 개체개념으로서 가능세계 w에서의 개체를 가리키는 것이다. 그래서 위 문장은 결국 미나는 그녀에게 키다리 아저씨가 되는 어떤 사람 d(w)를 만났다는 의미가 된다.

그러면 계사 앞에 고유명사가 온 경우에도 개체개념으로 취급할 수 있는가가 문제인데, 동일성 문장을 다루는 상황에서 고유명사도 개체개념을 가리킨다고 해야 한다. 예를 들어, 다음의 두 문장을 비교하자.

(46) a. 미나는 미나야.
　　 b. 미나는 선아야.

(46a)는 의문의 여지없이 참이지만, (46b)는 그렇지 않다. 만약 각 고유명사가 특정한 개체를 가리킨다면 두 개체가 같으면 가능세계가 어떤 세계든지 관계없이 반드시 같을 것이고 두 개체가 다른 것이라

면 가능세계에 관계없이 반드시 다를 것이다. 그러나 하나는 필연적으로 같고 다른 하나는 우연히 참일 수 있다. 그러려면 각각의 이름이 모든 가능세계에 대하여 별도로 정의되어야 하고 그 값이 어떤 가능세계에서는 같고 어떤 가능세계에서는 달라야 한다. 그리고 (46b)를 주장하는 것은 우리가 사는 세계가 미나와 선아가 같은 사람인 세계에 사는 것이라고 주장하는 것이다. 즉, 위 문장은 다음과 같은 상황을 나타낸다.

(47) a. 〖 미나 〗 = {⟨w1, a⟩, ⟨w2, b⟩, ⟨w3, e⟩, ⟨w4, c⟩, …}

   〖 선아 〗 = {⟨w1, e⟩, ⟨w2, b⟩, ⟨w3, f⟩, ⟨w4, d⟩, …}

b. 〖 미나는 미나이 〗^{w1} = 1 iff 〖 미나 〗^{w1} =id 〖 미나 〗^{w1} iff a =$_{id}$ a

   〖 미나는 미나이 〗^{w2} = 1 iff 〖 미나 〗^{w2} =id 〖 미나 〗^{w2} iff b =$_{id}$ b

   …

c. 〖 미나는 선아이 〗^{w1} = 1 iff 〖 미나 〗^{w1} =id 〖 선아 〗^{w1} iff a =$_{id}$ e

   〖 미나는 선아이 〗^{w2} = 1 iff 〖 미나 〗^{w2} =id 〖 선아 〗^{w2} iff b =$_{id}$ b

   …

(47a)에 "미나"와 "선아"의 의미가 주어져 있다. (47b)에서처럼 "미나는 미나"라고 하면 어떤 세계에 대하여 해석해도 항상 참인 결과가 생긴다. 따라서 필연적으로 참인 문장이라는 것을 알 수 있다. 그러나 (47c)에서는 어떤 세계에 따라 해석하느냐에 따라 참이 될 수도 있고 거짓이 될 수도 있다. w1에서는 미니와 선아는 다른 사람이라서 거짓

이지만 w2에서는 같은 b를 가리켜 참이 된다. 그래서 우연적인 문장으로 이해되는 것이다.

따라서 고유명사도 개체개념을 나타내는 것으로 가정할 수 있고 개체개념을 도입하여 (43)을 해석하면 그 의미를 다음과 같이 나타낼 수 있다.

(48) 인호가 만난 것은 미나이다.
ιd[meet(w)(d(w))(inho)] =$_{id}$ λw.mina(w)

개체개념도 종류와 마찬가지로 구체적인 사람이 아니라, 모든 세계에 대하여 정의된 추상적인 개념이다. 따라서 '것'-구는 종류뿐만 아니라 개체개념을 가리킬 수도 있다는 결론을 내릴 수 있다.

(49) 강조구문에서의 '것'-구의 의미 4: '것'-구 내의 공백에 대응되는 개체
    개념

따라서 이것을 "것"으로 가리키는 것이 문제가 되지 않는 것이라고 할 수 있다. 따라서 "것"은 인격체 개체를 가리키지 않는다는 주장을 유지할 수 있다.

지금까지 '것'-구가 인격체를 가리키는 경우에도 문제가 없는 것으로 보이는 것은 사실은 종류나 개체개념을 가리키기 때문이라고 하였는데, 이 둘은 모든 가능세계 모든 시간에 대하여 정의되는 것이기 때문에 두 종류가 같다든지 두 개체개념이 같다는 주장은 어떤 특정한 시점에 적용되는 것은 아니다. 따라서 시제에 영향을 미치지 않을 것이다. 반면에, 계사구가 어떤 개체의 술어로 사용되면 주어가 구체적인 개체들이어야 하고 개체와 술어가 나타내는 관계는 시간적 제

약을 받기 때문에 시제 상의 제약을 보일 것이라는 기대를 할 수 있다. 이것이 실제로 관찰된다. 다음 문장들에서 미나가 어제 만나거나 산 것들을 보았고 그 이후에는 보지 않았다고 가정하자. 이때 '것'-구가 개념을 나타낸다고 가정해야 하는 경우에는 과거시제 "었"을 선택적으로 사용하지만, 복수표지가 붙거나 계사구가 다른 동사구와 연접이 일어나면 과거시제가 반드시 나타나야 한다.

(50) 미나가 어제 만난 것은 학생이(었)다.
(51) a. 미나가 어제 산 것은 가방이(었)다.
     b. 미나가 어제 산 것들은 가방이??(었)다.
     c. 미나가 어제 산 것은 가방이??(었)고 매우 비싸보{??인, 였}다.

복수표지가 붙거나 술어 연접이 있으면 계사구가 술어적으로 사용된 것이고 시제상의 제약이 생기는 반면에, 이와 같은 것이 없으면 '것'-구가 시간 상의 제약이 없는 것을 가리키게 되고 과거시제표지가 나타나지 않아도 되는 것이다. 여기서 과거형을 사용하는 것은 주제시 (topic time)가 언제냐에 따라 결정되는 것이지 종속절의 시제에 의존하는 것은 아니다.

3.5. 주어의 연접

Kim & Sells(2007)는 강조구문의 주어인 '것'-구가 인격체를 가리킬 때는 "(ㄱ)나"로 연접될 수도 없다고 지적하였다. 그러나 어떤 설명을 제시하고 있지는 않다. 이 장의 분석을 여기에도 적용할 수 있다. 일반적으로 계사구가 술어적이면 두 개의 '것'-구가 연접을 이루어도 문제가 없다.

(52) 인호가 산 것과 진호가 산 것은 (둘 다) 가방이었고 비싸보였다.

반면에 '것'-구가 사람을 나타낼 때에는 그렇지 않다.

(53) ??인호가 만난 것과 진호가 만난 것은 학생이다.

이것은 '것'-구가 사람을 나타내는 경우 복수표지를 사용하지 못하는 것과 유사하다. '것'-구가 사람을 나타내는 경우 계사구 앞의 구는 술어적으로 사용될 수 없고 동일성 문장으로 해석되어야 한다. 그런데 이 문장이 이상한 것은 '것'-구가 연접을 이루면 술어적으로 해석되는 것을 요구하기 때문이다. 그래서 실제로 "것"을 "사람"으로 바꾸면 문장이 좋아진다.

(54) 인호가 만난 사람과 진호가 만난 사람은 학생이다.

따라서 문제의 핵심은 '것'-구가 인격체를 나타내는 것이고, '것'-구가 연접이 되면 왜 개념이 아닌 개체를 나타내는가에 대하여 답해야 한다.
　　답은 동일성 문장의 일반적인 특징에서 찾을 수 있을 것이다. '것'-구가 아니더라도 동일성 문장에서 주어가 "(ㄱ)-나"로 연접이 되는 것을 허용하지 않는다.

(55) a. 인호와 진호는 학생이다.
　　　b. ??인호와 진호가 창수이다.

(55a)에서는 "학생"이 술어로 사용될 수 있는 표현이고 이때는 "인호"와 "진호"가 연접되어도 문제가 없다. 이것은 "학생"이 술어로 사용되

는 것으로 볼 수 있다. 반면에 계사 앞에 고유명사가 올 때는 술어로 해석할 수는 없고 동일성 문장으로 해석해야 하는데, 이 문장이 동일성 문장이 되는 유일한 방법은 연접구조가 배분적으로 해석되어야 한다. 그러나 "(ㄱ)과"는 기본적으로 배분적 해석을 허용하지 않는 것으로 보인다. 이것을 "도"와 비교할 수 있다. "도"는 기본적으로 배분적으로 해석되고, 그래서 강조구문에서 '것'-구가 인격체를 나타내는 경우에도 사용된다.

(56) a. 인호도 진호도 (모두) 창수다.

b. 인호가 만난 것도 진호가 만난 것도 학생이다.

그래서 억지로 group을 형성하도록 하면 "도"를 쓰는 문장이 이상해지고, "(ㄱ)과"를 쓰는 문장은 문법적이다.

(57) a. 인호도 창수도 그 돌을 (??함께) 들었다.

(= 인호도 그 돌을 들었고, 창수도 그 돌을 들었다.)

b. 인호와 창수가 그 돌을 (함께) 들었다.

"도"가 group 해석을 받지 않는 것은 "도"가 두 개체를 합친 복수개체를 형성하지 않는다는 것을 의미한다. 이와 대비해서 "과"는 group 해석을 허용하고 이것은 복수개체를 형성한다는 것을 의미한다. 이것은 복수표지 "들"을 사용하는 것과 같이 "(ㄱ)과"는 복수개체를 만드는 것이다. 따라서 그 복수개체는 복수개체를 취하는 술어와 함께 쓰여야 하는 것이다. 이러한 설명은 '것'-구가 인격체를 가리켜야 하는 경우 왜 "(ㄱ)과"로 연접구조를 이루지 않는지를 설명하게 해준다. "(ㄱ)과"로 연결된 연접구조는 개념이 아니라 복수개체를 나타내야 하고 개체수

준에서 "것"이 인격체를 가리키는 것은 허용되지 않기 때문이다.

물론 "(ㄱ)나"가 개체만 복수로 만드는 것은 아니다. 앞에서 '것'-구가 종류로서 직업을 나타내는 경우를 보았는데, 이런 경우 '것'-구가 "(ㄱ)나"로 연접되면, 두 개의 직업을 말하게 되므로 하나의 직업인 "의사"와 동일성 문장이 될 수 없다.

(58) a. ?인호가 되고 싶은 것과 창수가 되고 싶은 것은 의사였다.
b. 인호가 되고 싶은 것도 창수가 되고 싶은 것도 의사였다.

(58a)에서 "의사"가 술어가 될 수도 없다. 왜냐하면 의사는 원하는 직업 중에서는 특정한 직업이기 때문이다. 따라서 동일성 문장으로 해석되어야 한다. 만약, "(ㄱ)나"로 연접된 두 '것'-구가 배분적으로 해석된다면 두 개의 동일성문장이 연접된 것으로 볼 수 있다. 따라서 이 문장이 이상할 이유가 없는 것이다. 문장이 이상한 것은 연접구조가 동일성 문장에서 배분적 해석을 잘 허용하지 않는 것을 의미한다. 반면에 (58b)에서는 "도"가 배분적으로 해석되어 두 개의 동일성 문장으로 이해되므로 문장이 좋은 것이다.

4. 지시성 위계와 역강조구문

지금까지 '것'-구가 사람을 나타내는 경우 강조구문은 동일성 문장이라고 하였는데 한 가지 더 설명되어야 하는 것은 이 경우 역강조구문이 이상해지는 것이다.

(59) ??미나는 인호가 만난 것이다. (= (3a))

비교: 인호가 만난 것은 미나이다.

이 문장이 아주 이상하게 느껴지는 것은 사람을 "것"으로 표현한 것이다. 이것은 역강조구문에서는 "것"이 개체의 특성을 나타내는 것을 시사한다. 그러면 왜 이것이 동일성 문장으로 해석되지 않는가를 설명해야 할 것이다.

Heller(2005)에 의하면 강조구문의 한 특징으로 전제부, 즉 본 논문에서의 '것'-구보다 계사 앞 명사구가 지시성(referentiality)이 높아야 한다는 일반적 제약을 제안하고 있다.

(60) 지시성 위계(referential hierarchy)

고유명사 〉 보통명사한정기술 〉 불완전명사한정기술 〉 자유관계절

강조구문에서의 '것'-구는 불완전명사한정기술에 속한다고 할 수 있다. 그리고 강조구문에서는 계사와 같이 쓰이는 명사구가 지시성 위계에서 더 높아야 하는 제약을 가지는 것이라는 관찰을 한다. 그래서 영어에서 (61b)가 정상적인 문장이고 (61a)는 특별한 억양을 가진다고 지적하였다.

(61) a. Dan is my next-door neighbor.

　　b. My next-door neighbor is Dan.

(61b)가 전형적인 어순임을 보여주는 것이고, 전형적인 어순이 아니면 계사가 이루는 구가 술어로 사용되는 것을 Higgins(1973)의 시험 방법을 사용하여 보여주고 있다.

(62) a. Dan is my next-door neighbor and is Italian.

    b. Dan is my next-door neighbor and Bill is too.

    c. Dan is my next-door neighbor and Bill ... my hairdresser.

(63) a. *My next-door neighbor is Dan and is Italian.

    b. *My next-door neighbor is Dan and my hairdresser is too.

    c. *My next-door neighbor is Dan and my hairdresser ... Bill.

이것은 전형적인 동일성 문장의 어순이 아닌 경우 계사구가 술어적 성격을 지녀 다른 술어와 연접구조를 이룰 수 있는데 반해서 전형적인 동일성 문장의 어순이 되면 그렇지 않음을 보여주고 있다.

이를 국어자료에 적용하면, '것'-구가 주어로 쓰이지 않고 계사와 함께 쓰이면 이것은 술어적으로 쓰여야 하고, 술어로 쓰이는 "것"은 비인격체의 개체에만 적용되어야 하는 것이다. 술어적으로 사용된다는 것을 술어의 연접을 통하여 확인할 수 있다.

(64) a. 의사는 인호가 되고 싶은 것이고 장래가 유망한 직업이다.

    b. 이 사진은 인호가 찍은 것이고 이번 사진전에 출품할 것이다.

(3b)는 "의사"가 사람을 나타내지만 직업 중의 하나로 나오는 것이라서 인격체를 가리키는 것이 아니므로 허용되는데 (64a)에서처럼 술어로서 연접이 가능한 것을 확인할 수 있다. (64b)에서도 '것'-구의 연접을 통하여 술어적으로 사용되었다는 것을 확인할 수 있다. 역강조구문에서 '것'-구가 술어적으로 쓰이므로 (3a, c)에서처럼 주어가 인격체이면 모두 문장이 이상한 것이다.

5. 결론

지금까지 강조구문에서 '것'-구가 사람을 나타낼 수 있다는 점에서 아주 예외적인 구문으로 지적되어 왔다. 하지만, 이 장에서는 강조구문에서의 '것'-구도 인격체를 가리키지 않음을 보여주었다. 겉으로 보기에 사람을 가리키는 것 같은 구문들에서 실제로 '것'-구가 가리키는 것은 각 가능세계에 실제로 사는 인격체가 아니라 모든 가능세계에 정의되는 추상적 개념들이라는 것을 보였다. 추상적인 개념은 종류 혹은 특성이 무생물로 취급되는 것과 동일하게 인격체가 아닌 것이다. 이런 점에서 1절에서 제기한 문제에서 우리는 가설 2를 유지하며 좀 더 단순한 문법을 가정할 수 있다. 만약 "것"이 정말로 인격체를 가리키려면 구체적인 세상에 존재하는 인격적인 개체들을 가리켜야 한다. 그리고 강조구문에서 '것'-구가 구체적인 개체를 가리키려면 계사 앞에 오는 표현이 술어여야 하는데, '것'-구가 사람을 나타낼 경우에는 항상 동일성 문장으로만 해석된다.

△▼ 참고문헌 ▼△

양정석(2008), 「한국어 시간요소들의 형태통사론」, 『언어』 33(4), 693-722.

Chierchia, Gennaro (1998), "Reference to kinds across languages", *Natural Language Semantics* 6, 339-405.

Cho, Sungdai, John Whitman, & Yuko Yanagida (2008), "Clefts in Japanese and Korean", *Paper presented at CLS* 44, Chicago.

Heller, Daphna (2005), "Identity and information: semantic and pragmatic aspects of specificational sentences", Ph.D. dissertation, Rutgers University.

Higgins, F. Roger (1973), "The Pseudocleft Construction in English", Ph.D. dissertation, MIT, Cambridge, MA.

Hiraiwa, Ken & Shinichiro Ishihara (2002), "Cleft, Sluicing and 'No da' Construction in Japanese", In *MIT Working Papers in Linguistics* Vol. 43, Cambridge, Mass., 35-54.

Jacobson, Pauline (1994), "Binding Connectivity in Copular Sentences", in M. Harvey and L. Santelmann (eds.), *Proceedings of SALT IV*, Cornell University, Ithaca, 161-178.

Jhang, Sea-Eun (1995), *Headed nominalizations in Korean: Relative clauses, clefts, and comparatives*, Seoul: Hankwuk Publishers.

Kang, Bosook (2006), "Some peculiarities of Korean kes cleft constructions", *Studia Linguistica* 60, 251-281.

Kim, Jong-Bok, & Peter Sells (2007), "Some remarks on korean nominalizer kes and information structure", *Studies in Generative Grammar* 17, 479-494.

Klein, Wolfgang (1994), *Time in Language*, London: Routledge.

Koizumi, M. (2000), "String vacuous overt verb raising", *Journal of East Asian Linguistics* 9, 227-285.

Na, Younghee & Jeoffrey Huck (1993), "On the state of certain island violations in Korean", *Linguistics and Philosophy* 16, 181-229.

Partee, Barbara H. (1986), "Noun phrase interpretation and type-shifting principles", In J. Groenendijk, D. de Jongh and M. Stokhof, (eds.), *Studies in Discourse Representation Theory and the Theory of Generalized Quantifiers*, Dor- drecht: Foris, 115-143.

Sharvit, Yael (1997), "The syntax and Semantics of Functional Relative Clauses", Ph.D. dissertation, Rutgers University.

11. '것'-분열문 주어의 상위언어적 의미

위혜경

1. 서론

10장은 한국어의 의존명사인 '-것'의 의미에 대한 연구로서, 특히 다음 예문과 같이 '것'-분열절의 의미적 기능에 집중하고자 한다. 우선, (1a, b)와 (2a, b)의 문법성을 비교해 보자.

(1) a. (민수가 어제 어떤 여자를 만났는데,) 민수가 어제 만난 게 김선생님이다.

  b. (민수가 어제 어떤 여자를 만났는데,) 민수가 어제 만난 게 바로 저 화가이다.

(2) a. (민수가 어제 어떤 여자를 만났는데,) *민수가 어제 만난 게 굉장히 예쁘다.

  b. (민수가 어떤 여자와 사귀는데,) *민수가 사귀는 게 화가이다.1)

---

1) (1)의 예문들을 -게라는 축약 표현이 아닌 축약 이전 표현인 *것이*로 (1a')과 같이 바꿀 경우 그 문법성이 더 나빠진다는 의견을 한 심사자가 제시하였다.
  (1a') 민수가 어제 만난 *것이* 김선생님이다.

320

(1)과 (2)의 밑줄 친 주어는 공통적으로 -것을 핵으로 갖는 절로 이루어져 있다. 이 주어들은 선행절에 나타난 명사구 어떤 여자를 지시하는 것으로 해석이 가능하다. 그러나 두 경우 문법성은 서로 대조를 보인다. (2a, b)는 비문인데, 이 비문법성은 주어와 서술어 간의 생물성(animacy)의 불일치로 인한 비문법성으로서 다음과 같이 것을 일반명사로 바꾸게 되면 수용 가능한 문장이 된다.

(2') a. 민수가 어떤 여자를 만났는데, 민수가 만난 여자가 굉장히 예쁘다.
b. 민수가 어떤 여자와 사귀는데, 민수가 사귀는 여자가 화가이다.[2]

(1-2)의 주어는 모두 -것이라는 공통 형태소를 가지고 있다. -것은 의존명사로서 i) 사물, 일, 현상 따위를 추상적으로 이르는 말, ii) 사람을 낮추어 이르거나 동물을 이르는 말, iii) 그 사람의 소유물임을 나타내는 말이라는 세 가지 사전적 의미를 가지고 있다. 이러한 사전적 의미를 고려하면 (1-2)의 주어인 민수가 만난 게는 -것이라는 의존명사가 핵으로서 전체 주어는 무생물이나 사람을 낮추어 부르는 의미를 가져야 할 것이다. 따라서 (2)의 문장에서는 선행절의 그 여자를 받는 주어로서 예쁘과 화가인이라는 술어로 이루어진 절의 주어에 -것을 허락하지 않는다. 이는 사전적 의미 (i-iii) 중 어디에도 해당이 되지 않기 때문에 선행사의 의미를 고려할 때 그 어떤 여자를 특별히 비하하는 목적으로 쓰인 게 아니라면 일반적인 문맥에서 (2)의 비문법성은 당연한 결과이다. 그런데 (1a)의 경우는 (2)와 마찬가지로 선행사로 그 어떤 여자를 의미하고 또한 술어인 김선생님이다는 주어를

---

2) 물론 (1)의 문장들도 다음과 같이 -것 대신 일반명사 여자로 바꾸어도 당연히 정문이다.
(1') a. 민수가 어떤 여자를 만났는데, 민수가 만난 여자가 김선생님이다.
b. 민수가 어떤 여자를 만났는데, 민수가 만난 여자가 바로 저 화가이다.

낮추어 부를 수 없는 의미가 확실함에도 불구하고 '것'-절을 무난히 주어로 가지고 있다.

위의 두 경우의 문법성의 차이가 어디에서 연유하는지를 밝히는 것이 이 장의 목적이다. 결론부터 말하자면, 두 경우의 차이는 *것*의 담화적 의미의 차이에 기인함을 주장하고자 한다. 즉, (i) 온톨로지(ontology)에 실재하는 개체를 지칭하는 지시적(denotation) *것*, 'the one'의 의미와 (ii) 담화지시체(discourse referent)를 지칭하는 상위언어적 *것*의 의미의 두 가지 경우로서 (1)은 후자에 해당되고, (2)는 전자의 의미에 해당됨을 보이고자 한다.

2절에서는 두 경우의 술어(predicate)와 전체 문장의 의미 유형적(semantic type) 차이에 대하여 논하고, 3절에서는 (1)의 주절은 상위언어적(meta-linguistic) 의미를 갖는 담화지시체이고 (2)의 주절은 담화 모형 혹은 온톨로지에 실재하는 일반적인 개체(individual)를 지시하는 의미라는 분석을 제안한다. 4절에서는 상위언어적 지시의 의미에 대한 추가적인 근거로써 분열문의 주절뿐만 아니라 대용어 그것도 같은 상위언어적 지시로 해석 가능함을 보인다. 5절은 결론으로 이루어진다.

2. 의미 유형별 차이

먼저 (1)과 (2)의 문장의 주어와 술어의 차이에 대하여 각각 알아보도록 하겠다.

2.1. 개체 유형(e type)과 속성 유형(et type)

첫째, (1)과 (2)의 의미적 차이는 술어의 유형에서 발견된다.

(1)의 주어 '것'-절에 대한 술어 부분, *김선생님*과 *저 화가*의 의미 유형과 (2)의 *예쁘다*, *화가이다*라는 의미 유형은 차이가 있다. 먼저 (1a)의 *김선생님*은 고유명사(proper noun)이고 (1b)의 *저 화가*는 한정명사(definite noun)이다. 이 두 가지 명사들은 의미적으로 개체 유형(e type)의 의미를 지닌다.

반면, (2a)의 술어에 해당하는 *예쁘다*는 형용사로서 속성 유형(et type)인 자질을 의미하고, *화가이다*의 *화가*는 명사이지만 (1b)와 달리 주어의 직업을 뜻하며 'a painter'의 의미를 갖는 비한정명사(indefinite noun)이다. 따라서 역시 속성 유형인 자질의 의미를 갖는다. 즉, (1)과 (2)의 차이는 '것'-주어에 대하여 개체 유형의 술어를 갖는지 속성 유형의 술어를 갖는지에 따라 그 문법성이 갈리고 있다. (1)과 같은 개체 유형의 술어는 (비하의 의미를 갖지 않는) 인물을 지칭함에도 불구하고 사물을 뜻하는 '것'-절(clause)을 주어로 취하는 것이 가능하지만, (2)와 같은 속성 유형의 술어는 인물을 묘사하는 경우 비하의 의도가 없이는 '것'-절을 주어로 취할 수 없어 다음과 같은 일반화가 가능하다.

(3) a. '것'-주어(인물) + 개체 유형
    b. *'것'-주어(인물) + 속성 유형

그렇다면, 왜 술어가 e-유형일 때 '것'-주어가 가능하고, et-유형일 때는 불가능할까? 그 이유는 3절에서 논하기로 하고 다음 소절에서는 (1)과 (2)의 두 번째 의미적 차이를 살펴보자.

2.2. 분열절과 관계절

(1)은 술어가 개체 유형이고 (2)는 술어가 속성 유형임을 2.1.에서

살펴보았다. 이번에는 (1)과 (2)의 주어 포함 절 전체의 의미의 차이를 알아보자. (1)은 주어 개체와 술어 개체 간의 동일성의 서술을 통한 주어 개체에 대한 정체확인(identification)의 의미로 해석이 된다. 이는 일반적인 한국어의 '것'-분열문의 의미로서 영어의 *it*-분열절이나 자유관계대명사(free relative)에 상응하는 의미를 갖는다(E Kiss 1998; Reeve 2010; Barros 2012; 위혜경 2015b 등 참조). 한국어든 영어든 분열절의 의미적 기능 중 하나는 존재 전제를 갖는 개체와 술어에 나타난 개체 간의 등가(equative) 서술을 하는 것이다. (4)의 경우 'John이 파티에서 만난 사람들=Mary와 Sue'라는 의미를 갖는다.

(4) It was Mary and Sue that John met at the party last night.

또한 이 분열절은 다음과 같은 두 가지 전제(presupposition)의 의미를 갖는다.

(5) a. $\exists x$ (john met x at the party)
     b. $\nexists y$ (x$\neq$y $\wedge$ John met y at the party)

(5a)는 존이 파티에서 누군가를 만났다는 존재(existential)의 의미이고 (5b)는 존이 만난 누군가는 x 이외에는 없다는 전체성/총망라성(exhaustivity)의 의미이다. 그리고 이 두 의미는 일반적으로 분열문의 전제 의미(presupposition)로 Horn(1981), E Kiss(1998), Velleman et al.(2012), Buring & Križ(2013) 등 많은 의미론 학자들에게 받아들여지고 있다. (1)의 한국어 분열문도 영어의 분열문과 같이 두 가지 전제 의미를 만족시킨다. (6a)와 같은 존재 전제의 의미와 (6b)와 같은 전체성의 전제 의미를 갖는다.

(6) a. 민수가 누군가를 만났다.

   b. 김선생님이 민수가 만난 사람 전체이다.

다음의 (1′)의 비문법성/비적정성(infelicity)을 통해서 (6a)가 (1a)의 존재 전제의 의미라는 사실을 알 수 있다. 또한, (1″)의 비문법성/비적 정성을 통해서 계사구에 나열된 항목들은 '것'-절을 만족시키는 목록 전체여야 한다는 전체성의 전제도 만족시켜야 한다는 사실을 알 수 있다.

(1′) #민수가 누군가를 만났는지 안 만났는지 모르겠지만, 민수가 만난 게 김선생이다.

(1″) #민수가 누구누구를 만났는지 다는 모르겠지만, 민수가 어제 만난 게 김선생이다.

따라서 (1)의 문장들은 (i) (6a, b)와 같은 전제의미를 지니고, (ii) '것'-주어의 정체를 확인시키는 의미구조로 이루어져 있다는 점에서 분열문이라고 할 수 있다.

반면, (2)의 문장은 존재 전제의 의미는 있지만, 전체성의 의미는 나타나지 않는다. 즉, *민수가 만난 게*라는 주어는 민수가 누군가를 만 났다는 존재 전제는 가지고 있지만, 술어에 나타나는 *예쁘다*라는 속 성은 주어가 가지는 전체 속성의 나열이라고 보기 어렵다. (2)는 비문 이기 때문에 그것에 상응하는 정문인 (2a′)의 문장을 통해 고려해 보 면, 다음과 같이 주어진 속성에 추가적인 속성을 덧붙여도 의미에 지 장을 주지 않는다.

(2″) a. 민수가 만난 여자는 예쁘다. 그리고 또 현명하다.

b. 민수가 만난 여자는 화가이다. 그리고 작가이기도 하다.

(2)는 (1)과 달리 정체확인(identification)의 의미를 갖지도 않고, 또한 분열문의 의미 중 하나인 전체성의 의미를 갖지도 않는다. 그러한 점에서 (2)의 문장은 분열문이 아니라 다음 예문들과 같이 일반적인 주어와 속성 술어로 이루어진 문장이라고 할 수 있다.

(7) a. 수미는 예쁘다. 그리고 현명하다.
     b. 수미는 화가이다. 그리고 작가이기도 하다.

따라서 (2)의 '것'-주어는 (1)의 '것'-분열절의 의미로 해석이 불가하고, 일반적은 사물을 대용하는 의미를 가져야 한다. 그러므로 이는 사람을 묘사하는 의미의 속성술어와 의미 부조화를 유발시킨다. 이것이 (2)가 의미적 비문인 이유이다.

종합하면, (1)은 분열문의 의미기능인 '정체확인' 기능과 두 가지 전제 의미인 '존재 전제'와 '전체성 전제'의 두 가지 조건을 만족시키는 분열문이고, (2)는 분열문이 아닌 일반적인 서술문이라는 차이가 있다. 이러한 차이가 (1)의 '것'-주어는 가능하게 하고, (2)의 '것'-주어는 허용하지 않는다. 물론 (2')는 속성 술어를 허용하는데 이는 것이 앞의 물건 *넥타이*로 해석되기 때문이다.

(2') 어제 민수와 영수가 넥타이를 샀는데, 민수가 산 게 무척 예쁘다.

그렇다면, 이렇게 (1)과 같은 '것'-분열절의 *것*과 (2')의 *것*의 차이는 어디에서 연유하는 것일까? 이에 대한 설명을 다음 절에서 제안해 보겠다.

3. 상위언어적 담화지시체
(meta-linguistic discourse referent)

(1)의 '것'-분열문에서는 왜 '것'-분열절과 선생님 같은 존칭의 대상의 주술관계가 무난히 성립될 수 있을까? '사건'을 의미하지도 않고 비하의 의미도 없으므로 -*것*은 무생물이어야 하고 *김선생님*이나 *저 화자*와 같은 개체는 사물이 아니기 때문에, 사물=사람의 의미가 발생하게 되고 이것은 적어도 의미적 화용적 비문이어야 한다. 그렇지만 이미 논의했듯이 (1)에서 이 조합은 아무런 문제가 없다. 우선 이에 대한 Kim & Sells(2008)의 설명을 검토해 보겠다.

3.1. 지시성(referentiality)

분열절을 이끄는 *것*의 의미에 대해서 Kim & Sells(2008)는 비지시적(non-referential) 기능을 한다고 주장한다.

(8) a. *수미가 존이 만난 것이다.
     b. 이 책이 존이 산 것이다.3)
(9) a. 존이 만난 것은 수미이다.
     b. 존이 산 것은 이 책이다.

---

3) Higgins(1973)에 의하면 영어의 경우 다음과 같은 *wh*-구문은 계사를 중심으로 도치가 가능하다고 한다. 이 점에 대한 두 언어 간의 차이에 대하여는 후속 연구가 필요한 주제라고 할 수 있다. 이 구문에 대한 분석 방법의 한 가지로 Moltman(2013) 참조 바람.

(8') a. What John saw is Mary. b. Mary is what John saw.

(8)의 두 문장의 '것'-절은 (9)의 두 문장에는 발생하지 않는 문법성의 대조가 발생하는데 그 이유에 대하여 Kim & Sells는 두 경우의 것의 지시성 차이 때문이라고 주장한다. (8)은 지시적(referential) 의미를 지니지만 (9)는 비지시적(non-referential)이라는 주장이다. 이 차이가 생물성(animacy) 불일치에 의해 생겨난 비문 발생 여부도 설명한다는 것이다. 만약에 '것'-절이 생물성 조건을 준수한다면 지시적인 의미이고, 그렇지 않은 경우는 비지시적인 의미라는 주장이다. 따라서 (8)의 것은 지시적 의미이기 때문에 생물성 조건을 준수해야 하는데 그렇지 못해 비문이 되고, (9)와 같은 분열문의 주어에 발생하는 '것'-절은 비지시적인 표현이기 때문에 생물성 조건을 준수하지 않아도 된다는 설명이다.

비지시적이라는 성질은 담화 모형에 존재하는 어떤 개체도 지칭하지 않아야 되는데 그렇다면 무슨 의미를 지닌다는 것일까. 지시적의 반대 개념은 보통 허사(expletive)를 의미하지만 '것'-분열절의 것이 의미적으로 아무런 내용을 가지지 않는 허사라고 보기는 어렵다. 영어의 *it*-분열절에서 it은 허사로 분석하는 경우가 종종 있으나(Reeve 2010; Barros 2014 등) it과 *that*-절을 합해서는 하나의 한정 표현(definite description)으로 분석하는 방식이 보편적이며, 자유관계대명사(free relative)의 의미에 대해서도 일반적으로 같은 분석이 이루어지고 있다 (Rullman 1995). 그런 의미에서 한국어 분열문의 '것'-절도 영어와 같이 일종의 한정 표현의 성격을 지니고 있다. 주어에 나타나는 한정 표현은 개체를 지시하는 지시적(referential) 표현이다.4)

따라서 '것'-분열절을 비지시적이라고 주장하기는 어려워 보인다.

---

4) 술부에 발생하는 속성적 유형의 한정 표현의 경우에는 존재 전제를 유발하지 않고 개체 유형이 아닌 속성 유형으로 해석이 가능하다. 그러나 주어에 있는 한정 표현은 존재 전제를 유발하는 개체 유형이다(Barros 2014).

또한 Kim & Sells는 다음과 같이 후치사구 초점과 함께 발생하는 분열문의 주어도 비지시적이라고 주장한다.

(10) 미나가 그 책을 산 것은 LA에서이다.

그러나 이 주장에도 동의하기 어렵다. 이 분열절은 *미나가 책을 산* 사건을 의미하고 초점(pivot)에서는 그 사건의 장소(location)를 명시하며 주어인 사건에 대한 서술(predication)을 하는 구조이다. 위혜경(2015a)는 분열문의 초점의 후치사 발생여부에 따라 '것'-분열절의 의미가 '일반 개체 지시'와 '사건 개체 지시'로 분류되어야 함을 주장한 바 있다. (10)과 같이 장소 등을 표시하는 후치사와 함께 발생하는 초점은 의미적으로 그에 부합하는 주어의 의미를 가져야 한다. 즉, LA에서라는 장소는 미나가 그 책을 산 '사건'이 발생한 장소다. 따라서 '것'-주어절은 사건을 지시하는 의미를 가져야 술어와의 의미 결합이 가능하다. 결론적으로 (10)와 같은 분열문의 '것'-주어는 사건(event) 개체를 지시하는 지시적 표현이다.

한편, (1a, b)와 같이 후치사 없이 발생하는 초점의 분열절 주어는 그 분열절에서 명시되지 않은 논항을 지시한다. 위혜경(2015a)에서는 "분열문의 주어인 '것'-분열절(cleft clause)은 '의미적' 필수 논항(argument)이 누락된 경우 그 논항에 해당하는 일반 '개체'(e type)를 지칭하고, 초점은 분열절과 같은 '개체' 타입으로서, 분열문 전체는 '등가문'(XP=YP)의 의미를 갖는다."고 주장하며 다음과 같은 일반화를 제안한다.

(11) 무후치사 분열문의 의미
   a. '것'-분열절(cleft clause)의 의미 유형: 논항 개체 유형(individual type)
      - 비명시된 의미적 필수 논항 지시

b. 초점(pivot)의 의미 유형: 개체 유형(e type)
   - 분열문 전체 의미: XP분열절=YP초점의 등가절(equative clause)

즉, (1a)의 '것'-분열절에는 만난다는 사건의 대상(theme)에 해당하는 논항이 명시되지 않아 그 '것'-분열절이 논항에 해당하는 개체를 지시하는 의미를 갖는다. 그리고 초점에 발생하는 개체는 그 대상 논항의 정체를 밝혀주기 위해 '대상 논항 개체'와 '초점 개체' 간의 등가 서술을 발생시킨다. 이때 초점과 함께 발생하는 계사 - 이의 의미는 두 개의 항을 취해 등식을 표현하는 2항술어의 의미를 갖는다. 즉, (1a)의 의미는 (1'a)과 같은 의미를 발생시킨다.

(1'a) 민수가 만난 사건의 대상(THEME) 논항=김선생님

한편 후치사 초점과 발생한 (10)의 '것'-주어절은 행위자(agent)와 대상자(theme)의 모든 논항이 포화(saturate)된 미나가 책을 산 '사건(event)'을 지시하며, 그 사건의 장소를 서술해 주는 술어적(predicate) 표현이 전체 문장의 의미이다. 이때의 계사 - 이의 의미는 일반적인 영어 서술문의 계사(copula)처럼 의미적으로 공백(semantically vacuous)으로 아무런 의미를 갖지 않는다.[5] (10)의 의미는 일차술어 논리식으로 대략적으로 표현하면 (15')과 같다.

(15') in_LA(e), where ∃e(meet(e), agent(e)=mina, theme(e)=the_book)

그래서 (1)의 전체 문장은 등가절(equative clause)을 (10)은 사건 개

---

5) 한국어 계사의 용법에 관한 자세한 논의는 위혜경(2015b)를 참조 바람.

체에 대한 처소를 서술해 주는 서술절(predicative clause)을 형성한다.6)

결론적으로, Kim & Sells의 주장과 달리 (10)의 '것'-절도 역시 비지시적 용법이라고 볼 수 없고 '사건'(event e)을 지시하는 지시적 표현이라고 봐야 한다. 즉, '것'-분열절은 명사든 사건이든 개체를 지시(denote)하는 지시적(referential) 표현이어야 한다. 그렇다면, 문제는 이것이 생물성 조건을 위배할 수 있는 이유가 무엇인가이다. 즉, 같은 지시체인데 (1a, b)에서는 주어로 가능하고 (2a, b)에서는 불가능한 이유를 설명해야 한다. 다음 소절에서 이 질문에 대하여 분열절은 개체 지시의 의미를 갖되, 일반적인 지시 표현과는 다른 담화적 차이를 통해 그 이유를 제안해 보고자 한다.

3.2. 담화지시체

분열절의 '-것' 주어는 실제로 '사물'을 지칭한다는 것임을 주장한다. 그런데 (2')에서와 같이 일반적인 명사로서 선행절의 인물이나 사물을 바로 지시하는 것이 아니라, 그를 위해 도입된 '담화지시체'를 다시 지칭하는 것임을 제안한다. 즉, (1)의 분열문에서 것이 사물을 지칭하기는 하되 선행사 어떤 여자를 직접 지칭하는 것이 아니라 그 존재를 표현하기 위한 언어적 표현을 받는 대명사라는 제안이다. 즉, 아직 담화 모형(discourse model)이나 온톨로지(ontology)에 존재하는 실제 개체를 지시

---

6) 등가절(equative clause)과 서술절(predicative clause)은 Higgins(1973, 1979)가 영어의 계사의 기능에 따른 문장의 종류로 제시한 네 가지 중 두 가지에 해당한다. 한 심사자는 한국어 '것'-분열문의 경우 (8)에서 보았듯이 도치가 불가능하다는 점에서 등가절이라기보다는 Higgins의 네 분류 중 다른 하나인 구체화절(specificational clause)로 보아야 한다고 제안한다. 이 분류 방법에 대하여는 저자마다 다른 시각을 제시하는 경우도 있고, 한국어와 영어의 차이도 있다는 점에서 별도의 후속 연구에서 심도 있게 탐구해 보고자 한다.

하는 것이 아니라 앞에서 발생한 담화지시체, 즉, 그 존재의 정체가 확인되지 않은 언어표현을 지시하는, Horn(1989)의 용어를 빌자면, 상위 언어적(meta-linguistic) 지시체라고 부를 수 있을 것이다. 언어처리과정에서 발생하는 이러한 담화지시체의 존재에 대한 Karttunen(1976)의 논의를 고려해보자.

(12) Consider a devise designed to read a text in some natural language, interpret it, and store the content in some manner, ... the machine has to be able to build a file that consists of records of all the individuals, that is, events, objects, etc., mentioned in the text, for each individual, record whatever is said about it....

언어를 처리하는 기계나 인간은 모든 개체, 사건이나 사물들을 위한 파일을 만들고 저장하고 그 개체에 대해 앞으로 기술되는 내용을 계속 그 파일에 기록하고 저장하는데 이 파일이 하나의 담화지시체(discourse referent)라고 명명된다. 개체들이 고유명사로 발생할 경우엔 곧바로 존재론(ontology)에 존재하는 개체로서 특정 인물을 지칭할 수 있다.

반면, 비한정명사의 발생은 그 존재에 대한 정확한 정체가 확인되지 않은 상태로, 즉, 담화영역의 존재론에 존재하는 누구인지에 대한 정보가 없는 상태에서 새로운 개체를 위한 변항을 담화지시체로 도입하여 그에 대한 기록을 시작해야 한다.

(13) ...the appearance of an indefinite NP implies the existence of some specific entity that our hypothetical text interpreter

should record the appearance of a new individual.

이와 같은 담화지시체의 개념은 담화표상이론(Discourse Representation theory)(Kemp & Reyle 1993)에서 같은 명칭과 개념으로 구현되었다. 고유명사와 비한정명사는 다음과 같은 방법으로 각각 담화구조에 도입된다.

(14) Pedro owns a donkey. He beats it.

(15)
u, v
Pedro owns a donkey.
u=pedro
donkey(v)
u owns v

위의 예문 (14)는 DRT의 담화표상 구조(Discourse Representation Structure: DRS)인 (15)에 표시된다. 이 DRS에 두 개의 DM(discourse marker)이 발생한다. 하나는 고유명사 Pedro인 u이고, 하나는 비한정 표현인 a donkey에 대한 v이다. 이때 u는 처음부터 pedro라는 지시체와 u=pedro라는 동일 서술을 통해 그 정체가 확인(identify)된다. 주어진 모형 M에서 pedro라는 개체 원소(element)가 존재하고 그가 당나귀를 가지고 있다는 조건을 만족시키면 이 문장은 참이 된다. 반면, v라는 DM은 모형 M에서 변항할당함수(variable assignment function)인 g에 의해 donkey라는 명사의 외연(extension)의 원소 중 하나에 할당가능하기만 하면 되고, 고정된 특정 개체를 지시하지는 않는다.

그러면 (1, 2)의 '것'-절(clause)에 발생하는 명사는 어떤 담화지시체적 성격을 갖고 도입될 것인가? 우선, 고유명사가 사용될 때는

Karttunen에서도 논의되었고, DRT에서도 표기된 대로 담화지시체 u를 그 이름의 지시체 Pedro라는 인물과 u=pedro라는 등가 서술을 통해서 모형에 존재하는 하나의 개체로 그 정체가 확인된다. 반면, 비한정명사구는 그러한 정체확인(identification)의 절차를 겪지 않은 상태로서 모형 안에 어떤 개체를 지시하지는 않는 상태로 남아 있다. 위의 예에서 u는 donkey 중의 하나라는 사실만이 알려져 있다. (1, 2)의 주어도 둘 다 같은 비한정명사구에 의해 담화지시체를 도입한다는 점에서는 공통적이다. 그런데 (1)에서는 확인 초점을 동반하는 분열문으로 사용되고, (2)에서는 그 담화지시체를 그대로 사용하여 새로운 정보를 추가 저장해야 하는 상태로 발생한다. 즉, (1)의 '것'-절은 분열문을 통한 확인초점의 서술에서 발생하는 주어로서 일반적인 사물의 의미를 나타내는 (2')의 *것*의 의미와는 다르다. 다음 소절에서 그 차이점을 두 가지 면에서 제시하고자 한다.

3.3. 지시적 지시체(denotational referent)와 상위언어적 지시체

첫째, (1)의 명사구의 의미(denotation)는 일반 지시적(denotational) 표현과 같이 담화 맥락에서 실재하는 개체를 지시하는 것으로 볼 수 없다. 아직 온톨로지에서 그 정체가 확인되지 않은, 담화 중 발생한 언어적 표현만을 지시하는 것이라고 할 수 있다. 즉, 실존하는 개체에 대한 지시적 표현이 아니라, 언어표현으로 존재하는 개체라고 할 수 있다. 바로 이 점이 사람을 지칭할 수 없는 *것*과 함께 쓰일 수 있는 이유라고 할 수 있다. 즉, '것'-절은 "민수가 만났다"고 표현된 것'의 의미를 가지고 아직 담화 현실의 존재론(ontology)에 실존하고 있는 사람을 지시(denote)하는 것이 아니라, 언어적으로만 존재하는 담화 개체를 다시 지시한다는 것이다. 이런 점에서 '언어표현'을 지시대상 (denotation)으로 갖는 상위언어적(metalinguistic) 표현이라고 할 수 있다. 담화 모형(discourse model)에 있는 실재하는 개체를 지시하는 것이 아니라 이전 발화에서 발생한 언어표현을 지시하는 것이다. 그렇기 때문에 이 담화지시체는 분열문의 초점(pivot)의 개체와의 등가 서술을 통해 정체확인(identify)이 되어야만 존재론 혹은 담화 모형에 실존하는 인물 개체를 지시할 수 있게 된다는 것이다.

다른 각도로 설명해 보면, 문장 (1)의 '것'-절의 의미는 인용부호 (quotation) 안에 있는 표현과도 유사하다.

(16) a. John went to London.

b. 'John' is an English name.

위의 예문은 의미론과 철학에서 예전부터 분류해왔던 표현의 두 가지 쓰임인 '사용(use)'과 '언급(mention)'의 차이를 보여준다.[7] (16a)의 John이라는 단어는 John이라는 실제 인물을 지시(denote)하지만, (16b)의 'John'이라는 인용(quotation)은 그 표현 내지는 단어를 지시하는 상 위언어적 지시체이고 이러한 면에서 (1)의 분열절의 의미가 상위언어적 개체와 유사성을 가진다. 즉, *민수가 만난 것*은 좀 더 정확히 표현하자면 '*민수가 만난 대상(=어떤 여자)*'으로 *표현된 담화지시체*라고 해석할 수 있다. 그런 점에서 아직 언어적으로만 존재하는 개체를 설정하는 단계라고 할 수 있다.

그런데 이때 *것*의 의미를 상위언어적 인용과 같은 표현으로 해석한다면, 한 심사자의 지적대로 (1)의 의미는 (1')과 같이 해석되어야 하

---

7) Cappelen, Herman & Lepore, Ernest(2012) 참조.

는데, 이는 '어떤 여자'라는 언어표현이 *김선생님*과 같다는 의미가 되기 때문에 문제가 있다는 지적이다.

(1') 민수가 어제 만난 '어떤 여자'가 김선생님이다.

그런데 이와 관련하여 상위언어적(meta-linguistic)이란 용어를 처음 사용한 Horn(1989)이 논의한 현상들도 엄격한 의미에서 순수하게 상위언어적이기만 한 해석이 가능하지는 않다는 점에 주목해 볼 필요가 있다. Guerts는 다음과 같은 Horn(1989: 371, 379)의 예문들도 순수하게 상위언어적이기만 한 것은 아니라는 점을 지적한다.

(17) a. He didn't call the POlice, he called the poLICE.
   b. The formulator of relativity theory wasn't Einst[iy]n but Einst[ay]n. (p.379)

이 문장의 정확한 의미는 다음과 같다고 볼 수 있다.

(17') a. He didn't call the ⟨official body whose name is pronounced 'POlice'⟩, he called the ⟨official body whose name is pronounced 'poLICE'⟩.
   b. The formulator of relativity theory wasn't ⟨a man called 'Einst[iy]n'⟩ but ⟨a man called Einst[ay]n⟩.

위의 상위언어적 표현들은 (17)에서 보듯이 인용표현이 포함되어 있긴 하지만 그 의미의 일부에 해당한다는 점에서 언어표현지시와 일반지시가 동시에 발생하는 현상이라는 것이다. 상위언어적 현상이라는 것이 (16b)와 같이 오직 언어표현만을 지시하는 현상만을 일컫는 게 아니라 (17)과 같이 두 측면이 함께 섞여 있는 경우도 많다는 점이다. 그렇기 때문에 (1)의 문장도 '민수가 어제 만난 어떤 여자'라는 언어표현이 *김선생님*과 같은 존재라는 의미로 해석되는 것이 아니라 '*민수가 어제 만난 어떤 여자*'라고 *표현된 존재*라는 의미로 인용과 지시가 더해진 표현이 정확한 해석이다. 이는 Horn 자신이 상위언어적 표현이라는 개념을 표현하기 위해 사용한 예문의 현상과 차이가 없다는 점에서 상위언어적 현상이라고 하는 것은 언급 혹은 인용 표현인 언어적 표현과 일반적 지시표현의 복합체로서 화용적 해석의 도움이 필요한 현상이라고 볼 수 있다. 그런 의미에서 이번 주제에서 '것'-절의 의미에 대하여 제시한 상위언어적 지시체라는 현상에 대하여도 이와 같은 지시와 인용이 더해진 복합적인 현상이라는 점을 감안한다면, (1)의 의미를 (1')이 아닌 (1″)으로 해석할 수 있을 것이다.

(1″) 〈'민수가 어제 만난 여자'라고 표현된 지시체〉는 김선생님이다.

반면, (2)의 경우는 서술어가 속성 유형이기 때문에, 주어가 실존하는 개체로서 그에 대한 서술적 정보를 바로 저장할 수 있는 상태로 취급되고 있다. 즉, 분열문이 아니기 때문에 상위언어적 지시체가 아닌 일반적인 담화지시체로서 인물을 의미하는 주어라야 인물을 묘사하기 위해 필요한 술어와 함께 결합될 수 있다. 때문에 (1)의 *민수가 만난 것*과 같은 사물을 표시하는 주어는 (2)의 주어진 술어의 의미에 적합하지 않다. 주술 간의 의미적 선택조건(selectional restriction)을 만족시키기 위해서는 민수가 만난 사람/여자와 같은 지시적(denotational) 표현, 즉 언급(mention) 표현이 아닌 사용(use) 표현으로 실제 인물을 지칭하는 의미를 가져야만 가능한 문장이다. 일반적인 *것*의 용법으로 적정하게 사용되려면 (2')과 같이 앞에 나온 비한정명사를 받는 대용어로 쓰일 때 고정된 담화 모형에 실재하는 개체를 지시할 수 있기 때문에 속성적 술어와 함께 문장을 이룰 수 있다.

둘째, 분열문은 개체에 대한 등가 서술을 통해서 정체를 확인해 주는 의미적 기능을 하는 구문이다. (12)에서 논의한 고유명사의 담화지시체가 담화구조에 도입되는 과정을 다시 상기해 보자. u라는 담화지시체가 pedro라는 인물과 등가 서술을 통해 그 담화지시체를 담화모형의 실제 존재로 고정시키는(anchor) 과정이 있었다. 분열문의 문장이 바로 이러한 담화지시체를 실제 개체에 고정시키는 과정을 문장의 통사적 구조를 통해 직접적으로 구현하는 기능을 하는 것으로 볼 수 있다. 이러한 맥락에서 위혜경(2015a)에서는 3.1.에서 논의한 대로 등가절 분열문의 기능을 제안하였다.

분열절이 지시하는 개체는 아직 명시되지 않은 필수 논항을 지시한다는 점에서도 실존하는 개체에 대한 지시적(denotational) 표현이 아니라 언어표현을 지시하는 상위언어적 표현이다. 그리고 분열문의 초점은 이 밝혀지지 않은 논항의 존재들, 행위자(agent), 대상(theme), 혹은 수여자(goal) 등의 논항의 정체를 등가 서술을 통해 확인(identify)해 주는 기능을 하는 것이라는 점이다.

이를 다시 조금 다른 각도로 이해하기 위해 DRT로 표시해 보면 다음과 같이 Geurts(1998)의 전제된 담화지시체라고 볼 수도 있다. (1a')처럼 앞에 선행절이 없이 분열절이 발화되었다고 가정해 보자.

(1) a. (민수가 어제 어떤 여자를 만났는데,) 민수가 어제 만난 게 김선생님이다.

　　 a'. 민수가 어제 만난 게 김선생님이다.

2.2.에서 논의한 바와 같이 분열절은 존재 전제를 가지고 있다. 전제란 (1a)와 같이 선행발화가 있을 때는 그에 의해 만족될 수도 있지만, (1a')과 같이 선행발화 없이 발생하는 경우에는 Lewis의 전제 수용(presupposition accommodation)의 과정을 거칠 수도 있다. 즉, 앞에 누군가를 만났다는 내용이 없으면 분열절 (1a')은 적정성(felicity)을 지키기 위해 그 전제 내용을 존재하는 것으로 받아들이는 수용의 과정을 겪는다. van der Sandt(1992)와 Geurts(1998) 등에 따르면 전제란 일종의 대용(anaphora) 표현으로 앞의 선행사에 의해 결속되거나 마땅한 선행사가 없으면 혼자서 수용되는데 어느 쪽이든 전제된 내용은 일단 담화표상구조에 갱신이 되어야 한다. 그래서 다음과 같은 DRS를 상정해 볼 수 있다.

(18)

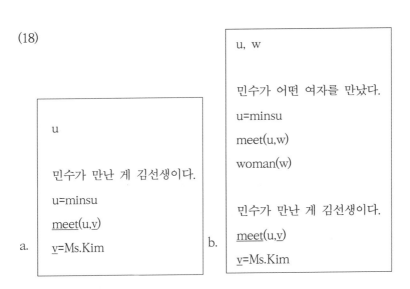

Geurts(1998)를 따라 DRS에서 전제된 내용을 표시하기 위한 표기로 밑줄을 사용했다. 앞서 논한 대로 이 부분은 문장의 단언(assertion)이 아니라 전제(presupposition)이기 때문에 선행 발화에 의해 결속되어

만족이 되거나, 선행발화가 없을 경우 수용(accommodate)을 해야 한다. 이 전제된 부분은 분열문의 '것'-분열절 주어에 해당하는 부분으로 'v라는 존재를 민수가 만났다'는 내용으로 되어 있다. 이 전제된 내용은 앞의 선행사가 있을 경우 (17)과 같이 그 선행사 meet w를 전제된 meet v와 일치시키는 결속과정을 통해 전제가 만족되어 변항 v는 결국 w로 변경된다.

만약 선행 발화가 없다면, 전제된 존재인 v는 처음 발생 시 국지적(local)이고 임시적인 지시체였다가, 수용을 통해 실재하는 지시체로 전체적(global) 층위에 (19)와 같이 갱신된다.

(19)

u, v
민수가 만난 게 김선생이다.
u=minsu
meet(u,v)
v=Ms.Kim

결국 (17a)의 밑줄 표시된 전제된 v라는 지시체는 분열문에 발생 시에는 밑줄로 표시된 언어적으로만 존재하는 임시적인 지시체의 상태로 존재하는 것이다. 이렇게 DRT의 전제 처리 과정을 통해서도 언어적으로만 존재하는 대상을 지시하는 '것'-분열절의 상위언어적 성격을 확인할 수 있다.

지금까지 분열문의 '것'-분열절의 특징을 두 가지로 나누어 살펴보았다. 하나는 '것'-분열절 주어의 의미는 담화 모형에 실재하는 개체를 지시하는 것이 아니라 담화에서만 존재하는 아직 정체가 확인되지 않은 논항을 지시한다는 점에서 상위언어적 표현이라는 점이다. 이런 점에서 사물을 의미하는 의존명사 *것*을 핵으로 갖는 주어를 이

끌 수 있다. 둘째, 아직 정체가 확인되지 않은 언어적 지시체를 분열문의 등가 서술 구문을 통해 확인시켜 온톨로지의 개체에 고정시킴으로써 상위언어적 지시체가 아닌 모형의 실재 인물과 동일한 존재로 정체확인의 과정을 겪게 된다.

이러한 두 가지 특징 및 기능을 통하여 분열문의 '것'-주어는 생물성의 불일치에 따르는 비문법성을 초래하지 않고 정문으로서 해석이 가능해진다.

다음 절에서는 이러한 '것'-분열절의 상위언어적 언급(mention)이 대용어 그것이라는 표현에도 적용 가능함을 보이고자 한다. 이는 분열절의 상위언어절 지시적 용법의 제안을 뒷받침하는 추가적인 근거가 될 수 있을 것이다.

4. 대용어 그것의 상위언어적 용법

(20-21)의 대용어 그게의 의미를 생각해 보자.

(20) a. 민수가 어떤 여자i를 만났는데, 그게i 김선생님이다.
   b. 민수가 어떤 여자i를 만났는데, 그게i 바로 저 화가이다.
(21) a. 민수가 어떤 여자i를 만났는데, *그게i 굉장히 예쁘다.
   b. 민수가 어떤 여자i와 사귀는데, *그게i 화가이다.

대용어 그게도 '것'-분열절과 기본적으로 같은 설명이 가능하다는 것을 알 수 있다. 차이점은 '것'-분열절은 (1-2)에서 관찰한 것처럼 선행사 없이도 성립되지만, 대용어 그게를 주어로 가질 때는 그 지시대상을 알기 위해 선행사가 있어야 한다는 점이다.

(1)과 (2)의 대조와 마찬가지로 대용어 *그게*를 주어로 갖는 문장에서도 사물 주어인 *그게*가 역시 개체 유형인 술어와 발생하여 등가 서술(equative clause)을 통한 정체확인 구문의 주어로서 쓰일 때는 (20a, b)와 같이 정문인 반면, 그 주어를 직접 서술하는 속성 유형의 술어와 함께하는 서술문(predicative clause)은 (21a, b)와 같이 비문이 된다. 3절에서 제안한 상위언어적 지시의 개념을 통해 설명하자면, *그게*는 분열절의 '것'-주어와 마찬가지로 선행절의 〈'어떤 여자'라고 표현된 것〉과 같은 의미를 가지는 하나의 상위언어적 지시체로 해석할 수 있다. 아직 그 존재가 온톨로지에 있는 실재 개체로 확인되지 않고 언어적으로 표현된 개체로만 존재하기 때문이다. 그 존재는 술어에 개체 유형(e type)이 나타나는 (20)의 경우에만 정문이 가능하고, 확인초점이 발생하지 않는 속성 유형(et type)의 술어와는 비문이 된다는 (3)의 일반화에 부합하게 된다.

(3) a. *'것'-주어(사람 의미) + 개체 유형
　　 b. '것'-주어(사람 의미) + 속성 유형

3절에서 논의한 분열절의 의미와 마찬가지로 (20a, b)는 XP는 YP이다와 같은 구문으로서 계사 -*이*는 XP*(그게/그것)*와 YP의 두 의미적 개체 유형을 취해 서로 등가 관계를 성립시켜주는 2항술어의 역할을 한다. 따라서 (21a, b)에서와 같이 XP가 개체 유형이 아닌 속성 유형인 et 타입의 술어라면 담화지시체를 지시하는 e 타입 주어 *그게*와는 등가 서술을 할 수가 없다. 즉, *그것*〈e〉=*김선생님*〈e〉은 같은 개체 유형으로 가능하지만, *그것*〈e〉=*화가*〈e,t〉는 개체 유형 그것과 속성 유형 *화가*이기 때문에 같은 명사라 하더라도 등가 서술이 불가능하다. 물론 *그것*〈e〉=*예쁜*〈e,t〉과 같은 형용사와의 등가 관계도 당연히 불가능하다. 즉, *화가*는 일반명사구이기 때문에 형용사 *예쁜*과 같은 속성 유형(et 타입)으로서 주어 개체에 대한 속성을 묘사하는 술어이기 때문에 주어를 상위언어적 지시체로 해석할 수 없다. (21'a, b)에서와 같이 주어가 일반적인 개체를 지시할 때나 아니면 (22)와 같이 선행사가 정말로 사물이라서 일반적인 개체 지시로 *그게*의 해석이 가능할 때에만 속성 유형의 술어와의 결합이 가능하다.

(21') a. 민수가 어떤 여자i를 만났는데, 그 여자가i 굉장히 예쁘다.

    b. 민수가 어떤 여자i와 사귀는데, 그 여자가i 화가이다.

(22) 민수가 인형i 하나를 샀는데, 그게i 굉장히 예쁘다.

결론적으로, (1a, b)와 (20a, b)에 나타난 주어인 '것'-분열절과 대용어 *그것*은 등가절로 발생시 (18a, b)에서 보았듯이 담화표상구조(DRS)에 전체층위적(global)으로 갱신되는 실재하는 개체가 아니라 국지적(local)으로만 발생하는 언어표현을 지시하는 상위언어적 담화지시체라는 점에서 사물을 의미하는 것으로 해석이 가능하다. 이로 인하여, 담화지시체=인물의 등가절을 통해 미확인된 담화지시체를 실존하는 인물로 정체확인 시켜주는 의미를 갖는다.

이상으로 3절에서 제안한 한국어 '것'-분열문의 주어가 상위언어적 지시체라는 주장을 뒷받침 하는 근거로서 분열절뿐만 아니라 대용어 주어도 같은 상위언어적 표현으로 해석이 된다는 사실을 관찰하였다.

5. 결론

11장에서는 한국어의 분열문의 주어가 상위언어적 지시체임을 보임으로써 계사구와 개체 유형이 발생하는 (1)과 같은 문장과 계사구에 속성 유형이 발생하는 (2)와 같은 문장 간의 문법성의 차이에 대한 설명을 다음과 같이 제시하였다.

첫째, (1)의 문장은 정체확인의 기능을 하며, 존재 전제와 전체성/총망라성 전제의 의미를 갖는 '것'-분열문으로서 분열문의 주어인 '것'-분열절은 존재론적으로 실재하는 개체(individual)가 아닌 상위언어적 담화지시체를 지시한다. 그리고 '것'-분열절 대신 (20)과 같이 대용어 *그게*가 주어에 발생할 때에도 마찬가지로 상위언어적 담화지시체를 지시한다는 주장을 제시하였다. 아울러 이때의 분열문의 의미와 대명사+서술어의 의미는 등가 서술에 의한 등가문(equative clause)임을 보이고자 하였다.

둘째, (2)에서와 같이 형용사나 속성타입의 명사구가 계사구에 발생할 경우 주어는 담화지시체가 아닌 담화 모형의 온톨로지에 실제로 존재하는 실제 인물이나 사물을 지시하는 지시적(denotational) 기능을 한다고 제안하였다. 이로 인하여 선행사가 인물인 경우 사물을 지칭하는 *그게*로 받으면 생물성의 위반으로 인하여 비문이 발생한다는 설명을 제시하였다.

△▼ 참고문헌 ▼△

손근원(2000), 「계사구문에 대한 비수문, 비분열 접근법」, 『생성문법연구』 10, 267-295.

위혜경(2015a), 「분열문의 의미와 초점 후치사의 수의성」, 『어학연구』 51(3), 771-792.

위혜경(2015b), 「수문문의 두 가지 의미 유형」, 『언어와 정보』 19(2), 109-125.

Barros (2012), "A Non-repair Approach to Island Sensitivity in Contrastive TP Ellipsis", *CLS* 48.

Barros (2014), "Slucing and Identity in Ellipsis", Doctoral Dissertation, New Brunswick Rutgers, The State University of New Jersey.

Buring Daniel & Manuel Križ (2013), "It's that, and that's it! Exhaustivity and homogeneity presuppositions in clefts (and definites)", *Semantics & Pragmatics Volume* 6, 1-29.

Cappelen Herman & Lepore Ernest (2012), "Quotation", *The Stanford Encyclopedia of Philosophy* (Spring 2012 Edition), Edward N. Zalta ed., URL = ⟨http://plato.stanford.edu/archives/spr2012/entries/quotation/⟩.

Davidson Donald (1980), *Essays on Actions and Events*, Oxford: Clarendon Press.

Geurts Bart (1998), "The mechanisms of denial", *Language* 74, 274-307.

Higgins Francis Roger (1973), "The pseudo-cleft construction in English", Doctoral Dissertation, MIT.

Higgins Francis Roger (1979), *The Pseudo-cleft Construction in English*, Garland Publishing.

Horn Larry (1981), "Exhaustiveness and the semantics of clefts", *New England Linguistic Society* 11, 125-142.

Horn Larry (1989), *A Natural History of Negation*, Chicago: University of Chicago Press.

Kamp H. & Reyle U. (1993), *From Discourse to Logic*, Dordrecht: Kluwer.

Karttunen Lauri (1976), *Discourse Referents in Syntax and Semantic* vol. 7, Academic Press.

E Kiss, K. (1998), "Identificational focus versus informational focus", *Language* 74(2), 245-273.

Mikkelsen Line (2005), *Copular Clauses*, John Benjamins.

Moltmannm Frederike (2013), "Identificational Sentences", *Natural Language Semantics* 21, 43-77.

Reeve Matthew (2010), "Clefts", Doctoral Dissertation, University College London.

Rullman Hotze (1995), *Maximality in the Semantics of Wh-Constructions*, University of Massachusetts dissertation.

Van der Sandt Rob (1992), "Presupposition projection as anaphora resolution", *Journal of Semantics* 9, 333-377.

Velleman D. B., D. Beaver, E. Destruel, D. Bumford, E. Onea, & L. Coppock (2012), "It-clefts are IT(inquiry terminating) constructions", *Proceedings of SALT* 22, 441-460.

필자 소개(*글 순서 순)

박명관
 동국대학교 영어영문학부
이우승
 건국대학교 영어교육과
박소영
 부산대학교 국어국문학과
손근원
 한남대학교 영어교육과
홍용철
 성신여자대학교 프랑스어문문화학과
김선웅
 광운대학교 인문대학 영어산업학과
문귀선
 한성대학교 크리에이티브인문학부
박종언
 동국대학교 글로벌어문학부 영어영문학전공
안희돈
 건국대학교 영어영문학과
조성은
 영남대학교 영어교육과
염재일
 홍익대학교 영어영문학과
위혜경
 단국대학교 영미인문학과